税務会計と租税判例

末永英男 [編著]
Suenaga Hideo

中央経済社

【執筆者一覧】

末永　英男	（熊本学園大学）	序章，総括
北口　りえ	（駒澤大学）	第1章
原田　梨絵	（税理士）	第2章
並川奈甫美	（税理士）	第3章
堺　　貴晴	（保健医療経営大学）	第4章
武田　浩明	（税理士）	第5章
岩武　一郎	（熊本学園大学）	第6章
成宮　哲也	（熊本学園大学）	第7章
宮崎　裕士	（大阪経済大学）	第8章
星田幸太郎	（久留米大学）	第9章，第10章

序　文

　2019年，つまり平成31年は，平成という元号が終わる年である。平成最後の年に共同研究の成果をまとめることができることに意味を見出している。なぜかと言えば，1年前の平成30年度の税制改正で，「収益認識に関する会計基準等への対応」がなされて，法人税法で平成30年4月1日から適用されることとなった。このことで，税務会計論研究の新たなスタートとなった初年度から1年を経過し，法人税法改正の全体像が見えてきたからである。

　さて，「収益認識に関する会計基準等への対応」を法人税法の課税所得計算のなかでどのように評価するかは，本序文の後半に譲るとして，本書の研究目的を明らかにしておきたい。

　近年の租税判例をみると，企業会計に対する理解のなさからか，所得計算に関わる争いにおいて，純粋に法律（租税法）的観点から判断がなされており，税務会計論を専攻する者からすると，奇異に感じるところが大いにある。そこで，無謀にも税務会計論の視点での租税判例の研究をやることとなったのである。

　しかし，判例研究に取りかかる前に，問題が生じた。税務会計論の本来の目的である「所得」とか「課税所得」の原点に返って近年の租税判例を検討すべきではないか，また，租税法の原則である租税法律主義や租税公平主義，場合によっては適正・公平な税収の確保といった基本原則に税務会計論としてどのように取り組むのか（基本原則をどのように受け入れるのか）といった基本的な研究スタンスを確立した上で，研究に臨むという姿勢が必要ではないかという議論が起きたのである。この点に関する本研究の立場（結果）は，「序章」および「総括」に述べている。

　次に，研究するにあたっての現状認識についてであるが，以下のように考えている。

　わが国の法人税法（以下「法」という）が昭和40年（法人税法の全文改正）および42年（法22条4項の創設）の法制定時には，発生主義の会計をベースに据えてなされていたが，その立法の趣旨とは相当の隔たりがあるにもかかわらず，

近年の国際会計基準（IFRSを含む）を指向した企業会計に強く影響を受けている現行の会計基準を，法22条4項の「公正処理基準」として考えようとする傾向も窺えるのである。反面，公正処理基準創設時には蜜月であった公正処理基準と会計基準との関係に齟齬も生じはじめている。冒頭で指摘した平成30年度税制改正における収益認識会計基準に対応した「法22条の2」等の創設はその最たるものといえよう。

本書は，このような認識の下，税務会計研究学会特別委員会で，平成28年度および平成29年度の2年間にわたり，与えられた研究テーマである「税務会計と租税判例」についての研究成果である。10名の研究者および実務家による税務会計論の視点からの租税判例研究とその基礎となる税務会計論の理論研究である。

端的にいって，大竹貿易事件（最高裁平成5年11月25日判決）以降，法22条4項の収益の額および原価・費用・損失の額は，「一般に公正妥当と認められる会計処理の基準」に従って計算されるものとされるが，この「公正処理基準」の解釈が，大きく旋回し，法人税法独自の解釈基準が示されるようになってきたのである。すなわち，適正・公平な課税という法人税法のもつ趣旨目的論的解釈が登場してきたのである。

そこで，本書では，「税務会計と租税判例」を研究するのに適する判例として，10本ほどの判例を採り上げることで，大竹貿易事件以降鮮明になってきた企業会計と税務会計の乖離，つまり，法人税法22条4項に規定されている「公正処理基準」は企業会計上の基準のみを指すのではなく，税法独自の適正・公平な課税を行う立場からの基準であることが明確になってきたことを結論として論考するものである。

換言すれば，法22条4項は，「一般に公正妥当と認められる会計処理の基準に従って」と規定されているが，この「一般に公正妥当と認められる会計処理の基準」とは，まさしく「企業会計上の公正処理基準」であるが，22条4項の条文全体で考えたときには，適正・公平な課税という法人税法の趣旨目的でもって解釈される「税法上の公正処理基準」が存在するのである。つまり，取引があり，これを会計処理することになるが，まず，かかる処理が「企業会計上の公正処理基準」として妥当であるかがチェックされ，その上で，適正・公

平な課税という点から「税法上の公正処理基準」として妥当かどうかがチェックされるという2段階チェックを受けるのである。

ところで，本書では，最後の2つの章で明治期の減価償却問題を取り上げて，税務と会計の関係について検討を行っている。それは，明治期にすでに租税法の趣旨目的に従った所得計算が行われていたと推定できるからである。

明治所得税法はその創設の時から租税法以前に存在する会計制度を前提として法人の所得を規定していた。そこでの企業会計は，明治期初期から続く英米系の会計慣習に則り取得原価主義に基づくものであった。わが国の商法はというと，大陸系の会計体系に依拠し，時価主義を基本とするものであった。一方，わが国の法人所得課税は，時価主義に基づく「純資産増加説」に依拠していたことから，同じく時価主義を基本としていた商法とは親和性が高く，商法の計算規定を援用していた。しかし，法人所得と商法における分配可能利益は必ずしも同じものではなかった。すなわち，企業会計と商法は，それぞれの目的に適う会計処理の基準に則っていたし，法人の課税所得は，当然ながら，商法に準拠しつつも租税法の目的によって修正されていたのである。

最後に，冒頭に約束した平成30年度税制改正における「収益認識に関する会計基準への対応」に関して，本研究の成果を踏まえて解説を行い，序文を締めたいと思う。

平成30年度改正では，①法22条2項の中に「別段の定め」を設けていたが，②法22条4項の公正処理基準の条文の中にも「別段の定め」を設けるとともに，③条文「法22条の2」を新たに創設した。まず，①の法22条2項「別段の定め」は従来どおり「法23条〜28条」を指すと解釈されるであろう。次に，②法22条4項「別段の定め」は，新設された③「法22条の2」を指すと考えてよいであろう。問題は，②と③の関係であろう。

法22条4項に関して，「法人税法22条4項は，現に法人のした利益計算が法人税法の企図する公平な所得計算という要請に反するものでない限り，課税所得の計算上もこれを是認するのが相当であるとの見地から，収益を一般に公正妥当と認められる会計処理の基準に従って計上すべきものと定めたものと解される」（大竹貿易事件判決文）との判例がある。どの会計原則・会計基準・会計慣行のうち，どの取扱いに基づく会計処理が「一般に公正妥当と認められる会

計処理の基準」に従った計算に該当するかという点については，最終的には裁判所が決めることであるが，通常は，平成30年3月30日企業会計基準第29号「収益認識に関する会計基準」および企業会計基準適用指針第30号「収益認識に関する会計基準の適用指針」に基づく会計処理も，「一般に公正妥当と認められる会計処理の基準」（企業会計上の公正基準）に従った計算に該当し得ると考えられる。

　したがって，「収益認識に関する会計基準」に従った収益の額の計算のうち，法人税法の所得の金額の計算として認めるべきでない部分，すなわち適正・公平な課税という大竹貿易事件で明示された公正処理基準（税法上の公正処理基準）でもって，妥当でない会計処理であれば，その部分を明示する必要が生ずることとなる。この明示された部分が，「法22条の2」の規定であると解することができる。

　また，法22条2項において資産の無償による譲渡に係る収益の額が益金の額となることや，寄附金の損金不算入制度において，法37条7項が寄附金の額を譲渡資産の譲渡の時の価額で計算するとしている考え方は，法人税法上，資産の販売等に係る収益の額は，資産の販売等により受け取る対価の額ではなく，販売等をした資産の価額をもって認識すべきとする考え方であると解釈できる（最高裁平成7年12月19日判決：「南西通商事件」参照）。

　この考え方からすると，法人税法においては，「収益認識に関する会計基準」のように対価の額を基礎として益金の額を計算することは，法人税法として採用できないことになる。つまり，適正・公平な課税という観点や担税力の観点から，「税法上の公正処理基準」としては認められないのである。

　したがって，「収益認識に関する会計基準」は「会計上の公正処理基準」ではあるが，この基準のうち「税法上の公正処理基準」を用いた判断を行った上で，会計処理方法として採用しても構わないもののみを，令和3年4月1日以降から「収益認識に関する会計基準」が適用される前に，事前に収益の額として益金の額に算入する金額に関する通則的規定として（別段の定めではあるが）「法22条の2」を設けたのである。雑ぱくな表現が許されるならば，「収益認識に関する会計基準」のうち「法22条の2」に規定された方法以外は，原則として認めないというものである。

本研究の成果を踏まえた上で，平成30年度改正を解釈すると，以上のような結論となるものと思われる。

　なお，序文を締めるにあたって御礼を申し述べたい。1つは，本書を引き受けてくださり，いろいろとお世話をいただいた株式会社中央経済社の山本継社長，小坂井和重専務取締役ならびに皆様に心から御礼を申し上げる。もう1つは，本書が研究出版助成金対象の出版物であるとして，公益法人租税資料館より助成金を受けたことである。ここに記して御礼を申し上げる。

2019年（令和元年）9月

編著者　末　永　英　男

目　　次

序　文　*i*

序　章　判例研究の分析視点と評価方法——————*1*

1　はじめに・*1*

2　研究の目的・*2*

3　契機となった判例紹介・*4*

(1)　大竹貿易事件／*4*

(2)　ビックカメラ事件／*7*

(3)　弁護士会役員交際費事件／*9*

4　先行研究・*10*

(1)　鈴木一水「法令解釈型税務会計研究の課題」
（『税経通信』第71巻第7号）／*10*

(2)　成道秀雄「法人税法第22条第4項『公正処理基準』の検証」
（『租税研究』第800号）／*11*

(3)　長島　弘／*12*

①　「最高裁平成5年11月25日判決以前の公正処理基準に
関する裁判例とその当該最高裁判決への影響」
（『立正大学法制研究所年報』第21号）

②　「大竹貿易事件最高裁判決と法人税法22条4項(上)(下)」
（『税経新報』第642号，643号）

5　研究事例紹介：判例研究の方向性
——ビックカメラ事件を題材にして・*13*

(1)　事案の要旨／*13*

(2)　流動化実務指針の考え方／*14*

(3)　「リスク・経済価値アプローチ」は公正処理基準か／*16*

(4)　ま と め／*17*

6　おわりに・*18*

II

第1章　エス・ブイ・シー事件

（最高裁第三小法廷平成6年9月16日決定）————————— *21*

1　はじめに・*21*

**2　所得税法における必要経費と法人税法における
損金の相違点・*22***

3　違法所得の益金性・*24*

4　違法支出の損金性・*25*

（1）課税当局による違法支出の取扱い／*25*

（2）判例の傾向／*26*

（3）違法支出の損金性に関する見解／*27*

5　エス・ブイ・シー事件にみる脱税経費の損金性・*31*

（1）事案の概要／*31*

（2）第一審（東京地裁昭和62年12月15日判決）の判示内容／*32*

（3）第二審（東京高裁昭和63年11月28日判決）の判示内容／*34*

（4）最高裁（最高裁第三小法廷平成6年9月16日決定）の
判示内容／*36*

（5）判例分析／*37*

6　公正処理基準に税法的価値判断を組み込むことの是非・*42*

7　おわりに・*45*

第2章　所有権移転外ファイナンスリース事件

（福岡地裁平成11年12月21日判決）————————— *49*

1　問題の所在・*49*

2　事実の概要と裁判所の判断・*50*

（1）事実の概要／*50*

（2）争　　点／*50*

（3）裁判所の判断／*51*

3　所有権移転外ファイナンスリース取引の取扱い・*54*

（1）法人税法上の取扱い：53年リース通達／*54*

（2）企業会計上の取扱い：リース会計基準／*56*

目　次　**III**

    4　判決の視点・*57*

       (1)　慣行該当性について／*58*

       (2)　規範該当性について／*59*

       (3)　本件リース契約について／*62*

    5　法人税法22条４項の趣旨・*63*

       (1)　確認規定か創設規定か／*63*

       (2)　租税法律主義の観点から／*64*

    6　おわりに・*66*

第3章　プリペイドカード事件

（名古屋地裁平成13年７月16日判決）――――――――――― *73*

    1　はじめに・*73*

    2　プリペイドカード事件・*74*

       (1)　事実の概要／*74*

       (2)　争　　点／*75*

       (3)　争点に関する当事者の主張／*75*

       (4)　裁判所の判断／*77*

    3　公正処理基準該当性・*79*

       (1)　法人税法22条４項「公正処理基準」の趣旨／*79*

       (2)　「預り金処理」（原告方式）の公正処理基準該当性／*81*

       (3)　通達で定める会計方式（通達方式）の公正処理基準
          該当性／*83*

    4　おわりに・*84*

第4章　興銀事件 （最高裁第二小法廷平成16年12月24日判決）――――― *87*

    1　はじめに・*87*

    2　事実の概要・*87*

    3　争点および当事者の主張・*88*

       (1)　争　　点／*88*

       (2)　興銀の主張／*88*

IV

  (3) 課税庁の主張／*89*

 4 判決要旨・*89*

  (1) 東京地裁／*89*

  (2) 東京高裁／*90*

  (3) 最　高　裁／*92*

 5 過去の判例の動向・*92*

 6 貸倒れに関する公正処理基準の解釈・*94*

 7 公正処理基準該当性の検討・*97*

 8 おわりに・*100*

第5章 中部電力事件（東京地裁平成19年1月31日判決）
  ——法人税法第22条4項と有姿除却———————— *105*

 1 はじめに・*105*

 2 法人税法の趣旨目的・*106*

  (1) 法人税法の趣旨目的／*106*

  (2) 課税所得の算定／*106*

 3 法人税法上の公正処理基準・*107*

  (1) 公正処理基準の解釈／*107*

  (2) 公正処理基準と親和性／*109*

 4 会社法上の公正処理基準・*110*

 5 固定資産の除却・*112*

 6 東京地裁平成19年1月31日判決への当てはめ・*113*

  (1) 事実の概要／*113*

  (2) 争　　　点／*113*

  (3) 原告の主張／*113*

  (4) 被告の主張／*117*

  (5) 裁判所の判断／*123*

  (6) 本件判決における公正処理基準の検討／*125*

 7 おわりに・*126*

目　次　V

第6章　オリックス銀行事件 （東京高裁平成26年8月29日判決）
―住宅ローン債権の流動化取引に係る劣後受益権の会計処理 ―――― 131

1　はじめに・131

2　事実の概要・131

　(1) 訴訟に至る経緯／131

　(2) Xの主張／133

　(3) Yの主張／135

　(4) 下級審の判断／137

3　判　　旨・137

4　検　　討・139

　(1) 本判決の意義／139

　(2) 企業会計上の公正処理基準該当性の検討／139

　(3) 税法上の公正処理基準該当性の検討／142

5　おわりに・145

第7章　弁護士報酬の着手金の収入計上時期
（最高裁第三小法廷平成21年4月28日決定）
―所得税法における権利確定主義の検討――――――――― 147

1　はじめに・147

2　所得税法36条の解釈と権利確定主義の関係・148

3　裁判例の検討・150

　(1) 事実関係／150

　(2) 原告の主張／151

　(3) 被告の主張／152

　(4) 争　　点／153

　(5) 東京地裁判決判旨／153

　(6) 東京高裁判決判旨／156

　(7) 最高裁決定／156

　(8) 判決の特徴と若干の検討／156

4　所得税法における収入金額の認識についての検討・158

（1）所得税法における権利確定主義と実現主義の関係／*158*

（2）その年において収入すべき金額と役務の提供の時期との
関係／*162*

（3）貸倒損失との関係／*162*

5　おわりに・*163*

第8章　弁護士会役員交際費事件
―所得税法上の家事関連費における必要経費との
区分要件（合理性と客観性を中心として）――――― *165*

1　はじめに・*165*

2　整備答申における所得税法の理念と収益および費用の
基本的理解・*166*

3　家事費と家事関連費・*171*

（1）必要経費の不算入規定としての家事費と家事関連費／*171*

（2）家事関連費における家事費と必要経費との峻別の
可能性への検討／*175*

（3）小　　括／*176*

4　必要経費の判断に客観性要件を用いた家事関連費に
関する判例・裁決事例・*179*

（1）現行法下における必要経費への客観性要件の採用／*179*

（2）士業等の家事関連費に関する必要経費計上における
客観性要件／*181*

（3）企業会計上の費用と個人所得上の必要経費を関連させた
判決／*187*

（4）小　　括／*187*

5　弁護士会役員交際費事件にみる家事関連費における
必要経費性の判断・*188*

（1）東京地裁平成23年8月9日判決より始まる，いわゆる
「弁護士会役員交際費事件（以下，本件という）」の事実
の概要および争点と判旨／*188*

（2）先行研究の整理／*190*

目　次　**VII**

　　（3）小　　括／*195*

　6　おわりに・*197*

第9章　法人所得課税と減価償却(1)
　　─日本郵船株式会社を中心として───────── *207*

　1　はじめに・*207*

　2　日本郵船株式会社創設期からの船舶減価引除金の
　　取扱い・*207*

　　（1）創設期における船舶減価引除金の取扱い／*207*

　　（2）商法制定後における船舶減価引除金の取扱い／*213*

　3　明治35年頃までの企業会計および商法における減価償却の
　　取扱い・*217*

　　（1）企業会計における減価償却の取扱い／*217*

　　（2）商法における減価償却の取扱い／*223*

　4　おわりに・*228*

第10章　法人所得課税と減価償却(2)
　　─日本郵船株式会社を中心として───────── *239*

　1　はじめに・*239*

　2　明治35年頃までの法人所得課税における減価償却の
　　取扱い・*239*

　　（1）法人所得課税創設期における「所得」（「総益金」および
　　　「総損金」）の意義／*239*

　　（2）「総損金」に係る解釈の深化：減価償却に係る損金性を
　　　中心に／*244*

　3　日本郵船株式会社対東京税務監督局長「所得金額決定
　　不服ノ訴」事件・*251*

　　（1）事実の概要／*251*

　　（2）判例分析／*254*

VIII

4 おわりに・*259*

総 括　税務会計研究の再検討————*269*

1 はじめに・*269*

2 税務会計における所得の定義・*270*

3 判例分析の視点と評価方法・*273*

4 企業利益と法人所得・*277*

5 税務会計の特殊な位置づけ・*278*

6 税務会計の特徴・*281*

■参考文献・*287*

序　章

判例研究の分析視点と評価方法

［1］　はじめに

　近年の租税判例，とりわけ法人税法の所得計算に関わる争いをみると，企業会計に対する理解のなさからか，純粋に法律（租税法）的観点から判断がなされており，税務会計論を専攻する者からすると，違和感を覚えるところが大いにある。また，近年の国際会計基準（IFRSを含む）を指向した企業会計は，わが国法人税が昭和40年および42年の法制定時には，発生主義の会計をベースに据えてなされており，その立法の趣旨とは相当の隔たりがあるにもかかわらず，この国際会計基準に強く影響を受けている現行の会計基準を，法人税法22条4項の「公正処理基準」として考えようとする傾向があることにも，いささか納得がいかないところである。

　さて，法人税法（以下，単に「法」という場合がある）22条は所得計算の原理をうたった規定であり，原則的には法22条4項の「公正処理基準」の規定により公正な企業会計の基準に準拠して計算されると思い込んでいたら，最近（特に平成の時代以降）の判例では大きく旋回し，法人税法独自の公正処理基準の存在が明らかになってきた。さらには，企業会計の制度や理論を基に法令の解釈を行っていれば結論が違ったと思われる判例も，裁判の現場において出てきたようにも思われる。

　このような裁判例のなかで，法22条4項の公正処理基準をどう解釈するかについて，法人税法の趣旨目的を考慮した解釈がなされた最高裁平成5年11月25日判決（平成4年（行ツ）第45号），いわゆる大竹貿易事件が，最重要判例として出てきた。大竹貿易事件は，「企業会計」と「税務会計」の乖離の起点とし

て重要であるといわざるを得ないと考えている。この判決を契機に，それ以降の判例解釈の流れが大きく変わり，ついには公正妥当な会計処理の基準である企業会計の「会計基準」や「実務指針」が，法22条4項に定める「公正処理基準」には該当しないという判決を導くことになった。具体的には，裁判所は，「公正処理基準」を法人税法独自の観点から公正妥当性を判断すれば足りるとする東京高裁平成25年7月19日判決（平成25年（行コ）第117号）であるビックカメラ事件判決を生じさせたのである（本件では「公正処理基準」を「税会計処理基準」といっている）。

さらには，所得税法の事案ではあるが，必要経費を巡って裁判官を含めた法律家の企業会計への無理解としか思えない東京高裁平成24年9月19日判決（平成23年（行コ）第298号）である弁護士会役員交際費事件等々が，本書における研究の契機となった判例である。

以下，企業会計が争点となった判例を採り上げ，会計処理に対する租税法によるアプローチの方法を紹介するとともに，多角的な視点から，「税務会計」として租税判例をどう捉えていくのかについて，検討を加えたい。

2 研究の目的

法人税法は22条2項で益金の額に算入すべき金額は，「別段の定め」のあるものを除き，「取引」に係る収益の額であると定めている。この収益の額は，同4項で「別段の定め」のあるものを除き，「一般に公正妥当と認められる会計処理の基準（公正処理基準）に従って計算されるものとする」（カッコは筆者）と規定している（損金の額も同じ）。

所得計算の前提がこのような規定の仕方になっているので，会計プロパーからは，「取引」は原則として簿記・会計上の取引を指し，その取引の会計処理にあたって「別段の定め」が存在しない場合は，企業会計でいう公正処理基準に従って処理されるというのが，税制の簡素化や予測可能性・法的安定性に繋がるとの主張となるであろう。

一方，法律プロパーの立場からは，法がいったん「取引」を法律の中に取り込んだ以上は，法の趣旨目的等を踏まえた上で解釈がなされるべきであって，

「取引」も必ずしも簿記・会計上の取引に限定されず，したがって，「別段の定め」がなくても法人税法の趣旨目的である適正かつ公平な課税に則ることにより，いわゆる企業会計上の公正妥当な会計慣行も否定されることとなる。つまり，平成5年最高裁判決である大竹貿易事件判決に沿った考え方となるのである。

　この大竹貿易事件以降の判例を追跡してみると，まず，プリペイドカード事件（名古屋地裁平成13年7月16日判決（平成12年（行ウ）第14号））では，「税法は納税義務の適正な確定及び履行を確保することを目的としているから，適正公平な税収の確保という観点から弊害を有する会計処理方式は，法22条4項にいう公正妥当処理基準に該当しないというべきである」（下線―筆者）と述べている。次に，興銀事件（東京高裁平成14年3月14日判決（平成14年（行ヒ）第147号））では，「法人税法が適正かつ公平な課税の実現を求めていることとも無縁ではなく，法人が行った収益及び損金の額の算入に関する計算が公正妥当と認められる会計処理の基準に従って行われたか否かは，その結果によって課税の公平を害することになるか否かの見地からも検討されなければならない問題というべきである」（下線―筆者）と述べている。

　この2つの事件において，大竹貿易事件で大きくクローズアップされてきた法人税法の趣旨目的，すなわち適正かつ公平な課税という観点から公正処理基準が検討されることが明確となってきた。そして遂には，ビックカメラ事件（東京高裁平成25年7月19日判決）では，法22条4項の「公正処理基準」を企業会計とは別物であるとして，法人税法の趣旨目的に照らし，その公正妥当性を判断するとして，「税会計処理基準」という名称を用いて，判断を下している。

　大竹貿易事件以降の一連の判決における解釈に対しては，「課税庁や裁判所が，公平負担や税収の確保の目的を背後に，『公正妥当な会計処理の基準』という文言を利用して，別段の定めとして立法化されていないルールを作り出そうとする試み」であり，「本来の会計的な公正さが，法や社会通念の観点からの公正さにすり替えられている」との批判がある[(1)]。

　しかし，簡素化の観点を除けば（すり替えられることは簡素化の観点からは支持できないということ），原価―実現をベースとする過去指向の税務は，将来・市場指向的性格を有する企業会計（鈴木一水氏の用語を借用，文献は後出）とは，

一線を画さざるをえないのではないかと思われる。

　要は，現在価値で割り引いたキャッシュ・フローで評価される価値を，担税力のある課税所得として認めることができるかが問われているのである。

3　契機となった判例紹介

　それでは，本研究の契機となった3つの判例（大竹貿易事件，ビックカメラ事件，弁護士会役員交際費事件）について，簡単にその内容を紹介しておく。

（1）　大竹貿易事件

　大竹貿易事件は，本研究の根幹をなすものであるので，本書におけるすべての個別事案の研究の理解のためにも，改めてこの判例から重要な判断を導くことになった判決文等を拾い，丁寧に読み込んでいくことにする。大竹貿易事件は，法人税法の趣旨目的による解釈を採り入れた画期的な判決という点で意義があるし，また，この判決が先例となり，確定した解釈として一般に承認されてきた感がある。本判決以降の裁判に大きな影響を与えた判決であることは，すでに述べたところである。

　大竹貿易事件は，法22条4項を「法人税法の企図する公正な所得計算という要請」と解釈し，その会計処理の合理性を「取引の経済実態からみて合理的なもの」であること，かつ，その取引を「継続」して行っていることに求めている。

大竹貿易事件（最高裁平成5年11月25日判決）

　法人税法上，内国法人の各事業年度の所得の金額の計算上当該事業年度の益金の額に算入すべき金額は，別段の定めがあるものを除き，資本等取引以外の取引に係る収益の額とするものとされ（22条2項），当該事業年度の収益の額は，一般に公正妥当と認められる会計処理の基準に従って計算すべきものとされている（同条4項）。したがって，①ある収益をどの事業年度に計上すべきかは，一般に公正妥当と認められる会計処理の基準に従うべきであり，これによれば，②収益は，その実現があった時，すなわち，その収入すべき権利が確定したとき

序　章　判例研究の分析視点と評価方法　5

の属する年度の益金に計上すべきものと考えられる。もっとも，法人税法22条
４項は，現に③法人のした利益計算が法人税法の企図する公平な所得計算という
要請に反するものでない限り，課税所得の計算上もこれを是認するのが相当で
あるとの見地から，収益を一般に公正妥当と認められる会計処理の基準に従っ
て計上すべきものと定めたものと解されるから，右の④権利の確定時期に関する
会計処理を，法律上どの時点で権利の行使が可能となるかという基準を唯一の
基準としてしなければならないとするのは相当でなく，取引の経済的実態から
みて合理的なものとみられる収益計上の基準の中から，当該法人が特定の基準
を選択し，継続してその基準によって収益を計上している場合には，法人税法
上も右会計処理を正当なものとして是認すべきである。しかし，その権利の実
現が未確定であるにもかかわらずこれを収益に計上したり，既に確定した収入
すべき権利を現金の回収を待って収益に計上するなどの会計処理は，一般に公
正妥当と認められる会計処理の基準に適合するものとは認め難いものというべ
きである。

　これを本件のようなたな卸資産の販売による収益についてみると，前記の事
実関係によれば，船荷証券が発行されている本件の場合には，船荷証券が買主
に提供されることによって，商品の完全な引渡しが完了し，代金請求権の行使
が法律上可能になるものというべきである。したがって，⑤法律上どの時点で代
金請求権の行使が可能となるかという基準によってみるならば，買主に船荷証
券を提供した時点において，商品の引渡しにより収入すべき権利が確定したも
のとして，その収益を計上するという会計処理が相当なものということになる。
⑥しかし，今日の輸出取引においては，既に商品の船積時点で，売買契約に基づ
く売主の引渡義務の履行は，実質的に完了したものとみられるとともに，前記
のとおり，売主は，商品の船積みを完了すれば，その時点以降はいつでも，取
引銀行に為替手形を買い取ってもらうことにより，売買代金相当額の回収を図
り得るという実情にあるから，右船積時点において，売買契約による代金請求
権が確定したものとみることができる。したがって，このような⑦輸出取引の経
済的実態からすると，船荷証券が発行されている場合でも，商品の船積時点に
おいて，その取引によって収入すべき権利が既に確定したものとして，これを
収益に計上するという会計処理⑧も，合理的なものというべきであり，一般に公
正妥当と認められる会計処理の基準に適合するものということができる。

　これに対して，上告人が採用している会計処理は，荷為替手形を取引銀行で
買い取ってもらう際に船荷証券を取引銀行に交付することによって商品の引渡
しをしたものとして，為替取組日基準によって収益を計上するものである。し
かし，この船荷証券の交付は，売買契約に基づく引渡義務の履行としてされる
ものではなく，為替手形を買い取ってもらうための担保として，これを取引銀
行に提供するものであるから，右の交付の時点をもって売買契約上の商品の引
渡しがあったとすることはできない。そうすると，上告人が採用している為替

取組日基準は，右のように商品の船積みによって既に確定したものとみられる売買代金請求権を，為替手形を取引銀行に買い取ってもらうことにより現実に売買代金相当額を回収する時点まで待って，収益に計上するものであって，⑨その収益計上時期を人為的に操作する余地を生じさせる点において，一般に公正妥当と認められる会計処理の基準に適合するものとはいえないというべきである。このような処理による企業の利益計算は，法人税法の企図する公平な所得計算の要請という観点からも是認し難いものといわざるを得ない。(下線—筆者)

本判決を判決文に便宜上付した下線部①から⑨を中心に検討してみる。

（1）下線部①からは，本判決自体は，「ある収益をどの事業年度に計上すべきかは，……」という点について判断したのであって，費用も含めた公正な会計処理全般についてまで判断をしたと読めるのか，はなはだ疑問があるといえる。

（2）下線部②からは，収益をどの事業年度に計上させるかは，「実現があった時，すなわち，その収入すべき権利が確定したとき」であると，言い切っている。ここでは，「時」と「とき」を使い分けており，「実現＝権利確定」ではなく，企業会計や会社法で実現があった時に，法人税法上は権利確定主義でもって権利の確定したときの年度に収益を計上するとの理解を表している。

　　しかし，権利の確定の時期に関する会計処理を，法律上の確定の時期を唯一の基準とするのではなく，下線部④にあるように，「取引の経済的実態からみて合理的なもの」で，かつ「継続してその基準によって収益を計上している場合」には，権利の確定と同様に正当として是認するというのである。ただし，下線部③にあるように，ここには法人税法の趣旨目的が作用するのであって，法人のなした「利益計算が法人税法の企図する公平な所得計算という要請」に反してはいけないと判断しているのである。このような法人税法の趣旨目的に反する会計処理の代表として，下線部⑨にある「収益計上を人為的に操作する余地」のあるものが挙げられているのである。

　　もう一点付け加えるならば，「法人税法の企図する公平な所得計算という要請」が法22条4項には作用するということであるから，同4項は，単

に企業会計上の公正処理基準を指すとする従来の通説である確認規定ではなく，公平性を加味した法人税法独自の公正妥当性を判断するという創設規定ということになるであろう。

（3）このような理論構成の本件への当てはめは，貿易取引の原則に立ち返り，下線部⑤のように買い主に船荷証券を引き渡した時に，引き渡しによる収入が確定するとして収益に計上する会計処理を相当とする。ここでは，納税者側の主張した為替取組日基準については，触れられていない。原則は，買主に船荷証券が提供されたときが収益計上の時期であると，いったんは認めるものの，⑥で「しかし」と切り返している。つまり，今日の輸出取引においては，下線部⑦のように「経済的実態からすると船荷証券が発行されている場合でも，商品の船積時点において，その取引によって収入すべき権利が既に確定したものとして」，船積日基準により収益に計上するという会計処理もまた原則とは異なるけれども合理的なものというべきとして，下線部⑧のように「も」と強調するのである。

（2）ビックカメラ事件

ビックカメラ事件は，法22条4項の「公正処理基準」が，法人税法の趣旨目的による解釈がなされていることについては，大竹貿易事件と相違はない。しかし，大竹貿易事件を持ち出したにもかかわらず，法人税法の趣旨目的解釈を全面的に出して「流動化実務指針」（正式には，平成12年7月31日日本公認会計士協会「特別目的会社を活用した不動産の流動化に係る譲渡人の会計処理に関する実務指針」（会計制度委員会報告第15号）をいい，以下，「流動化実務指針」という）を否定するのではなく，「企業会計上の公正処理基準として有力なものであっても当然に同条4項にいう『一般に公正妥当と認められる会計処理の基準』に該当するものではない」と判示した。つまり，この判決をみる限り，裁判所は，「企業会計上の公正処理基準」と，「法人税法22条4項にいう『一般に公正妥当と認められる会計処理の基準』」の2つの公正処理基準があると考えているといわざるを得ないし，「税会計処理基準」という造語からもその考え方を裏付けることができる。

> ### ビックカメラ事件（東京高裁平成25年7月19日判決）
>
> 　法人税法22条4項の公正処理基準は，「同法における所得の金額の計算に係る規定及び制度を簡素なものとすることを旨として設けられた規定であり，現に法人のした収益等の額の計算が，適正な課税及び納税義務の履行の確保を目的（同法1条参照）とする同法の公平な所得計算という要請に反するものでない限り，法人税の課税標準である所得の金額の計算上もこれを是認するのが相当であるとの見地から定められたものと解され（最高裁平成5年判決参照），法人が収益等の額の計算に当たって採った会計処理の基準がそこにいう『一般に公正妥当と認められる会計処理の基準』（税会計処理基準）に該当するといえるか否かについては，上記に述べたところを目的とする同法の独自の観点から判断されるものであって，企業会計上の公正妥当な会計処理の基準（公正会計基準）とされるものと常に一致することを前提とするものではないと解するのが相当である。」と判示している。

　流動化実務指針は，譲渡が行われ，譲渡人が収入を得ているときであっても，不動産のリスクを考慮して，期間損益の適正化という情報提供機能を担う企業会計は，これを金融取引として取り扱うのである。しかし，法人税法は法1条の規定する適正な課税および納税義務の履行を確保するという目的の下で，法人税法の企図する公平な所得計算の要請の観点で収益を認識している。したがって，法22条2項の「有償による資産の譲渡」があったにもかかわらず，「リスク・経済価値アプローチにより，当該譲渡を有償による信託に係る受益権の譲渡とは認識せず，専ら譲渡人について，当該譲渡に係る収益があったものとしない取扱いを定めた」流動化実務指針は，「税会計処理基準」と命名された税法上の公正処理基準とはなり得ないのである。

　法22条2項が「有償による資産の譲渡」を収益の額としている規定は，法人税法の企図する公平な所得計算という要請という観点に立って定められたものであることを主張している。つまり，法22条はそういう公平を達成するための規定だといいたいのであろう。

（3） 弁護士会役員交際費事件

　弁護士会役員交際費事件は，所得税の判例ではあるが，事業所得に係る必要経費の判断であるので本委員会で検討する。つまり，所得税法の事業所得の計算が，昭和40年改正の時，法人税法の所得計算（法人税法22条）を受けて改正されたという点を考慮したものであるからである。

　当時の改正作業の担当者である武田昌輔教授が，法人税法22条３項１号の金額は，売上原価等について規定されており，いわゆる収益に対応する原価（個別的対応）を意味しており，また，同２号は，販売費および一般管理費について定めている，いわゆる期間対応を意味する諸費用であると述べている[2]。また，法人税法の益金の額，損金の額とは，「比喩的にいえば，益金の額といい，損金の額といい，実体はないと考えてよいのであって，一つの容器であるといってよい。目に見えない容器である」[3]と述べていることから，同様に所得税法上の損金の額である必要経費についても，個別対応を意味する売上原価等と期間対応を意味する諸費用が混在しているものとして理解することができよう。

弁護士会役員交際費事件（東京高裁平成24年９月19日判決）

　「事業所得の金額の計算上必要経費が総収入金額から控除されることの趣旨は，投下資本の回収部分に課税が及ぶことを避けることにあると解されるところ，個人の事業主は，日常生活において事業による所得の獲得活動のみならず，所得の処分としての私的な消費活動も行っているのであるから，事業所得の金額の計算に当たっては，事業上の必要経費と所得の処分である家事費とを明確に区分する必要がある。そして所得税法37条１項は，……一般対応の必要経費について『所得を生ずべき業務について生じた費用』であると規定している。また，同法45条１項は，家事上の経費（以下「家事費」という）及びこれに関連する経費（以下「家事関連費」という）で政令に定めるものは必要経費に算入しない旨を定めているところ，同条を受けた所得税法施行令96条１項は，家事関連費のうち必要経費に算入することができるものについて，経費の主たる部分が『事業所得……を生ずべき業務の遂行上必要』であることを要すると規定している。」

　ところが周知のように，東京高裁は，「控訴人の弁護士会等の役員等としての

活動が控訴人の『事業所得を生ずべき業務』に該当しないからといって，その活動に要した費用が控訴人の弁護士としての事業所得の必要経費に算入することができないというものではない。なぜなら，控訴人が弁護士会等の役員等として行った活動に要した費用であっても，これが，先に判示したように，控訴人が弁護士として行う事業所得を生ずべき業務の遂行上必要な支出であれば，その事業所得の一般対応の必要経費に該当するということができるからである。」と判示している。

　法人税法は，損金の額の構成として原価・費用・損失の額を規定している一方で，所得税法は必要経費として損失の額を含まず，原価と費用の額のみを含む概念である（所得税法37条1項）。必要経費の控除については，別段の定めがある場合にはそれに従うことになる。本件でいう所得税法45条1項は別段の定めに該当する。したがって，本件を所得税法45条1項に適用すると，弁護士会での活動そのものは弁護士の業務ではなく，事業と直接の関連性はないが，弁護士の業務の遂行上必要な支出は，家事関連費であり，その業務に関連することが明らかな部分は必要経費に計上してよいとする（所得税法施行令96条）規定であると理解したい。

4　先行研究

（1）　鈴木一水「法令解釈型税務会計研究の課題」(『税経通信』第71巻第7号)

　鈴木一水教授は，法22条4項に定める「公正処理基準」について，「立法当初から『一般に公正妥当と認められる会計処理の基準』の内容は，企業会計原則その他の企業会計基準のような成文化された会計基準さらには成文化されていないけれども確立した会計慣行の内容をそのまま指すわけではなく，さらにそれが公正妥当であるかどうかを検討する必要があると解されてきた」(149頁)と述べる。

　さらに，大竹貿易事件を題材に，「法人税法の企図する公平な課税所得計算の要請という観点から」，この判例以降，裁判所の判断は，「課税の公平の観点から行われる傾向にある（税務会計研究学会2014，112頁）」(150頁)と述べてい

る。

　したがって，ある会計処理が公正処理基準に該当するか否かは，「法律で認められるかどうかとは無関係であって，会計慣行として確立されており，かつ公平な所得計算という要請を満たしているかどうかで決まる」（150頁）とし，公正処理基準の解釈は，法律で認められるか否かとは関係ない旨を述べている。

　そこで，リース取引事件（福岡地裁平成11年12月21日判決），ソフトウェア事件（最高裁平成18年6月23日判決）の判例を挙げて，「成文化された会計基準書や成文化されていない会計慣行，さらには会社法とは無関係に，公正な課税所得計算の観点から判断し，その公平性は会計処理に利益操作を可能とする会社の恣意が介入する余地の有無で判定する実務が定着している」（150頁）とし，最終的には，担税力に応じた公平な課税＝担税力を表わす課税所得の計算（151頁）であるとしてまとめている。

（2）　成道秀雄「法人税法第22条第4項『公正処理基準』の検証」
（『租税研究』第800号）

　成道秀雄教授は，法22条4項に定める「公正処理基準」について，その創設当時（昭和42年）は，企業会計原則のみにしたがって会計処理を行っていたが，現在は，有用情報の提供を目的とする新種の会計基準が採用されていることから，この種の会計基準を負担能力を考慮する課税所得計算の基礎とするのは難しいとしている（315頁）。

　そこで，成道教授は3つの提案をしている（315-316頁）。まず1つめは，公正処理基準は企業会計基準であるとし，それ以外の新種の基準については網羅的に「別段の定め」を用意することである。2つめは，「別段の定め」を設けるか否かに関係なく，公正処理基準に法人税法の趣旨目的を入れ込むことであるが，これについては予測可能性に問題が生じる恐れがある。3つめは，税法独自に益金と損金を定義し，自己完結的に課税所得を計算することであり，これは，公正処理基準の完全な分離を意味するものである。

　また，成道教授は，判例研究として大竹貿易事件で示された，「課税庁側は，法人税法の趣旨目的を入れ込んでいる」ことに注目し，【表1】の11判例を採り上げ整理している（311-314頁，320-322頁）。

【表１】公正処理基準を趣旨・目的解釈した判例とその判断の基礎

事件名	判断の基礎
① ビックカメラ事件	実務指針は公正処理基準か
② オリックス銀行事件	実務指針105項は類推適用可能か
③ 大竹貿易事件	船積日基準か為替取組日基準か
④ 脱税工作金事件	勘定科目の誤り？脱税を認めると公平に反する
⑤ 興銀事件（高裁判決）	公平の観点から全部貸倒れを貸倒損失という
⑥ プリペイドカード事件	業界方式（通達の慣行化）
⑦ 冠婚葬祭互助会事件	業界方式（通達の慣行化）
⑧ 中部電力事件	業界方式（電気事業会計）
⑨ 競走馬売買事件	業界方式（現金主義）
⑩ リース取引事件	リース会計基準は慣行化していない
⑪ 東北電力事件	権利確定主義

（３）　長島　弘　①　「最高裁平成５年11月25日判決以前の公正処理基準に関する裁判例とその当該最高裁判決への影響」（『立正大学法制研究所年報』第21号）
　　　　　　　　　　②　「大竹貿易事件最高裁判決と法人税法22条４項（上）（下）」（『税経新報』第642号，643号）

　法22条４項について，長島弘准教授は，大竹貿易事件の最高裁判決について，次のような疑問を投げかける。

　大竹貿易事件の最高裁判決は，税法としての「公正妥当性」テストを要する点を肯定しているが，「あらゆる点から税法的価値判断を認め得る事まで，判示したと読むことには疑問がある。判決自体は，『ある収益をどの事業年度に計上すべきかは……』という点について判断したものである」（①56頁）。

　続けて，しかし，大竹貿易事件判決は，「確定決算主義との関係からは，誤ったものといえよう」（①56頁）。すなわち，「確定決算主義の下では，会社法会計に是認され確定決算に反映されたものだけが法人税の計算にも反映されることになっているのであって，法人税法の計算において公正処理基準等に直接従っている訳ではない」（①47頁）。

　「公正処理基準は，会社法による会計規定（会社計算規則等）と会社法上『一般に公正妥当と認められる企業会計の慣行』と認められた会計諸基準等である

から，これを違法というためには，この為替取組日基準が会社法または会計基準の問題として公正妥当な会計処理ではないという指摘が必要なのであり，それが無いにも拘わらず，税法として正しくないというためには，別段の定めが必要である。よってこの判決には問題があるものといえる」（②（下）59頁）。

5 研究事例紹介：判例研究の方向性
──ビックカメラ事件を題材にして

最後に，本書における研究方法の一例を示すことで，各個別事例研究を理解するためのスムーズな導入になるようにしたい。なお，研究のスタンスは，企業会計の立場と租税法の立場を鮮明にすることで，裁判所の判断を分析したい。往々にして，前者の立場は納税者の主張に現れており，後者の立場は課税庁の主張に現れている。

（1） 事案の要旨

①　原告である納税者は，家庭用電気製品の売買等を目的とする株式会社であり，平成20年6月以降その発行する株式を東京証券取引所市場第一部に上場している。これに先立つ平成14年に，資金の調達等の目的で，その所有する土地および建物等を信託財産とする信託契約を締結した上で，それに基づく受益権（以下「本件信託受益権」という）を総額290億円で第三者に譲渡すること等を内容とする，いわゆる不動産の流動化をし，これについて，法人税の課税標準である所得の金額の計算上，本件信託受益権の譲渡をもって本件信託財産の譲渡として取り扱った内容の会計処理，すなわち，売却取引の会計処理を行った。これ以降，本件信託契約およびこれに関係する契約を終了させた平成19年9月1日から平成20年8月31日までの事業年度（以下「本件事業年度」という）までの間，この会計処理を前提とした内容の法人税の各確定申告をしていたが，その後，上記の不動産の流動化について，本件信託財産の譲渡を金融取引として取り扱う会計処理をすべきである旨の証券取引等監視委員会の指導を受け，過年度の会計処理の訂正を行った。

②　本件は，本件事業年度の法人税について，原告である納税者が，前記①

のとおり，その前提とした会計処理を訂正したところにより，同年度の法人税の確定申告に係る確定申告書の提出により納付すべき税額が過大となったとして，国税通則法（以下「通則法」という）23条1項1号に基づき，更正をすべき旨の請求をしたところ，被告である所轄税務署長から更正をすべき理由がない旨の通知（本件通知処分）を受けたため，その取り消しを求めた事案である。

本書のテーマにしたがって言い換えれば，本件は，確定申告後に日本公認会計士協会が定めた流動化実務指針に従って，本件信託財産（信託受益権）の譲渡を，売却取引処理から金融取引処理に訂正した納税者の会計処理が，法人税法上相当なもの，すなわち，法22条4項の「公正処理基準」といえるか否かが争点とされたのである。

（2） 流動化実務指針の考え方

納税者である原告は，流動化実務指針が法22条4項の公正処理基準に該当するものである旨を主張し，その根拠として，「法人税法が採る実現主義ないし権利確定主義の立場に沿う会計処理基準は複数存在し得るところ，同指針は，実現主義ないし権利確定主義の観点から合理的なものといえる『リスク・経済価値アプローチ』の基準を採用したものであり，実現主義ないし，権利確定主義を採る税会計処理基準に該当するといえる」（東京地裁での納税者の主張，傍点—筆者）と主張する。

また，同趣旨の主張は，納税者の次のような主張からも強く窺える。

流動化実務指針は，「不動産流動化に係る取引の複雑さに由来して，実現主義に基づく会計処理をする場合に収益をいつ認識すべきかを判断することが容易ではないとの問題意識から，実現主義からの収益の認識時期についての帰結を明示することを目的として設けられたものである」から，「同指針は，法律上どの時点で権利の行使が可能となるかという基準とは異なるものの，不動産流動化に係る取引の経済的な実態からみて，実現主義ないし権利確定主義の観点から合理的といえる『リスク・経済価値アプローチ』による収益計上の基準を採用したものであり，実現主義ないし権利確定主義に沿う会計処理の基準ということができる」（東京地裁での納税者の主張，傍点—筆者）。

序　章　判例研究の分析視点と評価方法　15

　つまり，納税者は，流動化実務指針が採用する「リスク・経済価値アプロー
チ」は，法律上の基準とは異なるものの，不動産流動化に係る取引の経済的な
実態からみて，合理的といえる収益計上基準を採用したものであって，法人税
法の実現主義や権利確定主義に沿う会計処理基準だというのである。

　この点は，企業会計基準委員会平成16年2月13日付「不動産の売却に係る会
計処理に関する論点整理」（以下「論点整理」という）における次の記述によっ
てもよくわかる。

　「資産のリスクと経済価値のほとんどすべてが他に移転した場合に当該資産
の消滅を認識する方法は，一般的な実現主義に基づく会計処理の方法と関連し
ないものではなく，むしろ整合する点も多い。資産の売却取引を例にとると，
リスク・経済価値アプローチによれば，取引に係る何らかの履行義務が消滅し
た際に収益が認識され，資産に対する支配を喪失した際に当該資産の消滅を認
識し，費用（原価）が認識される。認識されている資産が同じであるという前
提を置けば，このような考え方に基づく会計処理は，一般的な実現主義に基づ
く会計処理による結果と相違はないと考えられる」（論点整理36項）。

　実務指針で示されている考え方は，「リスク・経済価値という用語で説明さ
れているものの，実際には実現主義の考え方を適用していると解される」（論
点整理37項）。

　論点整理は，実現主義に基づく収益認識基準における実現の判断規準につい
て，「事業投資リスクからの解放」をもって判断規準とする考え方が有力であ
ると述べている（論点整理38項）。すなわち，投資リスクからの解放とは，財や
サービスを引き渡し，その見返りに現金または現金同等物を受領もしくは金銭
債権を受領した段階とされている（論点整理48項）が，このアプローチはまさ
しく一般的な実現主義の考え方であって，資産の中でもとりわけ不動産という
資産の個別対応アプローチの1つとして，リスク・経済価値アプローチに基づ
く判断規準があるのである。

　したがって，流動化実務指針は，課税庁がいうように，「投資家保護の目的
という観点から，企業会計上，特別目的会社を活用した不動産の流動化取引に
おける譲渡人の会計処理に限り，これを売却と認定する上での特別な基準を設
けたにとどまるものと解すべきである」が，だからといって，「一般的な実現

主義とは異なる基準により収益の認識を判断することは，公平な課税を阻むことになりかねないのであるから，原告の主張は理由がない」（東京地裁における課税庁の主張）とまでいえるがどうかは，議論は尽きないところである。

これに対し，課税庁は，「同指針の取扱については，一定の取引に限って，一般的な実現主義（権利確定主義）とは異なるリスク・経済価値アプローチによる収益の認識をするというものであり，実現主義（権利確定主義）の範囲から外れた基準というべきであって，このような実現主義（権利確定主義）の例外というべき同指針の取扱いを，『別段の定め』もなく認めることは，租税公平の見地から認められるものではない」（東京地裁での課税庁の主張）と主張した。

また，同様に裁判所も「当該収入の原因となった法律関係を離れて，当該譲渡を有償による信託に係る受益権の譲渡とは認識せず，専ら譲渡人について，当該譲渡に係る収益の実現があったとしないものとする取扱いを定めた同指針については，既に述べたところを目的（適正な課税および納税義務の履行の確保という目的―筆者注）とする同法の公平な所得計算という要請とは別の観点に立って定められたものとして，税会計処理基準に該当するものとは解し難いといわざるを得ないものである」（東京地裁判決）と判断を下し，納税者の主張を「採用することができない」と退けている。

（3）「リスク・経済価値アプローチ」は公正処理基準か

このリスク・経済価値アプローチは，既に述べたように，企業会計上は実現主義の一種であり，実現主義（あるいは権利確定主義）の例外とみて「別段の定め」をなしには認められないとする課税庁の立場を少し検討してみる必要があるであろう。

企業会計上，特別目的会社を有する法人によって支配されている場合には，当該特別目的会社は連結されなければならない。つまり，「特別目的会社の事業がその目的に従って適切に遂行されているときは，当該特別目的会社に資産を譲渡した企業から独立しているものと認め，……子会社に該当しない」（連結財務諸表に関する会計基準7-2）のであって，この反対解釈から，本件は連結されなければならないのである。

本件不動産流動化取引は，リスクと経済価値のほとんどが譲受人に移転していないので，すなわち５％ルールの適用により，売却取引ではなく金融取引であると金融庁（証券取引等監視委員会）は判断して，訂正を指導したのであった。つまり，当該不動産のオフバランス化を認めず，連結の対象とするのである。

　一方，課税庁に代表される法人税法の立場は，投資家保護を主要目的とする企業会計基準とは異なり，あくまでも課税の公平を重視するのであって，そこでは資産または事業から生ずる収益に係る法律関係を基礎に，基本的には収入の原因となった法律関係に従って収益として実現した金額を益金の額に算入することで所得を計算しているのである。

　したがって，課税庁の判断では，（この時点で法22条２項の有償による資産の譲渡に該当するという解釈の下）本件不動産流動化取引について，一般的な実現主義を超えてまでさらに収益の実現に慎重になったリスク・経済価値アプローチを採用することは，法律関係を重視する法人税法としては，まだまだ時期尚早であり，他の収益認識との比較で不公平となることや，さらには税収の早期確保の要請が強く働いての判断となったのであろう。

　また，本件は100％の支配関係にはないので，連結納税制度の適用はなく，単体での課税となる。そうすると，本件不動産信託受益権取引の課税の繰り延べは行えず，当然，売却取引となるであろう。

（4）　ま　と　め

　法人税法の企図する公平な所得計算という要請に反しない限り，原則として，企業会計の基準と公正処理基準とは一致するというのが一般的な理解と考えてよい。もっとも，企業会計の基準と公正処理基準とが常に一致する訳ではなく，企業会計の基準と公正処理基準とが乖離する場合があるという点にも異論はない。

　この点，大竹貿易事件判決は，「収益は，その実現があった時，すなわち，その収入すべき権利が確定したときの属する年度の益金に計上すべき」ことをまず述べた上で，権利の確定時期に関して「取引の経済的実態からみて合理的なものとみられる収益計上の基準の中から，当該法人が特定の基準を選択し，継続してその基準によって収益を計上している場合には，法人税法上も右会計

処理を正当なものとして是認すべきである」とした。

　したがって，本件においては，いわゆる5％ルールを採用する不動産流動化実務指針に従った会計処理が公正処理基準に該当しないとされたが，これは，不動産流動化実務指針が，不動産が法的に譲渡され，かつ，その対価を譲渡人が収入しているときであっても，なお，子会社等を含む譲渡人に残された不動産のリスクの程度を考慮して，売却処理ではなく，金融取引としての処理をすることがあるとされている点に着目した裁判所の判断である。すなわち，法的に不動産や信託受益権が譲渡されている以上，大竹貿易事件判決のいう「既に確定した収入すべき権利」が存在しているのであるが，不動産のリスクおよびその経済価値のほとんどすべてが特別目的会社を通じて他の者に移転しているかという独自の観点から，流動化実務指針は，売却処理か，金融取引としての処理かを決定することとしているのであるから，これを大竹貿易事件判決の判断枠組みに当てはめると，公正処理基準とはいえないと判断されたと理解することができる。

　ところで，法は22条2項で益金の額に算入すべき金額は，「別段の定め」のあるものを除き，「取引」に係る収益の額である。この収益の額は，同4項で「一般に公正妥当と認められる会計処理の基準（公正処理基準）に従って計算されるものとする」（カッコは筆者）と規定している。

　各事業年度の収益等の額の計算に当たり，本件のように，法的に譲渡され，当該譲渡契約に定められた対価を現に収入した場合に，当該収入の原因となった法律関係を離れて売却取引ではなく金融取引だとして，当該譲渡を有償による譲渡と認識せず，譲渡人において当該譲渡に係る収益の実現があったとしない取り扱いを定めた流動化実務指針については，適正な課税および納税義務の履行を確保することを目的とする法人税法の公平な所得計算という要請とは別の観点，すなわち証券市場における投資者の保護に立って定められたものであるから，そのようなものは，公正処理基準に該当するものとは解し難いのである。繰り返しになるが，これが本件の中心となる判旨であろう。

6 おわりに

リース取引事件（福岡地裁平成11年12月21日判決（平成10年（行ウ）第13号））では，企業会計基準の位置づけを企業会計審議会の機関特性や公開会社に適用される会計基準の機能に着目している箇所がある。

「リース会計基準を公表した企業会計審議会は，大蔵省の諮問機関であり，……企業会計原則をはじめとする各種の会計基準を設定・公表している機関であることが認められるから，同審議会は直接的には課税に関する基準を設定・公表する機関ではなく，リース会計基準も，直接的にはリース取引の税務処理の基準として作成・公表されたものではないということができる」。「リース会計基準は，現実には，証券取引法の適用を受ける法人が行う財務諸表の作成について，一般に公正妥当と認められる企業会計の基準として機能するといえるものの，……リース会計基準が設定・公表された経緯からすれば，証券取引法の適用を受けない法人が行う財務諸表の作成についても，同様に，一般に公正妥当と認められる企業会計の基準として機能するものと認められるのが相当であるが，これが直ちに課税上の取扱いについて定められた基準であるとはいえない」。

確かに，「企業会計審議会の性格やリース会計基準の機能からして，リース会計基準が直ちに課税上の取扱いについて定められた基準であるとはいえないけれども，そのことから必然的に公正妥当処理基準に当たらないと解するのは相当でなく」，大竹貿易事件で明らかとなった法人税法の企図する公平な所得計算という要請に反するものでない限り，「そのような基準であっても公正妥当処理基準に当たるものもあるというべきである」。

このような判決文から理解できるように，企業会計に対するこの程度のレベルの理解からスタートして，判決が言い渡される。また，租税法の学界でも，例えば，実務指針は「企業会計原則・同注解よりもランクの低い会計基準である」[4]という理解から課税所得の金額ができあがってくるのである。

[注]

（1）岡村忠生『法人税法講義（第3版）』（成文堂，2007年），38頁。

（2）武田昌輔「法人税法における『確定した債務』の研究」『税理』第21巻第9号，5頁。

（3）武田昌輔『新版税務会計通論』（森山書店，1974年），47頁。

（4）金子宏『租税法（第23版）』（弘文堂，2019年），352頁。

第1章

エス・ブイ・シー事件
（最高裁第三小法廷平成6年9月16日決定）

1　はじめに

　本判決は，最高裁が脱税経費（脱税協力金）の損金性否認の論拠について初めて明らかにした事案である。このエス・ブイ・シー事件においては，第一審，第二審，最高裁と，それぞれ様々な論拠を用いて脱税経費の損金性を否認している。

　本判決以前はもちろんのこと，本判決以後も，脱税経費の税務処理については様々な解釈がなされ見解が分かれていたが，平成18年度税制改正における法人税法55条1項（以下「法」という。（法55①）のように省略する）の制定により，脱税経費の損金性が費用性のいかんにかかわらず否認されることとなり，その議論は一応の決着をみることとなった。

　この法55条（不正行為等に係る費用等の損金不算入）とは，国連腐敗防止条約の国内法制の担保措置として制定されたもので，その第1項において，下記のとおり，隠ぺいまたは仮装行為に要する費用および損失の額は損金の額に算入しない旨が定められたものである。

　「内国法人が，その所得の金額若しくは欠損金額又は法人税の額の計算の基礎となるべき事実の全部又は一部を隠ぺいし，又は仮装することによりその法人税の負担を減少させ，又は減少させようとする場合には，当該隠ぺい仮装行為に要する費用の額又は当該隠ぺい仮装行為により生ずる損失の額は，その内国法人の各事業年度の所得の金額の計算上，損金の額に算入しない」（法55①）。

　この法55条の立法趣旨については，「この規定は，法人税法第55条第5項により違法支出の一形態である公務員への賄賂の損金不算入を明確にする場合，

反射的にそれ以外の違法支出，とりわけ隠ぺい仮装行為に要する費用等の損金算入が許容されるといった解釈につながりかねないことも懸念されることから，特に法人税法自らを否定する支出である隠ぺい仮装行為に要する費用等について，賄賂の損金不算入と合わせて明確化することとされているものである。この規定の対象となる支出は隠ぺい仮装行為により法人税の負担を減少させる行為に係る費用等より広い概念と考えられるため，ほ脱犯が成立する行為に係る費用等だけに限定されるものではない」[(1)]とされている。

　このように，本規定の創設に当たっては，公務員への賄賂の損金不算入が主であり，それに付随して，法人税の負担を減少させるような隠ぺい仮装行為に要する費用および損失を損金不算入の取扱いとする規定が創設されたのであり，その理論的根拠についてはそれほど検討された形跡がない。つまり，これはいわゆる「別段の定め」として個別規定が制定されたことにより，法人税の負担を減少させるような隠ぺい仮装行為に要する費用および損失の損金性が否認されたにすぎず，立法趣旨としては，法人税法自らを否定する支出であることが理由として挙げられているものの，本章で取り上げる脱税経費の損金性否認について，明らかな理論的解決がなされたとはいい難いだろう。また，脱税経費は違法支出（違法ないし不法な行為またはこれに関連する所得による行為のための支出）の一形態にすぎず，今回のような法的解決がなされていない違法支出も多く存在する。

　そういった点では，明文の規定がない状態で脱税経費の損金性について根拠を示し否認した初めての最高裁判断であるエス・ブイ・シー事件の持つ意義は，今なお大きいのではないかと思われる。

　そこで本章では，エス・ブイ・シー事件の判例分析を中心として，脱税経費の税務処理に関する理論的根拠について検討する。そして，その中でも，特に公正処理基準に焦点を当てて検討することとする。

2　所得税法における必要経費と法人税法における損金の相違点

　所得税法では，「事業所得の金額は，その年中の事業所得にかかる総収入金額から必要経費を控訴した金額とする」（所法27②）として，「必要経費に算入

すべき金額は，……これらの所得の総収入金額に係る売上原価その他当該総収入金額を得るために直接要した費用の額及びその年における販売費，一般管理費その他これらの所得を生ずべき業務について生じた費用の額とする」（所法37①）と規定している。つまり，所得税法において必要経費に該当するか否かは，事業活動との直接関連性，事業遂行上の必要性により判断されることとになる。

　これに対し，法人税法では，各事業年度の所得の金額は，「当該事業年度の益金の額から当該事業年度の損金の額を控除した金額である」（法22①）と規定され，益金の額および損金の額の概念については規定されておらず，益金の額に算入すべき金額は「別段の定めがあるものを除き，資産の販売，有償又は無償による資産の譲渡又は役務の提供，無償による資産の譲受けその他の取引で資本等取引以外のものに係る当該事業年度の収益の額」（法22②），損金の額に算入すべき金額は「別段の定めがあるものを除き，当該事業年度の収益に係る売上原価，完成工事原価その他これらに準ずる原価の額，当該事業年度の販売費，一般管理費その他の費用（償却費以外の費用で当該事業年度終了の日までに債務の確定しないものを除く。）の額，当該事業年度の損失の額で資本等取引以外の取引に係るもの」（法22③）と規定されているにすぎない。つまり，法22条3項における損金は，すべての費用および損失を含む広い概念であり，所得税法における「必要経費」のような概念はない。そして，収益の額および原価・費用・損失の額は，別段の定めがあるものを除き，一般に公正妥当と認められる会計処理の基準に従って計算されるものとされている（法22④）[2]。これがいわゆる公正処理基準といわれるものである[3]。

　法22条2項および3項を法人税法における基本規定とすると，「別段の定め」の多くは，会計上の処理とは異なる処理を行う項目について法人税法の趣旨・目的に沿って税法的視点から定めた規定であり，基本規定に対する特別規定として位置付けることができる[4]。

　違法支出，脱税経費の問題は，所得税法，法人税法のいずれにも関わりある問題ではあるが，このように所得税法における必要経費と法人税法における損金には条文の構成に相違があり，一括りにして検討することはできないため，本章では，法人税法における違法支出，脱税経費についてのみ検討する[5]。

3 違法所得の益金性

違法所得（違法ないし不法な行為またはこれに関連する所得）の益金性については，学説および判例ともに，明文の規定がなくとも違法所得は所得を構成するとの見解で概ね一致している。その理由としては，まず，旧法人税法基本通達（昭和25年）が「総益金とは，法令により別段の定めのあるものの外資本等取引以外において純資産増加の原因となるべき一切の事実をいう」(旧法人税法基本通達51) と定めていたことが挙げられるだろう [6]。包括的所得概念に基づく純財産増加説の立場に立ち，法22条 2 項はすべての収益を益金とすると解釈し，違法所得も納税者の担税力を増加させる純資産増加の原因であるとして，違法所得の益金性を容認してきたと考えられる。

税制調査会答申では，「従来から，課税の原因となるべき行為が無効なもの又は取り消しうべきものである場合においても，その行為に伴って経済効果が生じているときは，課税を行うことを妨げないと解されて」おり，「法令による禁止その他公序良俗に反する場合においても課税を妨げないと解されている」[7] と述べられている。

判例においても，例えば最高裁第三小法廷昭和38年10月29日判決 [8] では，「税法の見地においては，課税の原因となった行為が，厳密な法令の解釈適用の見地から，客観的評価において不適法，無効とされるかどうかは問題ではない」と判示しているし，最高裁第三小法廷昭和46年11月 9 日判決 [9] では，「課税の対象となるべき所得を構成するか否かは，必ずしも，その法律的性質いかんによって決せられるものではない」として，利息制限法超過部分の違法所得が所得を構成する旨判示している。

また，仮に違法所得の益金算入が否認されることとなれば，当該納税者は不当に利益を得ることとなり，課税の公平を失することとなるだろう。

このように，違法所得については，純資産を増加させる経済的利得が生じている限り，課税は行われてしかるべきであると考えられていることがわかる。

第1章　エス・ブイ・シー事件　25

$$\boxed{4}\quad 違法支出の損金性$$

　違法所得の益金性については解釈が概ね一致しているのに対して，違法支出の損金性については，実務，学説，判例共に従来から様々な解釈がなされてきた。

（1）　課税当局による違法支出の取扱い

　歴史的に概観すると，課税上の違法支出の取扱いについては，実務上において，損金算入が容認されてきた経緯がある。

　その理由としては，違法所得が益金に算入される理由と同じく，旧法人税法基本通達（昭和25年）が「総損金とは，法令により別段の定めのあるものの外資本等取引以外において純資産減少の原因となるべき一切の事実をいう」（旧法人税法基本通達52）と定めていたことが挙げられる。包括的所得概念に基づく純財産増加説の立場に立ち，法22条3項はすべての費用および損失を損金とすると解釈し，純資産減少の原因となる違法支出金の損金性を容認してきたと考えられる。

　他には，違法所得が所得として構成されると解釈されることからくる違法支出とのバランス上の問題，「罰金及び科料（通告処分による罰金又は科料に相当するものを含む。）並びに過料」（法38②五）が別段の定めにより制限列挙的に損金不算入の取扱いをされているように，損金不算入とする項目については租税法律主義の観点から原則として個別規定が必要であると考えられていること，国税庁長官通達が「会社法違反等となる株主総会対策等のために支出する費用及び建設業者等が工事の入札等に際して支出するいわゆる談合金」については，交際費等（損金）として取り扱うこととし（旧租税特別措置法関係通達61の4(1)-15），一種の違法支出について損金性を認めていたこと等がその主な理由である[(10)]。

　このような理由から，脱税経費についても，たとえ租税逋脱のための支出金であったとしても別段の定めによる個別規定がない以上，租税法律主義の観点から損金として処理せざるを得ないと考え，実務上は損金算入が容認されてき

たという経緯があった。

（２）　判例の傾向

　この違法支出金の実務上の損金性容認の流れに一石を投じたのが，株主相互金融会社における株主優待金（株主に対してあらかじめ約定された一定の利率によって計算し支払った金額）の損金性を争点とした最高裁大法廷昭和43年11月13日判決[11]である。本判決では，商法の資本維持の原則に照らして違法である株主優待金の損金算入が否認され[12]，次のように判示された。

　「『資本の払い戻し』や『利益の処分』以外において純財産減少の原因となる『事業経費』は，原則として損金となるものというべきであるが，仮に，経済的，実質的には事業経費であるとしても，それを法人税法上損金に算入することが許されるかどうかは，別個の問題であり，そのような事業経費の支出自体が法律上禁止されているような場合には，少なくとも法人税法上の取扱いのうえでは，損金に算入することは許されないものといわなければならない」。

　しかし，この判決では反対意見として裁判官の少数意見が挙げられている。

　松田二郎裁判官は，判決の結論には賛同するものの「事業経費の支出自体が法律上禁止されている場合でも，税法上これを損金と認め得る場合があり得る」と述べており，奥野健一裁判官は，「本来，或る支出が資本充実，維持の原則に違反して法律上無効であるかどうかということと，無効な行為によるとはいえ，現実に支出された経費が法人所得の計算上損金に該当するかどうかということとは，次元を異にする別個の問題であるから，かようなことは，本来株主優待金の損金性を否定する理由とはなり得ない」という反対意見を述べており，これが違法支出に関する税務処理の理論的解釈の困難さを表しているといえるだろう。

　また，この判決内容については，アメリカ判例法において，公序違反を根拠として違法支出の損金性を否認する公序の理論（public policy）（「公益」の理論ともいうが，本章では「公序」で統一する）を適用したのではないかとする見解もいくつか見受けられる。例えば，山田二郎教授は，「この判決の考え方は，アメリカ法でいうパブリック・ポリシーの理論（公序の理論）をわが国に初めて導入したものではないかと注目している」として，公序の理論は租税法律主

義に違反するものではなく，わが国にも，税法解釈の上にパブリック・ポリシーが導入されるべきではないかとの意見を述べている[13]。

上述したように，本判決において裁判官の意見は分かれており，違法支出の損金性を否認する明確な根拠条文は明示されておらず，公序の理論が適用されたともいい難いものであった。そのためか，本判決後も，課税実務では，脱税経費は依然として損金算入されていたようである。つまり，違法支出をめぐる税務処理の解釈については，実務的処理と判例上とで見解が分かれる状態がしばらく続いていたことになる。

本判決後に違法支出の損金性を否認した判決は，いくつかあったものの，本判決の根拠（株主優待金支出事件）を明確に採用しているものはなかった。しかし，そのような状況の中，エス・ブイ・シー事件の第一審である東京地裁昭和62年12月15日判決[14]において本判決が引用されたことにより，本判決はにわかに脚光を浴びるようになった[15]。さらに，犯罪行為摘発を阻止する工作金の損金算入について，法の理念を根拠として否認した横浜地裁平成6年6月28日判決[16]においても本判決は引用され，違法支出の損金性否認の先例として，取り上げられるようになったのである。

ちなみに，本判決後に，脱税経費の損金性を否認した判決としては，次のようなものが挙げられる。

・脱税経費は事業を遂行するために「通常かつ必要な経費（収益を得るために必要な支出）」とはいえないとして損金性を否認した事案
　　大阪地裁昭和50年1月17日判決[17]
　　東京地裁平成元年3月29日判決[18]

・脱税経費は公序良俗違反であるとして損金算入を否認した事案
　　東京地裁昭和61年11月10日判決[19] および東京高裁昭和62年4月30日判決[20]

（3）　違法支出の損金性に関する見解

違法支出の取扱いについては，学説においても議論のあるところであり，以下では，違法支出の損金性を肯定する見解と否定する見解とに分けて概観する。

① 違法支出の損金性を肯定する見解

違法支出の損金性を肯定する見解として，上記で挙げたものも含めてまとめると，下記のような理由が挙げられている。

- ■包括的所得概念に基づく純財産増加説の立場から違法支出の損金性を肯定する見解
- ■違法所得と違法支出とのバランス上の問題を考えて，違法支出の損金性を肯定する見解
- ■租税法律主義の観点から，損金不算入項目については原則として個別規定を必要とするとの考えに基づき，個別規定のない違法支出の損金性を肯定する見解
- ■通達により解釈上損金性が認められている違法支出があることから，違法支出の損金性を肯定する見解
- ■公正処理基準の観点から違法支出の損金性を肯定する見解

公正処理基準の観点から違法支出，脱税経費の損金性を肯定する見解においては，下記2名の見解が有名である。

まず，武田昌輔教授は，「違法な費用の取扱いは，明文の規定がない以上，法人税法にあっては企業会計原則がその中心をなし，今後の判例等により中身が確定していく『公正処理基準』に照らして判断すべきことになる。例えば，賄賂は，経済的にはリベート，または謝礼金であり，当該支出に収益対応性，事業関連性が認めうるのであれば，損金性を認めるべきである。公正処理基準というのは，会計といういわば技術的な立場に立った倫理性の入り込まないところで，収入，支出の計算を行い，適正な利益を算出するための基準なのである。脱税経費については，法人税を免れることによって企業自体の処分可能利益を増大させ，翌期以降の，例えば受取利息の増大といった面での収入に貢献する可能性が十分にあり，当期の収益（費用の削減）に対応，あるいは関連しないとしてその損金性を否認することは難しいと考えられる」[21]と述べている。

中村利雄教授もまた，「わが国の法人税法のもとにおいては，各種の違法支出金も公正処理基準に照らし企業会計上その費用性が否定されない限り課税所得計算上も損金の額に算入されるものと解される」とし，脱税工作費のように

反倫理的な違法支出金について，「例えば，大阪地裁昭和50年1月17日判決（税務訴訟資料85号152頁）のように，架空仕入を計上するに当たり，取引先から架空の納品書，請求書の発行を受け，その謝礼として手数料を支払った場合には，この手数料は取引先から役務の提供を，その対価を支払ったものであるから，企業会計上は費用性を有するといわざるを得ず，従って，損金の額に算入されることになると考える。もし，このような反社会的費用の損金性を認めることが好ましくないというのであれば，損金不算入の別段の規定を設けるべきである」と述べている[22]。

　このように，両教授は，公正処理基準を立法当時の趣旨・目的も踏まえて純会計的に捉え，公正処理基準に税法的価値判断を組み込まないという解釈に基づき，公正処理基準を根拠として違法支出の損金性を肯定している。

② 違法支出の損金性を否認する見解

■利益処分説

　松沢智教授は，株主優待金支出事件を引用して，「違法な支出であっても，法が所得の課税要件事実たる損金として定めたうちの原価，費用，損失のいずれかに該当すれば損金となるが，しかしそのいずれにも当たらない場合には，法律の定めた構成要件事実以外のもの，すなわち利益の処分（資本等取引）とみて損金とはならない」[23]と述べている。

■公序の理論（Public Policy）を適用して違法支出の損金性を否認する見解

　米国内国歳入法（IRC：Internal Revenue Code）162条では「あらゆる営業または事業（trade or business）の遂行上，その課税年度に支払われた，または発生した通常かつ必要な費用（ordinary and necessary expenses）は，すべて控除することができる」と規定されており，通常かつ必要な費用として認められるかは，①当該支出が経済合理性に適った支出であること，②支出自体または支出の発生原因が法秩序に違反する等によって公益を害さないこと，という要件を充足する必要があるとされている[24]。このアメリカ法における公序の理論が日本においても適用されると考え，公序違反を根拠として違法支出の損金性を否認する見解で，上述した山田二郎教授の見解がその代表である。

　また，武田隆二教授は，「罰金・科料等の損金不算入等の原理は社会的考慮

（社会的に好ましくない行為について税務上ペナルティを課するという考え方）に基づくものであるから，それと同一の原理の上に立って，賭博，収賄等の支出は損金性を否定されるものと見なければならない」(25)と述べ，公序の理論を援用している。

■法人税法の趣旨・目的から違法所得の経費性を否認する見解

　公序の理論が，公序に反するものか否かという点を損金性の判断基準とするのに対し，この見解では，法人税法の趣旨・目的に反するものか否かという点を損金性の判断基準とする。つまり，他の法的価値に対して中立的であり，他の法律における違法性や道徳的観念は問題とはされない。

■「事業関連性」説や「（通常かつ）必要性」説に基づき，違法所得の経費性を否認する見解

　「事業関連性」や「（通常かつ）必要性」を損金性の判断基準とし，脱税経費等は損金に当たらないとする見解である。

　金子宏教授は，「費用として損金に計上を認められるためには，所得税の場合と同様に，必要性の要件を満たせば十分であって，通常性の要件を満たす必要はないと解される。したがって，不法ないし違法な支出も，それが利益を得るために必要なものである限り，費用として認められる。ただし，架空の経費を計上するための支出は，所得を生み出すための支出ではないから費用に当たらないと解すべきである」(26)と述べ，「必要性」を損金の判断基準として解している。

■公正処理基準の観点から違法支出の損金性を否認する考え方

　公正処理基準が何を示すのかという点について，上述した武田昌輔教授や中村利雄教授が考える純会計的な解釈とは一線を画し，公正処理基準に税法的価値判断を組み込んで解釈することで，違法支出の損金性を否認する見解である。

　最高裁第一小法廷平成5年11月25日判決(27)（いわゆる大竹貿易事件）では，「現に法人のした利益計算が法人税法の企図する公平な所得計算という要請に反するものでない限り，課税所得の計算上もこれを是認するのが相当であるとの見地から，収益を一般に公正妥当と認められる会計処理の基準に従って計上すべきものと定めたものと解される」と判示された。これは，法人のした利益計算が法人税法の企図する公平な所得計算という要請に反するものである場合

には否認することが可能であるというように解釈でき，公正処理基準に対する解釈に新しい流れができたといわれている。この大竹貿易事件判決以降，公正処理基準に「法人税法の企図する公平な所得計算という要請」，つまり税法的価値判断を組み込んで解釈する判例が出てくることとなった。その一例が，本章で取り上げるエス・ブイ・シー事件である。

5 エス・ブイ・シー事件にみる脱税経費の損金性

本判決の争点は，脱税工作のための支出金，いわゆる脱税経費の損金性であり，最高裁（最高裁第三小法廷平成6年9月16日決定[28]）において脱税経費の損金性が明確な理由をもって否認された初めての裁判例である。

(1) 事案の概要

不動産売買を目的とする株式会社X（被告人）は，法人税を免れようと企て，売上を繰り延べ，あるいは架空の造成費を計上するなどの方法により所得を秘匿し，法人税を逋脱したことにより，法人税法違反で起訴された。

X会社の代表取締役Aは，訴外人Bに依頼して，C社等の名義により，架空の土地造成工事に関する見積書および請求書を提出させ，これに基づき昭和58年9月期4,172万円，昭和59年9月期2億4,291万円余の2事業年度合計で総額2億8,463万円余の架空造成費を計上して原価を計算し，損金の額に算入して法人税の確定申告をし，Aに手数料として，昭和58年9月期200万円，昭和59年9月期1,700万円の合計1,900万円（協力手数料1回100万円）を支払い，2億668万円余の法人税を免れた。

本判決の争点は，本件手数料（脱税経費）の損金性にあり，Xは，本件手数料は会社の各事業年度における損金であるから犯則所得から控除されるべきである旨主張し，検察官は，本件手数料は法22条3項所定の損金に当たらない旨主張した。

（2） 第一審（東京地裁昭和62年12月15日判決⁽²⁹⁾）の判示内容

本判決では，法22条４項の成り立ち，趣旨について下記のように触れている。

「法人税法22条４項は，昭和42年５月の法人税法の改正により新設されたものであるが，その趣旨は，課税所得の計算については，一般に行われている企業会計の原則や慣行について，税法独自の見地からこれに修正を加えるべきものは別段の定めを設けることによって対応しうるものと考え，別段の定めがないものについては，一般に客観的・常識的にみて規範性をもつと認められる会計処理の基準というものが存在する限り，それに従って計算するという従来からの税法の基本的態度を明らかにしたものであって，同項の新設によって，税法が独自の所得計算を放棄したものでもなく，また一般に行われている会計処理基準をすべてそのまま法人税法が容認するというものではなく，ましてや大蔵省所管の企業会計審議会が公表している『企業会計原則』がそのまますべて法人税法において課税所得計算の基礎として規範化されたと考えるのは正当ではない」。

その上で，本件手数料の損金性を下記理由により否認している。

「本件において，Ｘ会社が丁に支払った手数料なるものは，同会社の会計処理上土地造成費として販売用土地の仕入原価を構成するものとされているが，右部分が法人税法22条３項１号所定の原価に含まれないことは多言を要しないし，また同項２号の費用とは，事業活動との直接的関係性を有し，事業遂行上必要なものに限られるべきであるから，本件の手数料のように事業遂行上必要とはいえないものは，右の費用に含まれないものといわなければならない。……これをより実質的に言えば，法人の役員が法人の事業活動によって生ずる利益を税務当局に秘匿するため，協力者に金員を支払うことは，取締役の忠実義務に違反し，法人の正当な業務とはいえないから，これを支出する場合には，役員個人の負担において支出するのが当然であり，したがって，法人の経理上その支払が法人の費用とされている場合でも，役員の負担分を立替支出したものと考えざるを得ないものである」。

まず，本件手数料が，法22条３項１号の原価および同項２号の費用には該当せず，実質的には役員貸付金（あるいは役員報酬）である旨述べている。続けて，

仮に本件手数料が会計上費用であるとしても，法人税法の自己否定を理由として，法人税法における公正妥当な会計処理の基準とはなりえない旨，次のように述べている。

「かりに，本件のごとき脱税協力者への支払いも広義において事業との関連性を有するもので，事業遂行上必要な費用であるとの会計慣行が存するとすれば，それは法人税法が課税所得の計算に関し容認する公正妥当な会計処理の基準とはとうていなり得ないものといわなければならない。そもそも法人税法は，……不正行為によって法人税を免れる行為を刑罰をもって禁遏しているのであるから，法人税法は右不正行為を行うこと及びこれにからむ費用を支出すること自体を禁止しているものと解すべく，したがって，法人が右のような費用を支出しても，法人の費用としては容認しない態度を明らかにしているものと解すべきである。そして，かかる不正行為への協力者は概ね法人役員等の脱税の共犯となるものであり，したがって，法人役員が法人の業務に関し，脱税協力者に手数料等の名目で報酬を支払ったとしても，それは実質的にみれば，共犯者間の利益の分配に他ならないのであるから，脱税のための不正行為を行う役員の負担において支出するならともかく，明文の禁止規定がないからといって，これを法人の費用として損金に計上することを認容することは法解釈の矛盾といわなければならない」。

続けて，本件手数料は法22条３項の損失にも該当しないとし，上記と同じように，仮に本件手数料が会計上損失であるとしても，法人税法における公正妥当な会計処理の基準とはなりえない旨繰り返し述べている。

「次に，右の支出が法人税法22条３項所定の損失に該当するか否かを検討するに，損失とは企業会計上は一般に企業活動において，通常の活動とは無関係に発生する臨時的ないしは予測困難な原因に基づき発生する純資産の減少を言うものと解され，……本件における右手数料の如く実質上脱税協力報酬として法人外に流出した金員の如きは，右の通常の意味における損失には含まれないものと解される。かりに企業会計上の損失概念を右よりも広義に解し，すべての臨時的な純資産の減少を含ましめる会計慣行が存在するとすれば，それは公正妥当な会計処理の基準として法人税法の容認するところではないものというべきである」。

さらに，次のように過去の最高裁の判例を引用し，アメリカにおける公序の理論の適用を匂わす判断を下している。

「なお，最高裁判所大法廷昭和43年11月13日判決（最高裁民事判例集22巻12号2449頁）は，旧法人税法（昭和22年法律第28号）9条1項所定の損金の解釈として，『法人の純資産減少の原因となる事実のすべてが，当然に，法人所得金額の計算上損金に算入されるべきものとはいえない』とし，『仮りに経済的・実質的には事業経費であるとしても，そのような事業経費の支出自体が法律上禁止されているような場合には，少くとも法人税法上の取扱いのうえでは，損金に算入することは許されない』と判示しているところ，法人税法はその後改正されて課税所得金額の計算に関し，22条1項ないし4項が設けられ，さらに昭和42年の改正において同条4項が追加されて現在に至っているものであるが，右改正及び22条4項の新設によって，法人税法上の課税所得の計算に関する姿勢に変更があったとはとうてい解することができないのであり，右最高裁判決がアメリカ税法におけるいわゆる公序の理論をわが国法人税法の解釈として一般的に採用したか否かはともかくとして，右最高裁判決に示された法理は，少くとも本件の如く法人税法自体がその支出を禁止しているものについては，一層強く妥当するものといわなければならない」。

そして結論として，「本件において，Ｘ会社が丁に支払った前記1,900万円はＸ会社の課税所得の計算上法22条3項2号所定の費用としても同項3号所定の損失としても損金に算入することはできないものであり，このように解しても憲法84条に違反するものではない」と述べている。

（3）　第二審（東京高裁昭和63年11月28日判決⁽³⁰⁾）の判示内容

第二審では，次のように第一審を支持し，脱税経費の損金性についていくつか補足している。

「原判決が争点に対する判断の項で詳細に判示しているところは，正当と認めることができるのであって，その判断には所論のような法律解釈の誤りも事実の誤謬もないというべきである。所論に鑑み，更に補足して説明することとする」。

まず，第一審でも述べられていたが，本件手数料はＸ会社の支出ではなくＡ

個人が行ったものであると考えれば，本件手数料は役員に対する貸付金（あるいは役員報酬）として処理するべきでX会社の損金に該当しない旨，次のように述べている。

「甲は，本件の架空造成費により捻出した現金を自ら保管し，大半を自己の株式取引資金等に充てている事実に徴すると，甲が丁に支払った本件手数料は，いわば脱税協力金ともいうべきものであって，その支払いをX会社がしたものではなく，甲個人がしたものと認められなくもない。そうだとすると，本件手数料は，そもそもX会社の損金にあたらないものであり，仮に，X会社が支払ったものであるとしても，その手数料は，本件事業年度におけるX会社の所得計算上，これを損金の額に算入することはできないものと解するのを相当とする」。

続けて，損金の意義，公正処理基準について次のように触れている。

「損金の意義について，定義的規定ないし一般的規定を設けることなく，個々の事項につき，同法23条以下において，ある事項については損金に算入し，ある事項については損金に算入しない旨規定しているに過ぎないので，本件手数料のような違法支出について，法人の所得計算上，これを損金の額に算入することができるか否かは必ずしも明らかではない。したがって，具体的にいかなるものを損金と認めるかは，単に損金の性質論だけでなく，法人税法22条4項に規定されている公正妥当な会計処理基準（もっとも，何をもって公正妥当な会計処理基準というかが問題であり，商法，税法，会計学者等それぞれの立場があって，一概には決し難いけれども，さしあたり企業会計の実務において慣習として発生したものの中から，一般に公正妥当と認められるところを要約し，証券取引法に基づく財務諸表の監査においても，その公正妥当な基準として実質的に機能している企業会計原則を中心にして，種々の事例ごとに判断すべきであろう）など，法人税法の各規定に現われた政策的，技術的配慮をも十分検討して，これを決すべきものと考える」。

公正処理基準の意義についてこうした判断を下した後，法22条3項にいう損金，各号に規定されている原価，費用および損失について説明したうえで，どれにも該当しない旨述べている。

「……本件手数料の支払いが被告会社Aの純資産の減少を来すことは明らか

である上，その支払いにつき，被告会社Ａは，土地の造成費として棚卸資産（販売目的の土地）の仕入原価を構成するかのような会計処理をしているので，一見同項１号所定の原価に含まれるようにも見られないではないが，当該事業年度の益金の額に算入された収益に対応するものではないから，その性質上，同項１号の原価に当たらないことは勿論，同項２，３号の費用や損失にも該当せず，他にこれを損金に算入すべき合理的理由を見出し難いので，結局，本件手数料は，同法22条１項の損金に当たらないものというべきである」。

さらに，法人税法の趣旨・目的から考えて，本件手数料のような違法支出の損金性を認めることはできない旨，述べている。

「法人税法は，納税義務者が同法の定めに従い，正規に算出された税額を確実に納入することを期待し，これを実現すべく，偽りその他不正な行為により，これを免れようとする者に対し，刑罰をもって臨み，納税者相互間における税の均衡を図っているのであるから，本件手数料のような違法支出を法人の所得計算上，損金の額に算入することを許すと，脱税を助長させるとともに，その納税者に対し，それだけ税の負担を軽減させることになる反面，その軽減させた部分の負担を国に帰せしめることになるのであって，国においてこれを甘受しなければならない合理的な理由は全く認められない上，刑罰を設けて脱税行為を禁遏している法人税法の立法趣旨にも悖るので，実質的には同法違反の共犯者間における利益分配に相当する本件違法支出につき，その損金計上を禁止した明文の規定がないという一事から，その算入を肯認することは法人税法の自己否定であって，同法がこれを容認しているものとは到底解されない。もし，違法支出に係る本件手数料を損金に算入するという会計慣行が存するとすれば，それは公正妥当な会計慣行とはいえないというべきである」。

（4）　最高裁（最高裁第三小法廷平成６年９月16日決定 [(31)]）の判示内容

最高裁では，第一審，第二審とは異なり，下記のように簡潔に脱税経費の損金性を否認している。

「……架空の経費を計上して所得を秘匿することは，事実に反する会計処理であり，公正処理基準に照らして否定されるべきものであるところ，右手数料は，架空の経費を計上するという会計処理に協力したことに対する対価として

支出されたものであって，公正処理基準に反する処理により法人税を免れるための費用というべきであるから，このような支出を費用又は損失として損金の額に算入する会計処理もまた，公正処理基準に従ったものであるということはできないと解するのが相当である。したがって，前記支出について損金の額に算入することを否定した原判決は，正当である」。

つまり，法22条4項の公正処理基準のみを理由として脱税経費の損金算入を否認している。

（5）判例分析

① 第一審，第二審，最高裁における結論およびその根拠条文

第一審，第二審，最高裁ともに，税法上，脱税経費は損金算入できないと結論付けているが，その具体的根拠については，それぞれ異なる。

まず，第一審では，脱税経費の損金性について，法22条3項の損金の性質論を基に否認している。具体的には，収益との対応性がないことなど述べ，そもそも脱税経費は会計上の原価，費用，損失に該当しない旨述べている。その上で，仮に脱税経費が会計上の原価，費用，損失に該当するとの会計慣行が存在したとしても，法22条4項の公正処理基準を用いて脱税経費の損金性を否認できるとしている。そしてその根拠として，違法支出の損金性を認めると，適正な課税所得の算定を根底としている法人税法の自己否定につながるという点を挙げている。

法人税法は，不正行為を行うことおよびこれにからむ費用を支出すること自体禁止しているため，そのような費用は法人の費用としては容認しないと解し，租税法的正義を用いて，不正行為に係る費用の損金性を否認しているのである。ちなみに，第一審では，脱税経費に限らず，不正行為に係る費用，すなわち違法支出一般について述べているように汲み取ることができる。

このように，第一審では，脱税経費の損金性を否認する論拠として，法人税法22条3項の損金の性質論，法22条4項の公正処理基準，法人税法の自己否定を論拠として挙げ，その他公序の理論についても若干言及しており，様々な論点から検討しても脱税経費の損金算入は否認されるべきであるとの結論を導いている。

第二審では，第一審を支持し，第一審の補足をしている。具体的根拠として挙げられているのは，法22条3項の損金の性質論，法22条4項の公正処理基準，法人税法の自己否定であり，特に公正処理基準の意義について，「違法支出に係る本件手数料を損金に算入するという会計慣行が存するとすれば，それは公正妥当な会計慣行とはいえないというべきである」として，公正処理基準の意義について踏み込んだ判断を下していることは注目に値する。

　これに対し，最高裁では，下級審で述べられてきた法22条3項の費用に該当するのか否かという観点や法人税法の自己否定につながるとの観点，公序の理論等には一切言及せず，法22条4項のみをもって脱税経費の損金算入を否認している。また，下級審とは異なり，違法支出一般については言及せず，脱税経費についてのみ論じるにとどまっている。

　つまり，第一審，第二審，最高裁となるにつれ，脱税経費の損金性を否認する論拠は絞られ，射程範囲も違法支出一般から法人税における脱税経費に限定されてきており，最高裁に至っては簡潔でその論拠は明確であるとは言い難い。

　ただし，すべての判決において，法22条4項の公正処理基準を論拠とし，法人税法の趣旨・目的に照らして公正妥当な基準とはいえないとして，脱税経費の損金性を一貫して否認しているということは重要である。

　最高裁が，法22条4項の公正処理基準のみを脱税経費の損金性を否認する根拠とするのか，下級審で挙げられた根拠も含めて是認するものであるのかについては，その判示内容からは明らかとされていないが，法22条3項について言及しなかったことについては，「同条4項による検討で十分であるからという理解の他に，22条3項をこのような場面で損金算入の制限規定として働かせることへの否定的な評価を含む」[32]とする見解や「3項の解釈では損金に該当する余地があったため，4項を適用して損金算入を否定した」[33]という見解がある。

　また，本判決については，「会計処理の方法に関する『公正さ』と支出内容の『公正さ』とを混同した立論」であるとする批判がある[34]。つまり，公正処理基準は，「一般に公正妥当と認められる会計処理の基準」であるから，会計処理の方法に関する「公正さ」を求めている基準であり，支出内容の「公正さ」を求めている基準ではないというのであろう。公正処理基準は，そもそ

も会計処理後に会計上の利益を適正な課税所得とするための調整である申告調整の段階における規制ではないし，確定決算主義の下では申告調整こそが税法的価値判断の組み込まれるべき段階であり，それを表した規定が法22条各項や別段の定めであると解釈するなら[35]，法人税法の趣旨・目的に基づいた支出内容の「公正さ」についての妥当性テストは申告調整でこそ行われるべきであり，公正処理基準の解釈に含めることは適切ではないということになる。

　次に，最高裁が公序の理論について言及しなかった理由について検討する。脱税経費において公序の理論を採用するとしたなら，会計上の費用性と関係なく，公序違反を根拠として明文の規定なしに損金算入を否認することとなる。この公序の理論については，古くから議論されており，この理論に基づいて判断されたと思われる下級審の判例もいくつかあるものの[36]，税法に導入されていないとの見解が一般的であるため，最高裁では言及することを避けたと考えられる。ただし，「この規定（法22④—筆者注）を根拠に損金性を否定するのは，いわゆるpublic policyの規定としての道を開くことになるのであろうか」[37]と考える論者もいる。これは，本判決の，法人税の自己否定につながることを根拠として，会計上の費用性と関係なく脱税経費の損金算入を否認する法律構成と似通っていることから推測された見解であると思われる。

　また，法人税法の自己否定につながるとの観点については，本判例で公正処理基準により損金算入を否認した重要な根拠として考えられるため，最高裁が直接言及していなくとも，脱税を禁止する法人税法の趣旨・目的を鑑みる下級審の見解を踏襲していると考えていいのではないかと思われる。

　最高裁では，脱税経費の損金性を否認するのに，より確実な公正処理基準のみをもって結論付けたのではないかと考えられるが，その公正処理基準の解釈は，従来考えられてきた公正処理基準の解釈とは異なるものである。上述したように，公正処理基準は第一審，第二審，最高裁のすべてにおいて，脱税経費の損金性を否認する根拠として挙げられているが，いずれにおいても法人税法の趣旨・目的に照らして公正妥当な基準とはいえないとして脱税経費の損金性を一貫して否認していることから，それぞれの判決の判断の基になっている考え方は，会計ではなく税法にあることがわかる。つまり，純会計的思考ではなく，公正処理基準自体に税法的価値判断を組み込んでいるところに特徴がある

のである。

　従来は，上述したように，公正処理基準を立法当時の趣旨・目的も踏まえて純会計的に，租税法的正義論や課税公平論等の税法的要求に左右されない中立的な「一般に公正妥当」な会計処理の基準として捉えることで，公正処理基準を根拠として違法支出の損金性を肯定する見解を採ってきた。しかし，本判決は公正処理基準自体に税法的価値判断を組み込むことで，同じ公正処理基準を論拠としながら脱税支出金の損金性を否認するという，従来の見解とは真逆の結論を導き出している。公正処理基準をこのように解釈するなら，本判決が行ったと思われる法人税法の趣旨・目的に基づく支出内容の「公正さ」についての妥当性テストも公正処理基準の範囲内で可能となるだろう。

　この見解は，上述した大竹貿易事件における公正処理基準の考え方と類似しており，大竹貿易事件の流れを汲んでいると考えられる。このように，法22条4項に規定されている「公正処理基準」とは，企業会計上の基準のみを指すのではなく，税法独自の適正かつ公平な課税を行う立場からの基準であるとする考え方を採用する判例が近年増えている。

　また，判例のみならず，財務省による「平成30年度税制改正の解説－法人税法等の改正」においても，「法人税法第22条第4項に関して，『現に法人のした利益計算が法人税法の企図する公平な所得計算という要請に反するものでない限り，課税所得の計算上もこれを是認するのが相当であるとの見地から，収益を一般に公正妥当と認められる会計処理の基準に従って計上すべきものと定めたものと解される。』（最高裁平成5年11月25日第一小法廷判決）との判例があります」[38]と大竹貿易事件の判決が引用されている。

② 架空経費と脱税経費の相違点

　ここで，架空経費と脱税経費の相違点について検討しておく。架空経費は，架空のもので実際の支出がないため，会計上も税法上も費用および損失には該当しない。つまり，税法上において架空経費の損金算入が否認されるのは，法22条3項の規定に該当しないからであり，そもそも公正処理基準に照らして否認されるべき性質のものではない。

　これに対し，脱税経費は，実際の支出が伴うものであり，企業の純財産減少

の要因であるため，企業会計上は，資本等取引以外のものであれば原価，費用，損失のいずれかに該当する会計処理を行う必要がある。

　第一審および第二審では，脱税経費について，企業による支出ではなく役員個人による支出であるとの見解を示しており，具体的には役員貸付金（あるいは役員報酬）として処理することが適切であると考えられていると思われるが，最高裁ではその点について触れられていない。

　また，成道秀雄教授は，本判決についての批判の一例として，企業側が実際に処理した「情報提供料」という費目が実態を表しておらず，「脱税協力支出金」の方が正しいのではないか，公正処理基準の中身が全く企業会計に依存しているという考え方によれば，単に勘定科目が誤っていたにすぎず，誤りを正すだけで公正処理基準により損金不算入とされることはなかったのではないか，という見解がある旨述べられている (39)。

　ただし，本判決では，「公正処理基準の中身が全く企業会計に依存している」というような考え方をしておらず，脱税経費の費用計上が会計上公正妥当な処理であるとしても，税法上の損金性は否認されるべきであると結論付けているため，上述した「脱税協力支出金」という費目で計上していたとしても，脱税経費の損金性は否認されたと推測できる。

　また，この税務処理においては，脱税経費を受け取った側は益金算入されるのに対し，支払った側が損金不算入として処理されるのであれば，二重負担が生じてしまうという課税の中立性の問題があるだろう。

　ところで，本事件では，脱税経費を払って架空経費の計上を行うことにより，法人税額を不当に抑制しようとする企業の意図を読み取ることができる。つまり，脱税経費は，収益を得るために必要な費用等ではなく，租税逋脱により法人税額を減少させるための支出であるということができる。この点については，例えば違法な所得を得るために違法な支出を行う麻薬販売といった違法取引における違法経費とは性質が異なる。

　麻薬取引における麻薬の仕入原価の損金性については，容認される傾向にある。それは，違法所得と違法支出との対応関係が明確であり原価性があること，他の法律あるいは逋脱罪等で社会的制裁を受けているにもかかわらず，仕入原価等が損金不算入となれば制裁性が強くなり問題となることなどがあるだろう。

しかし，麻薬取引による仕入原価の損金算入が容認され，脱税経費の損金算入が否認されるという，同じ違法支出なのに異なる取扱いをされることの理論的根拠は明らかではない。本判決のように，法人税法の趣旨・目的を考慮し，公正処理基準に税法的価値判断を組み込んで解釈することで，脱税経費は法人税法が刑罰をもって禁止している逋脱行為にかかる行為であり，税法の根底を揺るがすような違法行為であるから，違法支出の中でも特別に損金算入を否認すべきである，との解釈が可能であればそれらの問題は解消されるであろうが，やはり租税法律主義の観点からの問題が残る。

このように考えると，違法所得といってもその性質，支出形態は様々であり，脱税経費は他の違法所得とは異なる性質，支出形態を有することから，エス・ブイ・シー事件の最高裁が，その射程範囲を違法支出全般ではなく，脱税経費に絞ったことは妥当であると考えられる。

6 公正処理基準に税法的価値判断を組み込むことの是非

上述したように，大竹貿易事件を契機として，近年の判例では，公正処理基準に税法的価値判断を組み込んで，その損金性を否認する傾向が一部みられるようになったが，その公正処理基準の解釈は妥当だろうか。

法22条4項の「一般に公正妥当と認められる会計処理の基準」が，具体的に何を指すかについては従来から議論の多いところであるが，その立法趣旨，解釈論によると，一般的には，集積された健全な会計慣行の中から帰納的に醸成されるものであると考えられている[40]。この解釈によれば，大竹貿易事件やエス・ブイ・シー事件における新たな公正処理基準の解釈，すなわち公正処理基準に税法的価値判断を組み込むことには，疑問が残されているだろう。別段の定めがなくとも，法人税法の趣旨・目的に基づき会計上適正な会計慣行を否認することは，税制簡素化のため「企業の会計慣行を尊重する」という目的で創設された法22条4項の立法趣旨とはそぐわないことになる。

仮に，公正処理基準に対するそのような解釈が可能だとするなら，その法律構成および論拠は何に求めるのであろうか。

その論拠の1つとして，投資家に有用な情報を提供するという目的に合わせ

て変貌してきた企業会計と課税の公平性を目的とした税務会計との乖離が挙げられるだろう。企業会計と税務会計の乖離が進めば進むほど法人税法側での調整が必要となるため，新たに多くの「別段の定め」を創設する必要が生じ，従来の公正処理基準の意義は薄れていく。後述するが，平成30年度税制改正により新設された法22条の2もその1つである。この両者の乖離に法人税法が柔軟に対応するには，税会計処理基準とも言われる新たな解釈を採用するということが1つの手段として考えられたのかもしれない。

　また，法1条は，「この法律は，法人税について，納税義務者，課税所得等の範囲，税額の計算の方法，申告，納付及び還付の手続並びにその納税義務の適正な履行を確保するため必要な事項を定めるものとする」と規定している。つまり，法人税法は，「納税義務の適正な履行を確保する」ことを目的としているのである。法22条4項の公正処理基準も，法1条のいう「必要な事項」の1つであることからすれば，公正処理基準は，租税法の見地からみた適正な所得計算をさせるための規定であると解することができ[41]，公正処理基準の解釈として，法人税法の趣旨・目的に反する費用，例えば，本章で取り上げている法人税法の根幹を揺るがしかねない脱税経費といった費用は，この法律構成を用いれば否認されてしかるべきであるとの解釈が可能といえなくもない。

　ただし，このような法律構成を用いて，法22条4項の公正処理基準に税法的価値判断を組み込んで判断することを容認すれば，法22条4項が支出の損金性を否認する根拠，究極的には租税回避を否認する根拠として一般的租税回避否認規定のように利用されかねないのではないか，という懸念が生じ，租税法律主義に反する恐れが出てくる。

　このように，公正処理基準に税法的価値判断を組み込んで判断することの是非については，更なる様々な角度からの検討と判例の集積を待つ必要があるだろう。

　ところで，平成30年度税制改正では，平成30年3月30日に公表された収益認識に関する会計基準等への対応として，法22条の2の新設とともに，法22条4項の規定の改正が行われた。法22条4項には，「別段の定めがあるものを除き」という文言が追加され，次のような条文となった。

　「第2項に規定する当該事業年度の収益の額及び前項各号に掲げる額は，別

段の定めがあるものを除き，一般に公正妥当と認められる会計処理の基準に従つて計算されるものとする」。

　この改正理由としては，財務省による「平成30年度税制改正の解説－法人税法等の改正」において，法22条の規定と同法22条の2以下の規定とが併さって益金の額または損金の額の根拠規定となる場合には，法22条4項の規定と同法22条の2以下の規定とが抵触する場合があり，このような場合の優先関係について，今回，法22条の2の創設を契機として，同法22条の2以下の規定が優先することが明確化された，と述べられている (42)。つまり，法22条4項に「別段の定めがあるものを除き」という文言を確認的に挿入したにすぎず，改正前と後では法22条4項の解釈に変わりはないとされているようである。

　そして，収益認識に関する会計基準に基づく会計処理については，「一般に公正妥当と認められる会計処理の基準」に従った計算に該当し得ると考えられるため，収益認識に関する会計基準に従った収益の額の計算のうち，法人税の所得の金額の計算として認めるべきでない部分があれば，その部分を明示する必要が生ずることとなる，と述べている。つまり，公正処理基準を純会計的に捉え，租税法的正義論や課税公平論等の税法的要求に左右されない中立的な「一般に公正妥当」な会計処理の基準であると解釈し，法人税法において容認できない部分については別段の定めにおいて規定する必要があると考えていることがわかる。

　このように，財務省による「平成30年度税制改正の解説－法人税法等の改正」では公正処理基準を純会計的に捉えつつも，一方では大竹貿易事件の判決を引用しており，「現に法人のした利益計算が法人税法の企図する公平な所得計算という要請に反するものでない限り」，課税所得の計算上もこれを是認し，一般に公正妥当と認められる会計処理の基準に従って計上すべきものであるという，公正処理基準に税法的価値判断を組み込む解釈を意識していることは明らかである。この法22条4項の改正がどのような意味合いを持つのか，その解釈については別途検討する必要があるだろう。

第1章 エス・ブイ・シー事件 45

7 おわりに

　本章で検討したように，エス・ブイ・シー事件が大竹貿易事件の流れを汲み，公正処理基準に関する新たな解釈を適用して脱税経費の損金性を否認したことは，1つの解釈として意義あるものであったと思われるが，一方で租税法律主義の観点から批判を浴びることにもなった。平成18年度税制改正はそのような批判を受けての改正ではないものの，結局は，理論的解決ではなく，別の観点からの個別規定の新設により脱税経費の損金性は否認されることとなった。

　このようにして，違法支出の一形態である脱税経費の税務処理に関する問題は，実務的には一応の解決をみているのであるが，未だ実務的解決，理論的解決がなされていない違法所得も多く，違法支出の性質，支出形態別に検討することが必要である。また，エス・ブイ・シー事件にみられるような公正処理基準に関する新たな解釈を適用する判例が近年増えているが，何をもって公正処理基準と解するのかという点や，平成30年度税制改正による法22条4項の改正が持つ意味合い，公正処理基準に税法的価値判断を組み込んで判断することの是非については，判例の蓄積や理論的解決が望まれるところである。

[注]
（1）武田昌輔編著『DHCコンメンタール法人税法』（第一法規），3449-3450頁。
（2）平成30年度税制改正により，法22条4項に，「別段の定めがあるものを除き」という文言が追加された。
（3）中村利雄教授は，「公正処理基準」は，「必要性」および「業務関連性」を包摂していると解されるとし，「所得税法上の必要経費が窮極的に『必要性』及び『業務関連性』により判断されることと大筋においては一致することとなる。ただ，異なるのは，所得税法上の必要経費の判断基準である『必要性』及び『業務関連性』は税法上明定されているから，その規定の解釈の問題となり，従って，その解釈上，法的正義論又は課税公平論等による税法的要求の介入の余地があるのに対し，法人税法上の損金性の判断基準である公正処理基準は，『必要性』及び『業務関連性』を包摂しているものの，それは税法規定の解釈というよりは，企業会計上の費用性の判断基準であるから，法的正義論又は課税公平論等の税法的要求に影響されない中立的な『一般に公正妥当』な会計処理の基準という点である」と述べている（中村利雄『法人税の課税所得計算』（ぎょうせい，

1982年），128-129頁）。

（4）「別段の定め」には，公正処理基準を確認する確認規定もみられる。

（5）法人税法においても適用可能な所得税法の判例については，使用することとする。

（6）この旧基本通達は，昭和40年に廃止され現行規定に改正されたが，立案当局は，従来の法人税法の所得計算の変更が意図されているものではないとしている（伊豫田敏雄「法人税法の改正（一）」国税庁編『改正税法のすべて』（大蔵財務協会，1965年），102頁）。

（7）税制調査会第二次答申「国税通則法の制定に関する答申」（1961年7月5日）5-6頁。

（8）訟務月報9巻12号1373頁。

（9）最高裁判所民事裁判例集25巻8号1120頁。

（10）品川芳宣「脱税工作費の損金性」TKC税研情報第7巻第1号，1998年1月，23頁。

（11）最高裁判所民事裁判例集22巻12号2449頁。

（12）ただし，本判決において株主優待金は，「会社に利益がなく，かつ株主総会の決議を経ていない違法があるとしても，法人税法上その性質は配当以外のものではあり得ず」として，その性質を利益処分である配当と判断されている。

（13）山田二郎「交際費課税をめぐる問題」『公法の理論（下・Ⅱ）』（有斐閣，1978年）1927-1928頁。

（14）判例時報1272号154頁。

（15）碓井光明「法人税における損金算入の制限」金子宏編『所得課税の研究』（有斐閣，1991年），312-316頁。

（16）訟務月報35巻11号2157頁。

（17）税務訴訟資料85号152頁。

（18）税務訴訟資料185号1421頁。

（19）税務訴訟資料154号458頁。

（20）税務訴訟資料158号499頁。

（21）武田昌輔「違法支出と税法上の経費」『会計ジャーナル』第15巻第5号（1983年5月），67頁。

（22）中村利雄，前掲注（3），128-130頁。

（23）松沢智『租税実体法』（中央経済社，1976年），111頁。

（24）Sec.162. Trade or business expenses, (a) In general, There shall be allowed as a deduction all the ordinary and necessary expenses paid or incurred during the taxable year in carrying on any trade or business, including- (後略)，石黒秀明「最高裁判例にみる公正処理基準」第47回租税判例研究会，2012年，12頁。

（25）武田隆二「税務会計の基礎(5)」『會計』114巻2号（1978年8月），85頁。

（26）金子宏『租税法（第10版）』（弘文堂，2005年），273頁。

（27）最高裁判所民事裁判例集47巻9号5278頁。

（28）最高裁判所刑事裁判例集48巻6号357頁。

（29）判例時報1272号154頁。

（30）判例時報1309号148頁。

（31）最高裁判所刑事裁判例集48巻6号357頁。

（32）佐藤英明「脱税工作のための支出金の損金性」『租税判例百選（第4版）』（有斐閣，2005年），102頁。

(33) 渡辺徹也「脱税工作のための支出金の損金性」『租税判例百選（第5版）』（有斐閣，2011年），102-103頁。

(34) 佐藤英明，前掲注（32），102頁。

(35) 長島弘「法人税法における脱税経費の損金性と22条4項」『立正法学論集』第49巻第2号（2016年），173-174頁。

(36) 東京地裁昭和61年11月10日判決（税務訴訟資料154号458頁）および東京高裁昭和62年4月30日判決（税務訴訟資料158号499頁），東京地裁平成元年5月30日判決（税務訴訟資料170号490頁），東京地裁平成元年12月5日判決（税務訴訟資料174号835頁）など。

(37) 水野忠恒「脱税協力のために支払った手数料が，会計の公正処理基準に従ったものであるということはできないとして，その損金算入を否定した事例」『ジュリスト』1081号，1995年12月，129頁。

(38) 財務省「平成30年度税制改正の解説—法人税法等の改正」270頁。

(39) 成道秀雄「法人税法第22条第4項『公正処理基準』の検証」『租税研究』800号，2016年6月，320-321頁。

(40) 品川芳宣「法人税における損金の本質」『税務会計研究』8号（1997年），103頁。

(41) 酒井克彦「法人税法22条4項にいう公正処理基準の法規範性（上）—エス・ブイ・シー事件及び大竹貿易事件における最高裁判断を素材として—」『税務事例』第45巻第7号（2013年7月），66頁。

(42) 財務省「平成30年度税制改正の解説—法人税法等の改正」280頁。

第2章

所有権移転外ファイナンスリース事件

（福岡地裁平成11年12月21日判決）

1　問題の所在

　本件は，所有権移転外ファイナンスリース取引について，売買処理が認められるか否かが争われた事案である。原告が，リース契約を売買として扱い，リース設備を減価償却資産として法人所得を申告したところ，被告が，右リース契約を賃貸借として扱い，原告が必要経費として算入していた減価償却費を否認して更正処分をしたため，その取り消しを求めて出訴したものである。

　本件では，原告が売買処理の根拠とする「リース取引に係る会計基準」（企業会計審議会・平成5年6月17日付，以下「リース会計基準」という）および被告が賃貸借処理の根拠とする「リース取引に係る法人税法及び所得税の取扱いについて」（国税庁長官通達・昭和53年7月20日付，以下「本件リース通達」という）の公正処理基準該当性および法人税法（以下「法」という）22条4項の趣旨が，主な争点となった。

　判決は，原告が売買処理の根拠としたリース会計基準は，法22条4項にいう公正処理基準には該当しないとして原告の主張を退けた。そこで，本件リース通達およびリース会計基準の公正処理基準該当性および原告の申告の合理性を検討することによって，法22条4項の趣旨を明らかにすることが本章の目的である。

50

2　事実の概要と裁判所の判断

（1）　事実の概要

　原告は，金属旋盤加工などを目的とする株式会社であり，平成7年10月2日，財団法人福岡県中小企業設備貸与協会（以下「訴外協会」という）との間で次の内容のリース契約（以下「本件リース契約」という）を締結し，平成8年5月7日，本件リース取引に関する公正証書を作成した。

　公正証書にある争いのない事実によれば，本件リース契約は，法的には賃貸借の契約であり，本件リース設備の所有権は訴外協会に帰属し，ノンキャンセラブル・フルペイアウトを条件とするファイナンスリースで，リース期間満了の際は，本件リース設備は訴外協会が速やかに引き揚げるものとされていた。

　原告は，平成8年2月29日に終了する事業年度分の課税所得の計算にあたり，リース会計基準に基づき，本件リース契約を売買として扱い，リース期間中に支払うべきリース料の総額56,330,400円について，本件リース設備の取得価額を45,436,893円，仮払消費税を1,363,107円，および長期前払費用を9,530,400円とする会計処理を行い，本件リース設備に係る減価償却費として，普通償却費の額3,680,388円と租税特別措置法45条の2の規定による特別償却費の額5,906,796円の合計額9,587,184円を損金の額に計上した上，所得金額926,773円，納付すべき法人税額256,900円である旨の申告をした。

　これにつき，被告は，リース会計基準は法22条4項にいう公正処理基準には該当しないものとして原告の行った売買処理を否認し，本件リース取引については，本件リース通達に従い賃貸借処理をするべきであるとして，平成9年2月28日，係争事業年度における原告の申告について，所得金額を10,738,259円，納付すべき法人税額を3,264,400円とする更正処分（以下「本件更正処分」という）を行った。原告は，本件更正処分の取り消しを求めて出訴した。

（2）　争　点

　①　法22条4項の趣旨をどのように解するか。

② 本件リース通達をどのように解するか（公正処理基準に該当するか）。

③ リース会計基準をどのように解するか（公正処理基準に該当するか）。

④ 本件リース契約を賃貸借として取り扱うべきか，または売買として取り扱うことも許されるか。

（3） 裁判所の判断

請求棄却（確定）。

① 法22条４項の趣旨について

法22条４項は，現に法人のした所得計算が法人税法の企図する公平な所得計算という要請に反するものでない限り，課税所得の計算上もこれを是認するのが相当であるとの見地から，益金および損金の額を公正処理基準に従って計上すべきものと定めたものと解される（最高裁平成５年11月25日第一小法廷判決・民集47巻９号5278頁参照）[1]。

すなわち，法22条４項は，課税所得が，本来，税法・通達という一連の別個の体系のみによって構成されるものではなく，税法以前の概念や原理を前提として成立しているものであり，たえず流動する社会経済事象を反映する課税所得については，税法において完結的にこれを規制するよりも，適切に運用されている会計慣行にゆだねる方がより適当であると思われる部分が相当多いことから，このような観点を明らかにするため，税法において，課税所得は納税者たる法人が継続して適用する健全な会計慣行によって計算する旨の基本規定を設けるとともに，税法においては，企業会計に関する計算原理規定は除外して，必要最小限度の税法独自の計算原理を規定することが適当であるとの趣旨の下に立法されたものであると解される[2]。

したがって，適法に運用されている企業の会計慣行が公正処理基準にあたる場合には，それが商法，証券取引法上認められている計算であるか否かを問わず，法人税法上も是認されるべきものと解するのが相当であり，当該法人のとった会計処理が課税所得の計算上是認できるか否かは，結局は，その会計処理が公正処理基準にあたるか否かにより決せられるべきものである。

しかしながら，これらの中には未だ企業の会計慣行となっていないものや，

必ずしも公正妥当と認められるとはいえないものもないわけではないと考えられるから，最終的には，それらが「一般に公正妥当と認められる」ものといえるか否かを吟味して，公正処理基準にあたるか否かを決すべきであると解するのが相当である。

② 本件リース通達について

本件リース通達は，法形式どおりに賃貸借契約として取り扱った場合には，その経済的実質に照らし課税上問題があるリース取引について，その課税上の弊害を排除する目的から，売買として取り扱うリース取引を定めることにより，行き過ぎた賃貸借処理の横行に歯止めをかけるためのものであり，同時に，ファイナンスリース取引の税務上の処理の統一を目的としたものといえる。

多くのファイナンスリースのリース期間は，法定耐用年数に比し短く定められていることから，同一物件を自己取得したものにつき計上した減価償却費に比し，ファイナンスリースにより支払う賃借料が多くなり，これをそのまま損金と容認することは負担の公平を原則とする税法の所得計算上問題がある。

原告は，文理上，売買等の処理が強制されるもの以外のリース取引については，これを賃貸借として処理することも売買として処理することも許容している旨主張するが，仮に原告の主張のように解するとした場合，納税者の選択によりいずれの処理をすることも可能となり，課税の公平を害することが明らかである。

本件リース通達は，もとより行政上の解釈指針にすぎないが，本件リース通達の発出後は，多くの法人がこれに依拠していたことが認められ，発出日から係争事業年度までの間には十数年が経過していることからすれば，係争事業年度においては，本件リース通達に定める基準は，社会通念上も公平で妥当であると評価されていたものといえるから，公正処理基準にあたるということができる。

③ リース会計基準について

リース会計基準は，リース取引の実態を財務諸表に的確に反映するため，従前のリース取引に関する会計処理および開示方法を見直すべく設定・公表され

たものであって，リース会計基準が設定・公表されるまでは，リース取引についての会計処理および開示方法はリース会計基準とは異なっていたといえる。そして，法人の会計処理が慣行として確立するに至るためには，一定の年月を要すると考えられるところ，リース会計基準が設定・公表されたのは平成5年6月，これを受けた実務指針が設定・公表されたのは平成6年1月であり，証券局長通知が発出されたのは同年3月であって，係争事業年度までの間には，係争事業年度の最終日に至っても，未だ3年足らずの期間しか経過していないことからすると，少なくとも係争事業年度においては，リース会計基準は法人の会計慣行として確立するに至っていたとまではいえないというべきである。

　また，リース会計基準は，原則として売買取引に準じて会計処理を行うとする一方で，ファイナンスリース取引のうち，リース契約上の諸条件に照らしてリース物件の所有権が借手に移転すると認められるもの以外の取引については，通常の賃貸借取引に係る方法に準じて会計処理を行うことができるとするものであるから，同一態様のリース契約によるリース物件について，これを売買として処理することも賃貸借として処理することも可能となるのであって，このような結果を是認することは，課税の公平を害し，法人税法の企図する公平な所得計算の要請に反するものであるといわざるを得ない。

　そうすると，リース会計基準は，係争事業年度においては未だ会計慣行として確立しておらず，その内容も公平な所得計算の要請に合致しているとはいえないから，法22条4項の公正処理基準にあたるとはいえないと解するのが相当である。

④　本件リース契約について

　経済的実質を考察しても，本件リース物件の所有権は訴外協会にあり，訴外協会は，貸与者としてその維持管理，改造等，本件リース設備についての所有権侵害への対処，契約の解除等の様々な義務ないし制約を課しており，リース期間終了後は原則として本件リース設備を引き揚げるとしていることからすれば，本件リース契約は，法形式どおり，賃貸借として取り扱うのが相当である。

3　所有権移転外ファイナンスリース取引の取扱い

（1）　法人税法上の取扱い：53年リース通達

　昭和53年に，リース取引にかかる課税上の統一的な取扱いを定めた本件リース通達が制定されるまでの間，課税庁は，課税上問題のあるリース取引についてのみ個別に対応する形を採っていた[3]。しかし，法形式上の所有者と経済的実質が異なることによる税負担の軽減およびリース期間が法定耐用年数に比して著しく短い譲渡条件付賃貸借取引を利用した税負担の軽減が問題視されてきたことを背景に[4]，「資産を譲渡条件付で賃貸した場合等の法人税の取扱い」（昭和41年12月16日付個別通達），「譲渡条件付賃貸にかかる資産の収益帰属の特例」（昭和43年12月個別通達案）を経て，本件リース通達の制定に至った[5]。

　その後，平成10年度税制改正によって，本件リース通達を踏襲する形で法制化が図られ，法人税法施行令136条3項にその規定が置かれたことから，本件リース通達は廃止されることとなり，さらに，平成19年度税制改正において，初めて本法にリース取引に関する規定が置かれ現在に至るが，それまでの間，リース取引については，典型的な通達課税の領域とされていた[6]。

　本件リース通達前文の趣旨には，以下のように書かれている。「現在広く一般に行われているいわゆるファイナンスリース取引については，その経済的実質について一般の賃貸借と異なる面を有しているところから，これを一般の賃貸借と同様に取り扱うことに課税上弊害のあるものも認められるので，個々のリース取引の経済的実質に応じてこれを売買取引等として取り扱うこととし，その処理の統一を図ることとしたものである」。

　また，本件判旨中でも，本件リース通達が制定された経緯について，以下のことが確認されている。「……多くのファイナンスリースのリース期間は，法定耐用年数に比して短く定められていることから，同一物件を自己取得したものにつき計上した減価償却費に比し，ファイナンスリースにより支払う賃借料が多くなり，これをそのまま損金と容認することは負担の公平の原則とする税法の所得計算上問題がある」。

つまり，本件リース通達は，適正・公平な課税を目的として，経済的実態に照らし課税上弊害があると認められる一定のリース取引については，法形式上は賃貸借取引であってもこれを例外的に売買取引として扱うことを定めたものである。課税所得の計算にあたっては，当事者が選択した法形式はもとより，同取引の経済的実質を十分に検討した上で行われるべきであり，当事者間の選択に基づく私法上の契約内容が経済取引の実態を反映している場合には，税務上もこれを尊重することが望ましいと解されるが，経済的実質において判断をした場合に課税上弊害があると認められるものについては，私法上の取引（法形式上は賃貸借取引であること）を無視して売買処理を擬制するのである。

法人税法上は，原則として，経済的実質よりも私法上の法形式を優先して会計処理がなされるべきであるから，本件リース通達は，通達に定めのない（課税上の弊害が認められない）取引までも，これを法形式に逆らって売買処理することを認める趣旨とは到底考えられず，課税上の弊害を排除する目的から，行き過ぎた賃貸借処理の横行に歯止めをかけると同時に，ファイナンスリースの税務上の処理の統一も目的としていると解するのが相当であって，これを自主的に売買処理することは，法形式を無視したものであり，租税法律主義に反して認められないと言わざるを得ない。

よって，「……取引に対する実質的考察を経てもなお当事者が選択した法形式に即して課税すべきと思料される場合には，右法形式に従った課税処理をすることが必要であると解すべきである」とする被告の主張は，正当である。原告は，本件リース通達につき，「賃貸借処理することの弊害が大きなもののみについて，その処理を否認することとしたのが本件リース通達の趣旨である」とし，「売買等の処理をすべきリース取引を定めているにとどまるから，文理上，売買等の処理が強制されるもの以外のリース取引については，賃貸借処理することを禁じていないと解すべき」（傍点—筆者）であって，すべてのリース取引を売買等と賃貸借のいずれかに一義的に振り分ける趣旨ではなく，売買等の処理が強制されるもの以外の取引についてはいずれの処理をすることも許容しているものであると主張するが，上記のとおり，認められないと解するのが相当である。

（2）　企業会計上の取扱い：リース会計基準

　平成５年にリース会計基準が制定されるまでの間，企業会計上，リース取引に係る規定は存在せず，成文として存在するのは本件リース通達のみであった[7]。その後，平成５年に至りリース会計基準が制定されるが[8]，その経緯について，企業会計審議会第一部会が公表した「リース取引に係る会計基準に関する意見書」では，以下のように述べられている。

　「我が国の現行の企業会計実務においては，リース取引は，その取引契約に係る法的形式に従って，賃貸借取引として処理されている。しかしながら，リース取引の中には，その経済的実態が，当該物件を売買した場合と同様の状態にあると認められるものがかなり増加してきている。かかるリース取引について，これを賃貸借取引として処理する事は，その取引実態を財務諸表に的確に反映するものとはいいがたく，このため，リース取引に関する会計処理及び開示方法を総合的に見直し，公正妥当な会計基準を設定することが，広く各方面から求められてきている」[9]。

　わが国の産業界においてリース取引が導入されたのは昭和30年代の後半であったが[10]，その後，新たな設備調達の方法としてその取引高は年々増加し，リース取引にかかる会計基準の設定が社会的に重要性を増してきていた。しかしながら，実務の面では，経済的実態が一般の賃貸借とは異なるにもかかわらず，ファイナンスリース取引は賃貸借取引として処理されており，その実態が財務諸表に的確に反映されないという不都合が生じていた。

　このことから，リース会計基準は，企業会計審議会において，リース取引の実態並びにこれに関するわが国および諸外国の会計実務等を調査検討した上で，この種のリース取引が実態に即して正しく処理されるようとりまとめられたものである。

　具体的には，ファイナンスリース取引に関して，法形式よりも経済的実質を重視する立場から，所有権の移転の有無にかかわらず，原則として通常の売買取引に係る方法に準じて会計処理を行うことを定めた上，リース契約上の諸条件に照らし，リース物件の所有権が借手に移転すると認められるもの以外の取引については，注記を条件に通常の賃貸借取引に係る方法に準じて会計処理を

行うことができるとするものである。

　このような設定・公表の経緯からすれば，リース会計基準は，適正な情報開示の観点から，行き過ぎた賃貸借処理の横行に歯止めをかけるためのものであると解することができるから，リース会計基準に従えば，本件リース取引は，むしろ売買処理すべきであったということができよう。

　ただし，平成5年3月に行われたリース会計基準試案公開時の聴取においては，オン・バランス化に伴うリース取引の税務上のメリットの喪失（に対する懸念）や会計処理手続きの煩雑さ等を理由に，リース業界や産業界から反対または消極的な意見が寄せられており，平成19年度税制改正に関する税制調査会の審議では，「……所有権移転外ファイナンスリースは売買として処理するのが原則であって，ただ，例外として賃貸借処置が認められているという整理になっておるわけですが，実務上，ほとんどのケースで賃貸借処理が選択されているという実態がございます」との発言がある。ここに，10年以上を経てもなお，企業会計上，売買処理が定着していない実態が見て取れる[11]。

4　判決の視点

　本件リース通達およびリース会計基準それぞれに従った場合の会計処理の妥当性を検討した結果，いずれも経済的実質を重視している点では一致しているが，本件リース通達の基準に従えば賃貸借処理が妥当であり，リース会計基準に基づけば売買処理が妥当である（例外的に賃貸借処理が認められる）ことがわかった。次に，各基準の公正処理基準該当性を検討する必要がある。

　判決から読み取れるのは，ある会計基準の公正処理基準該当性を判断するためには，その会計基準がすでに慣行として確立しており（＝慣行該当性），法人税法の企図する公平な所得計算という要請に反するものでないことが要求される（＝規範該当性）という2つの視点である。つまり，慣行性と適正・公平な課税の確保の2点を満たすことによって，公正処理基準として認められると判断していることがわかる[12]。

（1） 慣行該当性について

　慣行該当性については，導入されてからの「期間」と業界における「周知性」がその判断基準とされていると考えられる[13]。

　名古屋地裁平成13年7月16日判決（プリペイドカード事件）は，通達方式による収益計上基準について，その「期間」の点から「本件通達が発せられたのは昭和55年であり，本件事業年度までの間に17年近くもの期間が経過していることからすれば……」と述べ，「周知性」については「通達方式は……本件事業年度当時，企業の会計処理の基準として既に広く知られたものとなっていたのであるから……」として慣行該当性を認めている。

　また，神戸地裁平成14年9月12日判決（冠婚葬祭互助会事件）は，長期中断払込済掛金の取扱いに関する通達が発遣されてから係争年度までにはすでに13年が経過しており，「周知性」についても「通達方式は……互助会業界の慣行として広く採用されているものであるから……」として，通達方式の慣行該当性を認めている。

　本件判旨は，本件リース通達について，①本件リース通達制定後，多くの法人が収益の額および費用の額の計算にあたり，本件通達の定める基準に依拠していたことが認められること，および②発出後，係争事業年度までの間に十数年が経過していることから，本件リース通達は慣行該当性を満たしているとしている[14]。また，十数年に渡り多くの法人がリース取引の会計処理基準として本件リース通達に依拠してきたのみならず，リース業界も本件リース通達を事実上税務上の規制と受け止め，これを意識して規制を回避することが可能な節税商品を提供することが肝要とされていた[15]。これらの事実に鑑みれば，本件当時，リース取引の領域における「周知性」は十分に満たされていたと言えよう。

　法人税法上，本件リース通達がファイナンスリース取引について定めてはいたものの，本件事業年度において，リースに関する法人税法上の規定は，本件リース通達のみであり，法律レベルでの規定は存在しなかったが，通達が慣行性を満たしている場合には，それが法の規定に反しない限りにおいて公正処理基準を構成し得るとする解釈は，他の判例も認めるところであり[16]，学説

上も，企業会計の基準のない領域においては，通達や裁判例がこれを補完する役割を果たすものとされている[17]。

　一方，リース会計基準について，本件判旨は，「……それが会計慣行として確立したものであり，法人税法の企図する公平な所得計算という要請に反しないものであれば，法人税法22条4項の公正処理基準に当たると解する余地がある」とした上で，「法人の会計処理が慣行として確立するに至るためには，一定の年月を要すると考えられるところ……」，リース会計基準が制定・公表ないし発出されてから係争事業年度までの間には，「未だ3年足らずの期間しか経過していないことからすると，少なくとも係争事業年度においては，リース会計基準は法人の会計慣行として確立するに至っていたとまではいえないというべきである」と述べ，慣行該当性を否認している。

　本件係争事業年度におけるリース会計基準は，所有権移転外ファイナンスリース取引について売買処理を原則としつつ，財務諸表への注記を条件として例外的に賃貸借処理を認めていた。しかし，上記にみたとおり，発出後3年足らずという期間はもちろんのこと，実務上，多くの法人が通達基準を採用していたこと，およびリース業界においても通達を意識した商品開発を行っており，業界にも認められていたという事実に鑑みれば，当時におけるリース会計基準の慣行性は低かったと解することができよう。

　ただし，慣行性を満たすか否かについて検討する際に，通達の優位性をどう考えるかという問題はあろう。本件当時，リース取引は税務先行で会計処理がなされており，長きに渡り会計基準が存在しない状況であった。さらに，金融商品取引法の適用外となる中小法人については，税務会計にしたがって会計処理をするきらいが強く，その一基準として通達が用いられることもしばしばである。多くの法人が通達基準で会計処理をしがちである点を考慮すると，通達であることをもって慣行化に優位であるという点は否めないであろう[18]。

（2）　規範該当性について

　今一つは，「法人税法の企図する公平な所得計算という要請に反しない限り」において，公正処理基準と認めるとする「規範該当性」の要件である。

　本件リース通達については，すでに見たとおり，その制定趣旨が，課税上の

弊害を排除することにより適正・公正な課税を実現することにあるから，当然に規範該当性が認められる。

　これに対して，リース会計基準は，適正な情報開示の観点からリース取引に売買処理を求めたものであり，所有権の移転の有無にかかわらず売買処理を原則としている点においても，法形式を重視する法人税法の考え方とは大きく異なるところである。

　判決は，「リース会計基準は，ファイナンスリース取引について，借手側・貸手側ともに，原則として通常の売買取引に係る方法に準じて会計処理を行うとする一方で，ファイナンスリース取引のうち，リース契約上の諸条件に照らしてリース物件の所有権が借手に移転すると認められるもの以外の取引については，借手側・貸手側ともに通常の賃貸借処理に係る方法に準じて会計処理を行うことができるとするものであるから，例えば借手側は，これを減価償却資産として取得したとしてその取得費を償却することも，これを賃借したとしてリース料を損金として計上することも可能となるのであって，このような結果を是認することは，課税の公平を害し，法人税法の企図する公平な所得計算の要請に反するものであるといわざるを得ない」と述べ，リース会計基準の規範該当性を否認している。

　事実，原告は，本件リース取引について売買処理を採用することにより，通常の減価償却費に加えて特別償却を行っており，結果として費用の先取りという経済効果を実現しているという点において，上記にいう課税上の弊害（処理の選択性による租税負担の減少）があったものと認めることができる。原告は，売買処理を選択することによって初年度の税額が低くなることを認めながら，次年度以降およびリース期間通算後の所得金額は結果として多くなる点を挙げ，当該申告は課税を回避したものではなく合理的である旨主張するが，期間損益計算に視点を置く企業会計と異なり，法人税法が単年度主義を採用していることに鑑みれば，原告の主張は採用し難いものと考えられる。

　ただし，本件においてリース会計基準の規範該当性を検討するにあたり，他の判例と異なるのは，その会計処理に基づいて算定された所得が「経済的実質としての担税力を現しているか」という視点を持ち込むのが困難な点である。

　たとえば，前出のプリペイドカード事件では，同じく通達方式が法22条4項

の公正処理基準に該当するとして，原告の採った預り金方式が否認されているが，「……簿記の方式としては社会的に一応認知された方法であり，かつ，一定期間継続的に行われてきたことは否定できない」として，原告の会計処理の慣行該当性が認められた上で，公正処理基準該当性が否認されている。つまり，規範該当性のみによって法人税法22条4項の公正処理基準該当性が否認されたわけであるが，この規範該当性の判断にあたっては，権利確定主義の見地から，その会計処理によって算定された所得が担税力として適正であるか否かが検討されている。同様に，大竹貿易事件，冠婚葬祭互助会事件，ビックカメラ事件[19]，およびオリックス信託銀行事件[20]についても，法人税法の収益計上基準としての権利確定主義を堅持する必要性から，公正処理基準該当性が検討されている。

　鈴木一水は，企業会計上の公正処理基準が税法上も認められるか否かを判断するためには，これを「経済実態を反映した担税力を表す利益の計算」と「利益操作を可能にする恣意の排除の観点」から検討する必要があるとしているが[21]，本件についてこれを見るに，53年リース通達およびリース会計基準によって算定された所得が，経済実態を反映した担税力を表しているか否かという立問は，不可能である。そもそも，減価償却自体が見積り計算であり，そこには多分に政策的要素が含まれている。「加速償却の効果を目的として，売買でなくリースの形式を選択し，短いリース期間で賃借料を損金計上する」といった行為が認められるか否かは，あくまでも賃貸借処理をした場合の課税所得と売買処理をした場合の課税所得との比較に基づく公平性の問題であって，担税力としていずれが適当かという視点は持ち得ない。つまり，本件において規範該当性を判断する際の基準は，後者の「利益操作を可能にする恣意の排除の観点」のみとなる。

　担税力を指標とした妥当性を検討することができず，税額の多寡や会計処理の選択性，恣意性の排除といった課税上の弊害のみが規範該当性の判断基準になるという点においては，「……法人税法の一般的・抽象的な目的を斟酌した，目的論的解釈であり，……租税法律主義の下では，許されるべきものではない[22]」……，「……公平負担や税収確保の目的を背景に，『公正妥当な会計処理の基準』という文言を利用して，別段の定めとして立法されていないルー

ルを作り出そうとする試み[23]」といった批判がより一層あたり，他のケースよりも慎重な判断が求められる事案であるといえよう[24]。

（3） 本件リース契約について

　上記に，本件リース通達の取扱いおよびその公正処理基準該当性を見てきたが，次に，本件リース契約の内容が，本件リース通達に定める売買処理すべき取引に該当するか否かという事実認定の問題がある。

　本件リース通達は，売買処理すべきリース取引を5類型に分類しているが，本件リース契約について検討すべき要件は，①そのリース契約においてリース期間がリース物件の法定耐用年数に比べて相当短く定められ（法定耐用年数が10年以上のリース物件については，その法定耐用年数の100分の60に相当する年数を下回る場合），かつ，②リース期間の中途またはリース期間の経過後に賃借人がそのリース物件を購入する権利または義務を有する旨定められているか否かである。

　まず，①のリース期間については，原告も認めるとおり，本件リース物件を減価償却資産として売買処理した場合の法定耐用年数が13年であるのに対し，リース期間は7年であるから，通達にいう「相当短く定められている」場合には該当せず，売買処理すべき5類型の要件を満たしていない。次に，②の所有権の移転については，公正証書において，リース期間満了時に本件リース設備を速やかに引き揚げる旨が定められていることから，本件リース契約は，通達の定める売買処理すべきリース取引の5類型には該当しないこととなり，経済的実質においても売買とはいえない。

　さらに，本件リース取引が，本件リース通達が定める5類型に該当しないとしても，売買処理が強制されるもの以外のリース取引について，本件リース通達が賃貸借処理を禁じていない（賃貸借処理と売買処理のいずれをも許容している）と解することができるか否かという問題がある。これについては，すでにみたとおり，売買として取り扱うものとされたリース取引等にあたらない取引は，これをその法形式に従い賃貸借契約として取り扱い，税務上の処理の統一を図っているものと解するのが相当である。

　そもそも，本件リース通達は，課税の公平を目的として私法上の権利関係を

変更する（賃貸借取引を売買取引と擬制する）ことを前提として制定されたのであるから，課税上の弊害がない場合にまでも法形式を無視する趣旨とは解し難い。

したがって，本件リース契約は，法形式上は賃貸借処理であって，通達の定める５要件にも該当しないリース取引であるから，売買処理をすべき取引とは認められないものといえる。

5　法人税法22条４項の趣旨

（1）　確認規定か創設規定か

大竹貿易事件以降，多くの判例が，法22条４項に「適正かつ公平な課税の実現」の意味合いを付してきた。これについては批判的な見解も多く[25]，少なくとも制定当初においては，法22条４項は確認規定であった（税法独自の要請による修正を予定していなかった）とされている[26]。当初，法22条４項にいう「公正処理基準」は，企業会計上の「一般に公正妥当な会計処理の基準」と同様に位置付けられており，会計基準のみを指すものでもなければ成文法のみを指すものでもないとされながらも，その実態は，おおよそ企業会計原則を指しているものとされていた[27]。

しかし，法22条４項にいう「公正処理基準」が，制定当初において企業会計上の「一般に公正妥当な会計処理の基準」と同様に位置付けられ，その内容が企業会計原則を指しているとされていたのは，当時の会計基準が企業会計原則のみであったためである[28]。つまり，他に会計基準が存在せず，法22条４項にいう「公正処理基準」と企業会計上の「一般に公正妥当な会計処理の基準」がほぼ一致を見ていた結果，法22条４項が税法独自の要請による修正を予定していないという理解がされていたのであり，企業会計上の「一般に公正妥当な会計処理の基準」を尊重することによって課税上弊害が生じる場合には，法22条４項がこれを認めないとする趣旨は，立法時点においてすでに（潜在的に）含まれていたものと考えられる。現に，法22条４項が制定された昭和42年以前の判例には，課税所得の計算において，租税回避や課税の公平に配慮する

旨の主張がなされており，昭和42年版「改正税法のすべて」にも，税法の趣旨目的や公平性に反する会計基準は認められない旨の記載がある[29]。

　もっとも，法22条4項が，制定当初から「適正かつ公平な課税の実現」の意味合いを含んでいたとの理解に立った場合にも，従来からの取扱いを追認したものに過ぎないという意味においては，当初の認識どおり，法22条4項は確認規定であったということができよう。

　企業会計原則がおおよそ慣行とされてきたのは，その制定過程がまさに帰納的アプローチを採っていたためであり[30]，現行の一連の会計基準が基本的に演繹的アプローチを採っている点に鑑みると，現行の会計基準を直ちに「慣行」と位置付けるのは難しい状況にあると言える[31]。企業会計原則が，その制定過程から自動的に慣行性を満たしていたのに対し，現行の会計基準の多くは，ある利益概念をメルクマールとした指導原理，あるいは適正な情報開示やコンバージェンスを一義として制定されており，法22条4項制定当時とは，根本的に前提が異なる。会計基準の制定過程が帰納的アプローチから演繹的アプローチに移行してきたことにより，公正処理基準の要件である「慣行該当性」の充足に困難が生じ，企業会計上の利益が見積計算の要素を多分に含んだ将来志向の概念へと変容していくにつれ，法人税法上の課税所得との間に差異が生じ，結果として「規範該当性」の充足に困難が生じるのは，至極当然の結果であるといえよう。

　昨今の会計基準の複線化によって，利益概念と所得概念とが乖離し，法22条4項を根拠とする修正が顕著となり，制定当初より含まれていた「適正かつ公平な課税の実現」の趣旨が顕在化したことによって，租税法律主義との関係がクローズアップされることになったものと考えられる。

（2）　租税法律主義の観点から

　租税法は，租税法律主義の観点から，原則としてその文言に即して解釈されなければならないとされているが，その法形式と実質が異なる場合には，課税の公平を図る見地から，経済的実質を考慮して解釈がなされなければならないとされている。リース取引の分野は，まさにそのような領域であり，元来，それ自体が租税回避のスキームとして導入された背景があることから，税法とし

てある程度網羅的な対応が求められてきたことは事実である。

　リース会計基準制定時の研究討論会において，リース通達に関する以下のような発言がある。

　「リース取引は，いわゆる経済取引の実体というのと，人間がアイデアを出して物事を作って，その物事に合うように形式を作っていくというようなことがありうるものですから，そこには，もともとが，租税目的があって，その目的に合致するように形式をつくりあげていくというきらいがあって，実体と形式とがかけ離れてしまって税務上の問題が生ずるというわけです。したがって，最近では，いわゆる節税商品なるものに対しては，およそ個別に事柄を書くのではなくて，包括的な取扱いを示して，そういう形式と実体とが異なるものは実体に即して取り扱うということをやれないかというような意見もあります。しかしながら，そのような実質主義ないし経済的観察というものは判例や学説として租税法上確定しているわけですから，今更という感があるわけです。また，リース通達に限らず，個別取引に関する通達は，背景となった具体的な個々の取引をベースに定めているものですから，どうしても制定当初は考えていなかったような取引や通達で定めていないといった取引が通達でカバーしていないことを奇貨として後で考え出され，創り出されて『これはリースです，売買ではありません』というような主張が起きるといったことだと思います」(32)。

　また，植松守雄［1990］は，本件リース通達に定める取扱いについて，「税法の解釈適用として大体適当な措置」として理解を示した上で，「本来は立法措置を含めた対応が望ましい」としながらも，「リース取引には多くの節税狙いの要素が含まれており，課税上の弊害に対処するためにリースに対して税務上何らかの対応措置が必要とされることは確かであり，……税務上一定の基準が必要とされることは，リース取引の定めといってもよい」(33)と述べている。

　これによれば，リース取引の特性から，個別具体的な規定を置いて形式論に陥るよりも，経済的実態に即して包括的な取扱いをすることが求められていたこと，また，そういった取引の擬制が，判例や学説として確立されているとの認識があったこと，そして，通達による取扱が，結果として妥当であるとの認識があったことがわかる。

しかし，結果の妥当性は置いて，本件リース通達に基づく取引の擬制については，法律の根拠なしに課税要件が充足されたものとして取り扱う行為であるとして，租税法律主義の見地から批判もある[34]。これについては，本件リース通達が慣習法として法22条4項に取り込まれ，法22条4項を解して適用されることを前提として認められるものと解することができよう。裁判所はあくまでも法22条4項を適用するのであって，通達それ自身を法的拘束力のあるものとして適用するのではないからである[35]。

したがって，通達が法22条4項に取り込まれるか否かの判断，つまり，「慣行該当性」と「規範該当性」の判断には注意を要するところである。3の(2)で検討したとおり，「利益操作を可能にする恣意の排除の観点」のみをもって「公正処理基準該当性」を判断しなければならない場合に，本件のように担税力としての適正性を考慮することが困難なケースについては，他の事例とは異なり，より一層，慎重な判断が要求されなければならない。

特に，その会計処理を採用したことによる結果の妥当性をもって，公正処理基準該当性が判断されるようなことがあってはならない。「適正・公平な課税の実現」という目的と，ある会計基準を適用した場合における「結果としての妥当性」は，公正処理基準該当性とは全く別の問題だからである。

6 おわりに

平成19年のリース会計基準の改正により，企業会計上，所有権移転外ファイナンスリース取引については，少額のリース取引を除いて売買処理することとされ，これまでリース期間終了後の特約を付すことによって例外的に認められてきた賃貸借処理についても廃止され，売買処理で統一されることとなった。賃貸借処理が廃止された背景として，ファイナンスリース取引については，情報開示の観点から借手において資産および負債を認識する必要があるという点，さらには国際会計基準とのコンバージェンスの観点があった。

これに伴い，法人税法も企業会計に平仄を合わせ，本法において所有権移転外ファイナンスリース取引について売買処理を原則とするとともに，リース期間定額法を適用することとなった。財務省による改正趣旨の中では，取引の経

済的実態に合った処理をすべきであるという点，所有権移転外リースについて
も経済的実態は売買処理であるという点については，企業会計における考え方
と異なるところはないことから，会計基準と平仄を合わせる形を採ったものと
述べられている(36)。

　これにより，これまで売買処理とみなされてこなかった所有権移転外ファイ
ナンスリース取引についても，私法上は賃貸借契約であることを無視して，税
法上売買取引として取り扱われることとなった。したがって，所有権移転外
ファイナンスリース取引については，これを売買として処理しても賃貸借とし
て処理しても損金の額に変わりがないことになり，本件の争いについては一応
の解決を見たということができよう。

　しかし，リース取引の会計処理方法は統一されたものの，同じく平成19年に
行われた法人税法上の減価償却制度の改正では250％定率法が導入され，①減
価償却制度によって所有権移転ファイナンスリース取引と所有権移転外ファイ
ナンスリース取引との間に取扱いの差異が生じることとなり，所有権移転外
ファイナンスリース取引が，税負担の面では不利になる結果となっている。ま
た，②企業会計（平成19年リース会計基準）が規定する所有権移転外ファイナン
スリース取引と法人税法が規定する所有権移転外ファイナンスリース取引の範
囲が異なり，企業会計上の減価償却と法人税法上の減価償却の計算に差異が生
じるケースも残されたままとなっている(37)。

　また，リース取引における借手側の会計処理として，2019年1月から始まる
事業年度より，国際会計基準において使用権モデルの導入が決定している。使
用権モデルでは，資産の所有権ではなくその使用権に価値を認め，オペレー
ティングリース契約も含めてすべてオンバランス処理することとなるため，
ファイナンスリース取引のみをオンバランスとする現行のリース会計基準に比
べ，オンバランスの範囲を大幅に拡大することとなる(38)。

　一時の旺盛は落ち着きを見せ，近年のリース取引高は減少の傾向にあるもの
の，リース取引が多分に租税回避の要素を含んだ領域であり，さらに，減価償
却制度が見積り計算に基づくフィクションである点，および多分に政策的要素
を含んでいる点を考慮すると，さらに企業会計基準との調和までをも考慮した
統一的な制度設計をすることは非常に困難を伴うものと考えられる(39)。

［注］

（1）いわゆる大竹貿易事件である。

（2）「税制簡素化についての第一次答申」（税制調査会，1996年），43-44頁。

（3）現行法前の課税の沿革については，野口浩『リース取引と課税』（森山書店，2014年）および朝長英樹他『リース税制』（法令出版，2012年）。

（4）特に大きな影響を与えたとされる事案として，最高裁昭和43年8月27日判決（最高裁昭和40年（行ツ）第85号審査決定取消請求上告事件）。法定耐用年数が20年の機械を使用期間5年で貸与し，使用料等を完納後に所有権を借主に無償で移転するという契約につき，課税庁がこれを割賦販売とみなして更正処分を行ったものである。

（5）このようなリース取引がたびたび問題視されながらも通達の制定が遅れたのは，節税商品を主力とするリース業界からの反対によって導入が延期されていたためである。

（6）「リース取引に係る法人税及び所得税の取扱いについて」（昭和53年7月20日付個別通達）および「リース期間が法定耐用年数よりも長いリース取引に対する税務上の取扱いについて」（昭和63年3月30日付個別通達）によって，法律の根拠に基づかずに，一定の範囲のリース取引を売買または金融取引と擬制する課税を行ってきた。岡村忠生『法人税法講義（第3版）』（成文堂，2007年），216頁。

（7）当時の商法計算書類規則に「リース契約により使用する重要な固定資産は注記しなければならない」との定めがあり，証券取引法にも，リース資産について「その主要なものについてその内容を……注記その他の方法により記載すること」と定められていたが，これらは金額的な開示ではなく物的・数量的な開示規制に止まっていた。新井清光・北村吉弘『リース会計と実務』（税務経理協会，1993年），8-9頁。

（8）昭和60年8月の三光汽船事件（用船契約の簿外債務5,000億円超を抱えて倒産）に端を発し制定されたものである。成道秀雄「リース会計基準と法人税法の対応」『租税研究』（729号，2010年7月），80頁。

（9）「リース取引に係る会計基準に関する意見書」企業会計審議会第一部会（平成5年6月17日）（http://www016.upp.so-net.ne.jp/mile/bookkeeping/data/lease.pdf）

（10）新井清光・北村吉弘，前掲注（7），17頁。

（11）「税制調査会グループディスカッション（第2回）議事録」平成18年11月15日（http://www.cao.go.jp/zeicho/gijiroku/gd2kaia.html）。

（12）酒井克彦［2015］は，過去の判例分析より，慣行として醸成されているか否かという点から公正処理基準の該当性を判断する「慣行該当性アプローチ」と，かかる処理基準の内容が法人税法の趣旨に合致しているか否かという点から判断する「基準内容アプローチ」という二重の基準性を検出し得るとしている。酒井克彦「法人税法22条4項にいう『公正処理基準』該当性に係る判断アプローチ―東京高裁平成25年7月19日判決を素材として―」『商学論叢』57（1・2）（中央大学商学研究会），90-91頁。

（13）酒井克彦『プログレッシブ税務会計論Ⅱ』（中央経済社，2016年），122頁。

（14）リース会計基準制定時の研究討論会においても，リース取引に関する会計基準が存在しなかったために，ほとんどの企業がリース通達に従って会計処理を行っていた旨の発言がある。新井清光・北村吉弘，前掲注（7），24頁。

（15）「わが国で税務処理上国税庁通達のもつ偉力は絶大である。わが国ではリース取引について企業会計処理基準としてみるべきものがなく，税務・会計処理上リース通達が唯一

の基準といってよい存在であるだけでなく，リース業界は行政通達の法的効力の点などはさておいて，これを税務上の規制として受けとめ，リース取引について売買や前払費用の取扱を受けないようにすることが業界として肝要であるとされている。」植松守雄「所得税法の諸問題（第50回）納税義務者・源泉徴収義務者（続49）」『税経通信』45（14）（税務経理協会，1990年11月），43-44頁。

(16) 東京高裁平成14年3月14日判決，神戸地裁平成14年9月12日判決，名古屋地裁平成13年7月16日判決。

(17) 酒井克彦は「企業会計の空白域について，直截に通達上の処理を法人税法22条4項にいう公正処理基準と理解することは妥当ではないが，……通達上の処理が長らく続くことにより，当該処理が企業会計の慣行（事実たる慣習）となり得る余地はあり得ると考える」としている。「会計慣行の成立と税務通達（下）」『税務事例』48(2)，（財経詳報社，2016年2月）6頁。同旨，清永敬次「法人税法22条4項の規定について」『税法学』202号（日本税法学会，1967年），29頁。ただし，たとえ公平の見地から売買取引として課税する必要があったとしても，それには実定法の規定が必要であるとして，通達を根拠とした売買処理を批判する見解もある。日本税理士会連合会税制審議会「『租税回避について』の諮問に対する答申」平成10年1月19日。

(18) 本件において，原告は，金融商品取引法適用外の中小法人である。

(19) 東京地裁平成25年2月25日判決，東京高裁平成25年7月19日判決。

(20) 東京地裁平成24年11月2日判決，東京高裁平成26年8月29日判決。

(21) 鈴木一水「課税所得計算における会計基準等」『税研』第32巻第2号，（2016年7月），77頁。

(22) 谷口勢津夫『税法基本講義（第5版）』（弘文堂，2016年），403頁。

(23) 岡村忠生，前掲注（6），38頁。

(24) 鈴木一水［2016］は，「ある会計処理方法が租税法の立場から一般に公正妥当と認められるかどうかの判定に当たっては，会計処理に恣意の介入する余地の有無の検討だけでは不十分である。その結果計算される課税所得が担税力をどの程度表すかの検討も必要である」としている。鈴木一水「法令解釈型税務会計研究の課題」『税経通信』71(7)（2016年7月），151頁。

(25) 長島弘［2016］は，以下のように述べている。「税法として価値判断に基づく『公正妥当性』テストを否定する理由は，租税法律主義の点から問題があるからである。仮に，税法としての価値判断に基づく『公正妥当性』テストによる解釈権が課税庁にあるとすれば，別段の定めを課税庁が自由に設定できるのと同じ結果になるからである。選択可能な会計処理の基準や慣行の中で，税法の価値判断から相応しくないものがあるならば，別段の定めで規定すべきなのである」としている。「最高裁平成5年11月25日判決以前の公正処理基準に関する裁判例とその当該最高裁判決への影響」『立正大学法制研究所研究年報』21号（立正大学法制研究所），57頁。他に，岡村忠生，前掲注（6），38頁。谷口勢津夫，前掲注（22），403頁。大竹貿易事件最高裁判決における味村裁判官・大白裁判官の反対意見。

(26) 武田昌輔教授は，法22条4項の設定の経緯の中で，「これ（会計処理の基準に依拠すること＝筆者）は，ある意味においては当然のことを明らかにしたものと解すべきであると同時に，他方，税法独自の解釈は許さないとする意味で重要な規定である」としており，

少なくとも制定当初は，法22条４項が確認規定として位置付けられていたことが窺える。武田昌輔『税務会計論文集』（森山書店，2001年），107頁。他に，井上久彌『税務会計論』（中央経済社，1988年），51頁，中村利雄『法人税の課税所得計算（改訂版）』（ぎょうせい，1990年），83頁。

(27) 成道秀雄「公正処理基準と税務会計処理基準：法人税法上認められる『企業会計』とは？」『企業会計』68(1)（中央経済社，2016年），63-64頁。

(28) 成道秀雄は，「当時は，会計基準といっても，企業会計原則しかなかったわけですから，企業会計の方の考え方で22条４項は出来上がっていると，何の疑いもなく考えていたのです」としている。「法人税法第22条第４項『公正処理基準』の検証」『租税研究』800号（日本租税研究協会，2016年），316頁。

(29) 成道秀雄は，「昭和42年の公正処理基準が入る前も，結構意外というか，企業会計というものを無条件尊重して課税所得を計算するのだということを述べているわけではなくて，やはり，法人税法の趣旨目的，すなわち，租税回避，課税の公平性，租税負担能力の原則にも配慮しながら企業会計の公正な慣行を用いていくということを結構主張しているのです」としている。「法人税法第22条第４項『公正処理基準』の検証」（『租税研究』2016年６月），317-318頁。また『昭和42年版　改正税法のすべて』（大蔵財務協会）。

(30) 一部，慣行を要約した実践規範でなく指導原理としての性格を有する規定も含まれているとされる。味村治・田辺明他『新商法と企業会計』（財経詳報社，1974年），128頁。

(31) 成道秀雄「法人税法上の公正会計処理基準とは」『税経通信』71(2)（税務経理協会，2016年），３頁。

(32) 新井清光・北村吉弘，前掲注（７），20-21頁。

(33) 植松守雄，前掲注（15），43頁。

(34) 品川芳宣［2013］は，本件リース通達においてリース取引を売買取引と認定することは「事実認定の実質主義」の法理であるとし，「実質課税の原則は，真実に存在する法律関係から離れて，経済効果なり目的に即して，他の法律要件の存在を認定することを許容するものではない」としている。『法人税法解釈の検証と実践的展開 第Ⅰ巻（改定増補版）』（税務経理協会），189-191頁。同旨，金子宏［2017］130頁。

(35) 清永敬次「法人税法22条４項の規定について」『税法学』202号（日本税法学会，1967年），29頁。

(36) 平成19年度税制改正の解説「法人税法の改正」（http://www.mof.go.jp/tax_policy/tax_reform/outline/fy2007/explanation/pdf/P247-P378.pdf）従来の課税方法が税負担回避といった弊害をもたらすという点には言及されていないが，金子［2008］は以下のように述べている。「尤も，会計学者と法人税法の立法者との間では，若干かかなりかわかりませんが，思惑の違っているところはあると思います。つまり会計学者は売買として扱うのが経済実態に適合していると考えていると思いますし，法人税の方では，租税回避の余地を少なくするためには，リース会計にのっとってやるのが好ましいという考え方もあると思いますが，結果的には合致しているということになるわけです」。

(37) 野口浩は，「政府税制調査会の議事録や立案関係者の説明などからは，平成19年度の減価償却制度の改正と，平成19年度のリース取引に係る課税制度の改正との関係を示唆したものは見受けられなかった」としている。「リース取引と賃借人の課税―沿革と問題点―」『学生法政論集』４（九州大学法政学会，2010年），99頁。

（38）リース資産・負債をオフバランスにして賃貸借処理ができるようにするため，契約内容を調整したリース取引が横行するというIAS17号の問題点を補う趣旨である。

（39）井上久彌［1990］は，会計基準と税法の目的の差異による両者の乖離を完全に解消することは不可能であるとした上で，「結局，リース会計は，財務会計基準の形成と税法の立法処理の統合の問題として解決されなければならない」としている（16頁）。

第**3**章

プリペイドカード事件
（名古屋地裁平成13年7月16日判決）

1 　はじめに

　法人税法（以下「法」という）22条4項によれば，収益の額は一般に公正妥当と認められる会計処理の基準に従って計算されるものとする旨定めているが，本稿で取り扱う判決（プリペイドカード事件（名古屋地裁平成13年7月16日判決），以下「本件」という）において，法22条4項の新設が「税法が繁雑なものとなることを避ける目的で，客観的にみて規範性，合理性があり，公正妥当な会計処理の基準であると認められる方式に基づいて所得計算がなされている限り，これを認めようとするものであると解される」が，税法の目的について，「税法は納税義務の適正な確定及び履行を確保することを目的としているから，適正公平な税収の確保という観点から弊害を有する会計処理方式は，法22条4項にいう公正妥当処理基準に該当しない」という判断を行った。

　当該判決の争点となった商品引換券等の処理については，カードの所有者が現実に商品に引き換えた時点で収益に計上するという預り金方式（本件では「原告方式」という）があげられる。この方式は，一般の簿記検定の教科書や，税務大学校の簿記の教科書においても同様の取扱いで説明されていて，古くからの会計慣行として処理されてきた方法である。法22条4項が新設されたときの趣旨からすると公正妥当な会計処理の基準として認められるべき処理であると考えられる。

　しかし，この方式では，未使用の商品引換券等について永久に収益に計上されないという課税上の不都合が生じる。これを解消（適正公平な税収の確保）するために昭和55年に通達が新設され（本件では「通達方式」という），古くか

74

らの会計慣行である預り金方式が公正処理基準に該当せず，適正公平な税収の
確保のために新設された通達方式が公正処理基準に該当するものと判断された。
　そこで，法22条４項の立法趣旨を確認し，原告方式と通達方式について公正
処理基準該当性について検討する。

2	プリペイドカード事件

　　　　　　——名古屋地裁平成13年７月16日判決

（1）　事実の概要

　原告は，石油類の卸，小売業を営む株式会社であり，青色申告の承認を受け
て法人税法等の申告，納税を行っている。原告は，本件事業年度中，関与先店
舗で「PRECA」という名称のプリペイドカード（以下「本件商品券」という）
を発行した。本件事業年度における本件商品券の総発行対価は，合計５億332
万5,238円，そのうち未使用部分にかかる発行金額は，合計9,987万1,420円であ
る。原告は，本件事業年度分の法人税について，本件商品券のうち商品との引
換えが終了した４億345万3,818円のみを計上し，未使用部分に係る合計9,987万
1,420円分は預り金として処理し，収益としては申告しなかった（当該未使用部
分を収益として計上した場合に係る原価も算定はされていたが，原告は積極的には
争っていない）。
　これに対し被告は，原告の本件事業年度分の法人税につき，本件商品券の前
記未使用部分に係る収益および原告が本件事業年度以前に発行した灯油前売券
（以下「灯油券」という）の販売価格148万3,640円を計上しなかったことは法人
税基本通達2-1-33（以下「本件通達」という）に反するとして，これらを申告に
係る所得金額1,372万9,550円に加算したほか，申告にかかる損金算入を一部否
認した部分，売上の計上漏れ分等を加算し，ここから本件商品券および灯油券
の未使用部分に係る原価8,560万1,660円ならびに損金算入額を減算した3,720万
2,540円を本件事業年度の原告の所得金額と認定して本件更正処分を行った。
本訴において，灯油券に係る収益が本件事業年度に申告すべき所得であるとの
主張を撤回した上，いくつかの訂正をして本件更正処分が適法である旨主張。
原告の平成８年２月１日から平成９年１月31日までの事業年度の納税に対し，

被告から平成10年３月31日付けで更正処分を受けた。

（２）　争　　点

　原告がなした本件商品券の発行に際して収受する対価につき，発行時に収益計上するのではなく，預り金として処理し，現実に商品等と引き換えにその商品を引き渡した時点で収益に計上する方法（以下「原告方式」という）は，法人税法22条４項「一般に公正妥当と認められる会計処理の基準」（以下「公正処理基準」というが，判決文では「公正妥当処理基準」といっているので，該当する箇所ではこれを用いている）に反するかどうか。

（３）　争点に関する当事者の主張

①　法人税法22条４項の趣旨について

　１）原告の主張

　課税所得金額の計算に関する規定を法および同法施行令等に完結的に定めることは繁雑に過ぎ，かつ，困難であることから企業会計における損益計算が健全な会計慣行に基づいて適切に処理されていれば，法人税の課税所得の計算も企業の損益計算を前提とすることとし，法人税の課税の目的に照らして企業会計の処理をそのまま受け入れることが適当でない部分についてだけ，法に特段の定めをおいて規制を加えるというものであると解される。

　２）被告（課税庁）の主張

　企業が会計処理において用いている基準ないし慣行のうち，一般に公正妥当と認められるものについては，それによる所得計算を是認するが，そうでないものについては税法上も認めないというものであるから，税法解釈上支障を生じ，公正妥当な内容の基準であると認められない慣行は，同項にいう公正妥当処理基準に該当しないと解すべきである。

②　商品引換券等の預り金処理（原告方式）は公正処理基準か

　１）原告の主張

　商品引換券等は，発行者がその商品券を持参した顧客に対し，券面額まで商品等を給付する債務を負担したことを示すものであるから，その発行の際に収

受する対価の性質は預り金というべきであり，原告方式は正規の簿記の原則に従ったものである。

一般の簿記の教科書は，商品引換券等の発行時および商品との引換えがされた時の経理処理方法について，現在も原告方式による説明をしているのであって，このことは税務大学校の簿記の教科書についても同様である。

２）被告（課税庁）の主張

商品引換券等が発行されると，商品の引渡し等がなされるかどうかは商品引換券等の所持者の一方的な意思によって決定されることになる。このため，所持者が商品引換券等を紛失したり，収集目的で退蔵した場合は，商品の引渡し等がなされないままの状態が継続することとなるが，原告方式による場合には，このような商品引換券等につき永久に収益計上がされないこととなり，税務処理上大きな弊害が発生する。

会計理論上，預り金については，権利者を明確に特定することができ，債務者がその給付債務を履行しない場合には，権利者に対して対価を返還することとなるのが一般的であるが，商品引換券等の発行者がその所持者を明確に特定することは事実上不可能であり，発行者が収受した対価が商品引換券等の所持者に対して返還されることは通常ないから，商品引換券等の発行の対価が会計理論上預り金に該当すると解することには疑問があり，発行時において発行者の確定した収入になるというべきである。

原告方式によった場合，もはや商品の引渡し等がなされる可能性がない商品引換券等の対価が永久に預り金名目で負債として計上され続けることになるが，このような経理処理が妥当であるとは到底考え難い。

③　通達で定める会計方式（通達方式）は公正処理基準といえるか

１）原告の主張

被告は，本件通達が昭和55年に新設されたことを根拠として，原告方式は公正妥当処理基準に該当しないと主張するが，国税庁長官の通達によってその会計慣行が当該業種で一般化するとはいえないし，その通達と異なる取扱いが法令の規定に反するものであることにもならない。

２）被告Ｙの主張

本件通達は，原告方式の有する弊害に鑑み，税務上の取扱いを統一化，明確化するために昭和55年に新設されたものであって，その内容は合理的なものである。本件通達新設後，本件事業年度までの間に20年近くもの期間が経過しているところ，この間に本件通達の定める会計処理の方法は公正で妥当な会計処理の基準として社会に広く定着するに至っている。

以上のとおり，原告方式は公正妥当処理基準に適合せず，このような原告方式に基づいてなされた本件申告は法22条に違反するものであるから，これについて更正をなすべき理由がある。

（4） 裁判所の判断

① 「企業会計と税法との関係について検討するに，課税所得は，企業による会計処理の結果を基礎として，これに税法等を適用して計算されるものであるから，税法以前の概念や原理を前提としている。」[1]

「法22条4項は，税法が繁雑なものとなることを避ける目的で，客観的にみて規範性，合理性があり，公正妥当な会計処理の基準であると認められる方式に基づいて所得計算がなされる限り，これを認めようとするものであると解されるが，税法は納税義務の適正な確定及び履行を確保することを目的としているから，適正公平な税収の確保という観点から弊害を有する会計処理方式は，法22条4項にいう公正妥当処理基準に該当しないというべきである。」[2]

「法22条4項が，適正公平な税収の確保という観点から看過し難い重大な弊害を有する会計慣行をも許容する趣旨で新設されたとは到底解し難いから，原告の上記主張は採用できない。」[3]

② 「商品引換券等を発行した場合の発行代金については，これを一種の預り金として処理する会計慣行が古くから存したところ，簿記に関する解説書の中にも，商品引換券等が発行された場合の会計処理について，商品引換券等が後日それと引換えに商品を引き渡すという債務を示す証券であることから，発行した際に商品券勘定の貸方に記載し，後日商品を引き渡した際に借方に記入する旨解説しているものがあり，平成10年4月に税務大学校が発行した簿記会計の解説書にも同旨の記載があることが認められる。

したがって，原告方式は，簿記の方式としては社会的に一応認知された方式であり，かつ，一定期間継続的に行われてきたことは否定できない。」(4)

③ 「しかしながら，商品引換券等，ことにプリペイドカードが発行された場合に，残高が僅少であるとか，当初から収集目的で購入したなどの理由から，顧客が引換えをすることなく死蔵したり，あるいはカード自体を紛失したり失念したために長期間引換えがなされないまま，発行者において事実上給付義務を免れることとなる部分が一定の確率で必ず発生すると考えられる。」(5)

「原告方式により処理した場合には，このような引換未了部分に係る発行代金相当額は永久に預り金として処理され続けることとなるが，かかる事態は企業の会計処理として妥当なものとはいい難い上，発行者が事実上，確定的な利益を享受するにもかかわらず，税務当局は当該発行代金部分に対する課税をなし得なくなるという税務上重大な弊害を生ぜしめることが明らかである。」(6)

④ 「本件通達の制定後，税務会計に関する解説書や税務関係雑誌，法人税法や基本通達の解説書において，原告方式に弊害があること及び商品引換券等の発行代金については通達方式によるべきことが繰り返し説明されていることが認められるところ，本件通達が発せられたのは昭和55年であり，本件事業年度までの間に17年近くもの期間が経過していることからすれば，たとえ最近の簿記の解説書の中に商品引換券等の記帳処理につき前期2のような解説をしているものが依然として存するとしても，遅くとも本件事業年度当時においては，税務申告上は原告方式によらず通達方式によるべきこと及びその合理性が既に広く知られていたというべきである。」(7)

「したがって，原告方式によりなされた本件申告は，前記3の点及びこの点のいずれの観点からしても，公正妥当処理基準に合致しない方式に基づく申告として国税通則法24条所定の更正の要件を具備していたというべきである。」(8)

⑤ 「商品引換券等の発行代金が発行時において発行者の確定的な収入になると解することに会計理論上特段の問題はなく（この場合，期末において引

換え未了の部分については引換費用の見積計上を認める必要があるが，これについては別途基本通達2-2-11に取扱いが定められている。），通達方式は，原告方式のような弊害がなく，公正かつ妥当な方法であると認められる上，前記4のとおり，本件事業年度当時，企業の会計処理の基準として既に広く知られたものとなっていたのであるから，このような通達方式により原告の所得額を算定することは適法である。」[9]

3 公正処理基準該当性

(1) 法人税法22条4項「公正処理基準」の趣旨

法22条4項の「一般に公正妥当と認められる会計処理の基準」という，いわゆる公正処理基準は，昭和42年の法人税法改正において税制の簡素化の一環として設けられたもので，課税所得の計算は，税法において完結的に規制するよりも適切に運用されている企業の会計慣行に委ねることの方がより適当であるという考えの下，導入された。

公正処理基準が設けられた趣旨に関して，昭和42年当時の課税当局者の説明（以下「立法趣旨」という）は，次のとおりである（少々長くなるが，この後も利用するので引用する）。

「ここにいう『一般に公正妥当と認められる会計処理の基準』とは，<u>客観的な規範性をもつ公正妥当と認められる会計処理の基準という意味であり，明文の規定があることを予定しているわけではありません</u>。企業会計審議会の『企業会計原則』は，『企業会計の実務の中に慣習として発達したもののなかから一般に公正妥当と認められたところを要約したもの』といわれており，その内容は規範性をもつものばかりではありません。もちろん，税法でいっている基準は，この『企業会計原則』のことではないのであります。

むしろ，この規定は，<u>具体的には企業が会計処理において用いている基準ないし慣行のうち，一般に公正妥当と認められないもののみを税法で認めないこととし，原則としては企業の会計処理を認めるという基本方針を示した</u>

ものであるといえましょう。

　したがって，特殊な会計処理について，それが一般に公正妥当な会計処理の基準にのっとっているかどうかは，今後，種々の事例についての判断（裁判所の判断を含む）の積み重ねによって明確にされるものと考えます。」（傍線―筆者）⁽¹⁰⁾

　したがって，公正処理基準の立法趣旨は，「この規定は，具体的には企業が会計処理において用いている基準ないし慣行のうち，一般に公正妥当と認められないもののみを税法で認めないこととし」，さらに特殊な会計処理が公正処理基準に適合するかどうかは，「今後，種々の事例についての判断（裁判所の判断を含む）の積み重ねによって明確にされる」としていることから，ある具体的な基準ないし慣行にのっとった会計処理を妥当とするかどうかの判断を公正処理基準に任せていることになるが，特殊な会計処理については公正妥当かどうかは判例等の積み重ねによるとしているのである。

　繰り返しこの立法趣旨を解釈すると，「一般に公正妥当と認められないもののみを税法で認めない」との意味は，会計基準や会計慣行から妥当な会計処理であるとしても，「税法で認めない」としているので，税法の基準で認めない，つまり具体的には，税法が企図している公正処理基準でもって税法の会計処理として妥当かどうかを判断するといっているのである。

　かかる解釈は，大竹貿易事件（最高裁平成5年11月25日判決）での「法人税法22条4項は，現にした利益計算が法人税法の企図する公平な所得計算という要請に反するものでない限り，課税所得の計算上もこれを是認する」という判示や，「このような処理（人為的に操作する余地を生じさせる会計処理―筆者注）による企業の利益計算は，法人税法の企図する公平な所得計算という観点からも是認し難い」との判示からもわかるように，昭和42年の改正時の立法趣旨と全く同じであることがわかる。

　換言すれば，大竹貿易事件判決は，立法趣旨に則った判断を示したことになる。時系列的にも，大竹貿易事件は平成5年判決であり，本件は平成13年判決であるので，素直に読むと，当然，大竹貿易事件の判断を踏襲して本件の判断がなされていると考えられる。

そうすると，原告側は，「法人税の課税目的に照らして企業会計の処理をそのまま受け入れることが適当でない部分についてだけ法に特段の定めをおいて規制を加える」としているところから，公正処理基準で認められる会計処理はそのまま税法でも認めることを前提とするが，税法の目的（ただし，税法の目的とは何かはっきりしないが）に照らして，認められない場合は，租税法律主義に則り別段の定めとするとする主張は，一見，立法趣旨と同じように思えるが，この主張は企業会計上の公正処理基準と税法上の公正処理基準を同一視するもので，立法趣旨および大竹貿易事件が前提している公正処理基準と異なることがわかる。

つまり，大竹貿易事件は，立法趣旨を受けて企業会計上の公正処理基準と税法上の公正処理基準を区別して，前者の基準をさらに後者の基準で判断するといっているのであって，原告の主張は失当であると言わざるを得ない。

これに対し，被告および判決は，「税法解釈上支障を生じ，公正妥当な内容の基準であると認められない慣行は，同項にいう公正処理基準に該当しない」（被告）とか「適正公平な税収の確保という観点から弊害を有する会計処理方式は，法22条4項にいう公正妥当処理基準に該当しない」（判決）とか「法22条4項が，適正公平な税収の確保という観点から看過し難い重大な弊害を有する会計慣行をも許容する趣旨で新設されたとは到底解し難い」（判決）とかいうことから窺えるように，公正処理基準自体を会計処理の是非を判断する手段として用いており，その際の判断基準が税法解釈上の指針であり，適正公平な税収の確保であるとしているのである。

（2）「預り金処理」（原告方式）の公正処理基準該当性

判旨も認めるように，「商品引換券等を発行した場合の発行代金については，これを一種の預り金として処理する会計慣行が古くから存し」ていた。何故このような会計慣行が生じたのか。おそらく，企業会計が収益計上基準として「販売基準」を採用するところから，商品や役務（以下「商品等」という）の給付請求権を表彰する商品引換券等は，その請求を待って商品の引渡しや役務の提供（以下「商品等の引渡し」という）が行われることになり，商品引換券等を発行しただけでは，具体的な商品等の引渡しがないので，企業会計上は現実の

商品等の引渡しの時点において収益を計上する方が一般的な収益計上基準との整合性が得られるという考え方に立って，預り金処理，つまり原告方式が定着してきたと思われる。

また，商品引換券等の発行時に預り金に計上し，商品等の引換えが行われた時に収益に計上するという会計処理は，売上原価を明確にする必要性からも支持される。

要するに，「商品引換券の発行時点において収益を計上することは，……企業会計では採用されていないところであり，またこれを収益として計上する慣行も存在しない。これを税法上収益に計上する取扱いを定めたことは会計上の基本的な考え方及び会計慣行を認めないものであって，適当な取扱いとはいえない」(11) と，批判されよう。

つまり，商品引換券等の発行時に預り金処理し，商品引換券等の給付請求権に基づいて商品等を引き渡したときに収益に計上する会計処理が会計理論であり，そのように会計処理することが会計慣行であったといえるのである。まさしくこれが原告方式である。

一方，通達2-1-33（現行は通達2-1-39）でもって，「商品引換券等を発行した日の事業年度の益金の額に算入する」を本則とし，会計慣行へと移行していった理由はどこにあったのだろうか。

同通達を新設した直後の国税庁監修の『改正法人税通達逐条解説』によると，①商品引換券等の発行代金は，その性質上，発行者にとって確定的な収入なのに，エンドレスに預り金処理されたままになる虞がある，②この通達発遣までは国税局等の指導により，発行時に収益計上したり，また預り金処理したりとバラバラであったので，早急に税務上の取扱いを明確にする必要があり統一したのだと理由が述べられている(12)。ここでわかるように，原告方式の有する弊害に鑑み，税務上の取扱いを統一化，明確化するという理由付けの下，原告方式を認めていたにもかかわらず，通達による会計の慣行化が図られているのがわかるのである。

ここで本判決に目を転じると，被告の主張は，この『逐条解説』の本と同じで，「原告方式による場合には，このような商品引換券等につき永久に収益計上がされないこととなり，税務処理上大きな弊害が発生する」という。また，

判決でも，原告方式では「発行者が事実上，確定的な利益を享受するにもかかわらず，税務当局は当該発行代金部分に対する課税をなし得なくなるという税務上重大な弊害を生ぜしめることが明らかである」という。結局，この「税務処理上大きな弊害」「税務上重大な弊害」が適正公平な税収の確保という観点からの弊害であり，公正処理基準の判断基準となったものと考えられる [13]。

要するに，預り金処理（原告方式）は，企業会計上の公正処理基準ではあるが，適正・公平な課税という観点から税法上の公正処理基準としては適当でないとして，否定され，「別段の定め」ではないが通達規定が税法上の公正処理基準であると判断したのである。

(3) 通達で定める会計方式（通達方式）の公正処理基準該当性

通達規定が税法上の公正処理基準となり得るかについての見解は，被告（課税庁）および判決で一致している。それは，当事者間で合意を得た上で，「一般に公正妥当と認められる」ことが必要で，当該会計処理が会計慣行となって，社会的承認を得ていることを要求しているようだ。つまり，「本件通達新設後，本件事業年度までの間に20年近くもの期間が経過しているところ，この間に本件通達の定める会計処理の方法は公正で妥当な会計処理の基準として社会に広く定着するに至っている」（被告）とか，「遅くとも本件事業年度当時においては，税務申告上は原告方式によらず通達方式によるべきこと及びその合理性が既に広く知られていたというべきである」（判決）との主張となって現れている。

このような観点は，「リース会計事件」（福岡地裁平成11年12月21日判決）において，本件に先立つ2年前に判断の基礎となったであろう考え方が出されている。

「リース会計基準が公表されて3年足らずであって，当該リース会計が会計慣行として確立するに至っておらず，一般に公正妥当と認められる会計処理基準とは認められないとした」。

通達を会計慣行化できた要因は，本件通達新設理由であった商品引換券等の未使用に係る部分が負債としてエンドレスに残留すること，つまり法人の財務状態の不健全性に対する合意であろう。すでに発行者にとって確定的収入であるのに，課税されないまま預り金として残る点への不信感であり，ここに担税

力有りとして発行時に収益計上して課税をしてきたのである⁽¹⁴⁾。

　もちろん，通達方式が会計理論でも会計慣行でもなかったことは，すでにみてきた。企業会計は原則として，実現主義である販売基準を採用していること，また収益に対応する売上原価を明確にする必要があることなどから，通達方式は採用できなかったのである。

4　おわりに

　大竹貿易事件は昭和42年の立法趣旨を踏まえた判決であった。つまり，法22条４項の公正処理基準は，企業会計上の公正処理基準を第１のフィルターとしており，それを税法上の公正処理基準という第２のフィルターでチェックをする。したがって，法22条４項は，２つの公正処理基準で構成されている。

　企業会計上の公正処理基準である預り金方式（原告方式）は，なぜ否定されるのか。それは税法上の公正処理基準が，適正かつ公平な課税とする法人税の趣旨目的を反映するものであるため，プリペイドカードの販売においては，その趣旨目的のチェックにより否認されたのである。

　通達方式（課税庁のいう方式）は，別段の定めではないのに，通達において課税された。それは租税法律主義の観点から問題である。通達方式は公平な課税という目的の観点からは適正と考えられたため是認された。この際の判断材料として，公正処理基準の中では，慣行性があることが判断材料として含まれていることが明らかになった。この判断は２年前のリース会計事件（平成11年福岡地裁）判決にはっきりと現れている。

[注]

（１）『判例タイムズ』第1094号（判例タイムズ社，2002年），128頁。
（２）同上，129頁。
（３）同上。
（４）同上。
（５）同上。
（６）同上。

第3章　プリペイドカード事件　85

（7）同上。

（8）同上。

（9）同上。

（10）藤掛一雄「法人税法の改正」国税庁『昭和42年改正税法のすべて』（大蔵財務協会，1967年），76頁。

（11）武田昌輔「商品券等の収益計上基準」『税経通信』第45巻第4号（税務経理協会，1990年），7頁。

（12）四元俊明・渡辺淑夫・戸島利夫共著『改正法人税通達逐条解説』（税務研究会出版局，1980年），77-78頁。

（13）末永英男「簿記・会計理論は『公正処理基準』となりうるか？」『熊本学園商学論集』第10巻第2・3号（熊本学園大学商学会，2004年），228頁。

（14）四元他，前掲注（12），77頁参照。

第4章

第4章

興銀事件

（最高裁第二小法廷平成16年12月24日判決）

1　はじめに

　日本興業銀行（以下「興銀」という）事件[1]は，税額が大きいことや住専処理というバブル経済の後始末に関連したものであり，金融機関の不良債権処理という1990年代半ばから続いた大きな政治的・経済的課題に関わるものとして注目を集めた事件である。そして，一審の東京地裁から控訴審の東京高裁においては事実関係についてはほとんど争いがないにもかかわらず，両裁判所の判断は正反対に分かれ，最高裁が地裁判決を支持して高裁判決を破棄自判するという異例の展開となっている。

　そこで，本件においては，法人税法の趣旨・目的による解釈をどう評価しているのか，また，法人税法（以下「法」という）22条4項の「公正処理基準」をどのように解釈しているかを検討する。

　そのうえで，裁判所が，法22条4項の「公正処理基準」をどのような意味・内容と解して，どのように適用しているのかを明らかにする。

2　事実の概要

　興銀は，平成7年4月1日から同8年3月31日までの事業年度（以下「本件事業年度」という）分法人税について，同行が住宅金融専門会社の一社である日本ハウジングローン（以下「JHL社」という）に対して有する貸付債権3,760億5,500万円（以下「本件債権」という）を平成8年3月29日付けで債権放棄（以下「本件債権放棄」という）したうえで，本件債権相当額を貸倒損失として損金

に算入し，平成７年事業年度の確定申告をした。

　これに対し，課税庁は，本件債権のその全額が回収不能とは認められないこと，本件債権放棄は解除条件付債権放棄となっているため，係争事業年度に本件債権放棄が確定しているとは認められないから，本件債権放棄に係る放棄額は損金の額に算入することはできないとして，更正処分等（納付すべき法人税額1,285億1,210万6,600円，過少申告加算税額191億9,263万3,500円）を行った。

　一審では，興銀が勝訴し，控訴審では逆転して興銀が敗訴し，上告審では再び興銀が勝訴した。

3　争点および当事者の主張

（1）　争　　点

争点１　本件債権が平成８年３月末時点において，その全額が回収不能であったか否か。

争点２　本件債権放棄によって本件債権相当額につき，法人税法上の損金と評価し得る損失が発生したと認められるか否か。

（2）　興銀の主張

　平成８年３月期に原告が本件貸出金償却を行い，本件債権の全額を「損失」として計上したことは，商法上，「企業会計の専門家の通説を含む企業関係者の社会通念」に照らして本件債権の取立不能を合理的に判断したものであり，また，企業会計上も適正なものである。

　そして，法22条は「別段の定め」がない限り，損失の額を公正処理基準に従って計算すべきものとしているところ，被告は，同条にいう具体的な「別段の定め」を何ら主張し得なかったのであるから，公正処理基準に基づいて計上された本件債権に係る損失の金額が「損金」として取り扱われるべきことは同条に照らして明らかといわざるを得ない。

第4章　興銀事件　89

（3）　課税庁の主張

　公正処理基準に関する原告の主張は，公正処理基準が企業会計上の処理に絶対的に依存するとする前提において最高裁判所平成5年11月25日第一小法廷判決および同裁判所平成6年9月16日第三小法廷決定と異なる立場に立つものであるうえ，解除条件付債権放棄のときに常に損失を計上し，解除条件が成就したときには収益を計上するという原告主張の会計処理は，損失計上時期を任意に操作し，あるいは損失そのものを人為的に生み出すことによる利益操作を可能にするものであるため，事実上の回収不能による貸倒損失および貸倒引当金（本件当時は債権償却特別勘定）の計上に関する基準に照らしても，それ自体，法22条4項の公正処理基準に適合するものではない点でも理由がない。

　債権・債務を介する外部取引による損失の場合，法22条3項3号にいう「当該事業年度の損失」とは，経済的実質において当該事業年度において確定しているものをいうと解すべきである。

4　判決要旨

（1）　東京地裁

　法22条3項3号は，法人の有する金銭債権が回収不能になったことによる損失の額は，各事業年度の所得の金額の計算上損金の額に算入される旨定めているが，法人税法33条2項が金銭債権について評価損の計上を禁止していることに鑑みると，金銭債権が回収不能になったことによって損金の額に算入することができるのは，金銭債権の全額が回収不能である場合に限られているものと解される。法人税基本通達9-6-2もこのことを明らかにしている。

　債権の全額が回収不能か否かについては，法人税法が法人の合理的な経済活動によってもたらされる利益に着目して法人税を課していることからすると（法4条），合理的な経済活動に関する社会通念に照らして判断するのが相当であり，法的措置を講ずれば，ある程度の回収を図れる可能性がないとはいえない場合においても，債務者の負債および資産状況，事業の性質，債権者と債務

者との関係，債権者が置かれている経済的状況等諸般の事情を総合的に考慮し，法的措置を講ずることが，有害または無益であって経済的にみて非合理的で行うに値しない行為であると評価できる場合には，もはや当該債権は経済的にも無価値となり，社会通念上当該債権の回収が不能であると評価すべきである。

平成8年3月末時点において，興銀がJHL社に対する債権を全額放棄したとしても，一般行および系統の債権の全額を返済することは不可能であったこと，興銀がJHL社に対して債権の全額を放棄せざるを得ないことは関係者の共通の認識であったこと等からみて，本件債権は，同時点において社会通念上回収不能の状態にあったというべきである。

損金算入の前提として，損失の確定を要するとしても，そこでいう確定とは，一般に税法上の権利確定主義という用語でいわれる際の確定と同義のものと解すべきであって，抽象的な権利義務の発生にとどまらず訴訟において請求または確認し得る程度に具体的に発生していることを意味するものと解されるべきであり，本件債権放棄をみると，その内容は民法127条2項にいう解除条件にあたり，その意思表示後条件成否未定の間も債権放棄の法的効力は発生しており，その効果は，抽象的なものではなく，訴訟においても本件債権の不存在が確認される程度に具体的に発生しているのであるから，損失の発生は確定しているというべきである。

（2）　東京高裁

法22条4項は，各事業年度の収益の額および損金の額に算入すべき金額は，一般に公正妥当と認められる会計処理の基準に従って計算されるべきものとする旨を定めている。これは，法人所得の計算が原則として企業利益の算定技術である企業会計に準拠して行われるべきことを意味するものである。企業会計の中心をなす企業会計原則や確立した会計慣行は，網羅的とはいえないため，国税庁は，適正な企業会計慣行を尊重しつつ個別的事情に即した弾力的な課税処分を行うための基準として，法人税基本通達を定めている。企業会計も同通達の内容を念頭に置きつつ会計処理がなされることも否定できないところであるから，同通達の内容も，その意味で法22条4項にいう会計処理の基準を補完し，その内容の一部を構成するものと解することができる。そして同条項が単

なる会計処理の基準に従うとはせず，それが一般に公正妥当であることを要するとしている趣旨は，当該会計処理の基準が一般社会通念に照らしても公正で妥当であると評価され得るものでなければならないとしたものである。しかし，法人税法が適正かつ公正な課税の実現を求めていることも無縁ではない。

　金銭債権のうち経済的に無価値となった部分の金額を確定的に捕捉することが困難であることから，法33条2項では，金銭債権については，評価減を認めないことが原則とされている。したがって，不良債権を貸倒れであるとして資産勘定から直接に損失勘定に振り替える直接償却をするためには，全額が回収不能である場合でなければならず，また，同貸倒れによる損金算入の時期を人為的に操作し，課税負担を免れるといった利益操作の具に用いられる余地を防ぐためにも，全額回収不能の事実が債務者の資産状況や支払能力等から客観的に認知し得た時点の事業年度において損金の額に算入すべきものとすることが，一般に公正妥当と認められる会計処理の基準に適合するものというべきであり，法人税基本通達9-6-2も，このことを定めたものということができる。

　本件金銭債権は，平成8年3月末時点においてJHL社の正常資産および不良資産のうち回収が見込まれるものの合計額は，その当時，少なくとも1兆円は残されていたことが推認され，この金額は，JHL社の借入金総額の40％に上るのであるから，このようなJHL社の客観的な財務状況に鑑みると，平成8年3月末時点において，本件債権が全額回収不能でなかったことは明らかである。

　解除条件付きの本件債権放棄は，平成8年3月期決算において本件債権を償却できることを見越して平成7年11月以降株式売却を積極的に行って得た4,603億円もの売却益に対する税負担を回避することができる一方で，住専処理法が成立に至らなかった場合に株主代表訴訟の責任を追及されるおそれも回避できるということを意図して行われたものであった。このような解除条件の付された債権放棄に基づく損失の損金算入時期を当該意思表示のされた事業年度としたときは，本来，無条件の債権放棄ができず，当該事業年度において損金として計上することができない事情があるにもかかわらず，法人側の都合で損金計上時期を人為的に操作することを許容することになるのであって，一般的に公正妥当と認められる会計処理の基準に適合するものとはいえない。

（3） 最高裁

　法人の各事業年度の所得の金額の計算において，金銭債権の貸倒損失を法22
条3項3号にいう「当該事業年度の損失の額」として当該事業年度の損金の額
に算入するためには，当該金銭債権の全額が回収不能であることを要すると解
される。そして，その全額が回収不能であることは客観的に明らかでなければ
ならないが，そのことは，債務者の資産状況，支払能力等の債務者側の事情の
みならず，債権回収に必要な労力，債権額と取立費用との比較衡量，債権回収
を強行することによって生ずる他の債権者とのあつれきなどによる経営的損失
等といった債権者の事情，経済的環境等も踏まえ，社会通念に従って総合的に
判断されるべきものである。

　興銀は，平成7年9月以降のJHL社の整理方法についての系統との協議にお
いても，系統が完全母体行責任による処理を求めたのに対し，貸出金全額の放
棄を限度とする修正母体行責任を主張し，債権額に応じた損失の平等負担を主
張することはなかった。これは，本件新事業計画を達成できなかったことにつ
き，系統から信義則上の責任を追及されかねない立場にあったからである。

　興銀が本件債権について非母体金融機関に対して債権額に応じた損失の平等
負担を主張することは，それが前記債権譲渡担保契約に係る非担保債権に含ま
れているかどうかを問わず，平成8年3月末までの間に社会通念上不可能と
なっており，当時のJHL社の資産等の状況からすると，本件債権の全額が回収
不能であることは客観的に明らかになったというべきである。そして，このこ
とは本件債権の放棄が解除条件付きでなされたことによって左右されるもので
はない。

5　過去の判例の動向

　貸倒損失の認定基準や計上時期については，興銀事件の最高裁判決が初めて
の判断を示したものであるが，過去の裁判例を参照してみると以下のような裁
判例が存在した。

　①　大阪地裁昭和44年5月24日判決 [2]

② 水戸地裁昭和48年11月 8 日判決 [3]

③ 東京地裁昭和49年 9 月24日判決 [4]

④ 横浜地裁昭和52年 9 月28日判決 [5]

⑤ 東京地裁平成元年 7 月24日判決 [6]

⑥ 名古屋地裁平成 4 年 5 月 8 日判決 [7]

⑦ 横浜地裁平成 5 年 4 月28日判決 [8]

⑧ 東京地裁平成11年 3 月30日判決 [9]

⑨ 福井地裁平成13年 1 月17日判決 [10]

　過去の裁判例を参照してみると，貸倒損失の解釈・認定について「社会通念」なる用語が一切使われていない。また，「回収不能が客観的に明らかであること」という文言について「損失の確定」ということの関係でどのように理解するかが問題となるが，「確定」という文言が使用されたのは，①大阪地裁判決と④横浜地裁判決の 2 件である。大阪地裁判決は，貸倒損失計上に関し，「法人税の場合には，国家財政上および国民経済上の見地から，法人のいかなる純資産の増加に，担税力の基礎となる所得を認めるべきかという政策的観点に立って，税額の計算をし，課税の公平を図ろうとするものであるから，純資産減少の原因となるべき事実について，企業会計の場合よりも厳格なある種の制約を加えることは，当然起こりうることである」と判示し，「売掛金，貸付金等の債権の貸倒損失については，純資産減少の原因となる事実，つまり債務者が支払能力を喪失した等の事情により当該債権の回収が不能となる事実が確定した場合に，所得の計算上，その事実の確定した日の属する事業年度の損金となるのである」と判示している [11]。

　それ以外は，「回収できないことが明らか」（⑤東京地裁判決，⑦横浜地裁判決），「回収できないと認められるような場合をも含む」（②水戸地裁判決），「回収見込みのないことが客観的に確実になった」（③東京地裁判決，⑥名古屋地裁判決），「回収不能が客観的に確認できる」（⑨福井地裁判決），「回収不能の事態が客観的に明らかである」（⑧東京地裁判決），という文言で表現されてきた。

　損失の計上については，費用のような債務確定主義が明示されていないが，債務確定主義が費用計上における任意な見積計上の排除と確定的な費用計上を

意図しているものと解されるところ，その趣旨は期間損金である損失の計上にも生かされていると解される。なぜなら，税法上要請される租税収入の確保，課税の公平等の観点から債務確定主義の趣旨である確実性の要請は損金全般に及ぶものと解されているからである[12]。

6 貸倒れに関する公正処理基準の解釈

法22条4項は「第2項に規定する当該事業年度の収益の額及び前項各号に掲げる額は，一般に公正妥当と認められる会計処理の基準に従って計算されるものとする」と定め，法人税法に別段の定めが存在しない場合には，公正妥当な会計処理の基準によるものとしている。貸倒損失の問題は，まさに「別段の定め」が存在しないため，公正妥当な会計処理の基準により判断すべき問題となる。

この規定は，昭和42年に法人税法の簡素化の一環として設けられたもので，昭和42年前までは，法人税法は健全な会計処理の基準として，旧法人税法（以下「旧法」という）9条1項で「各事業年度の所得は，各事業年度の総益金から総損金を控除した金額による」ことと定められていた。そして，昭和36年当時の法人税取扱通達（基本通達）（昭和36年4月1日）51ないし52において「総益金とは法令に別段の定めのあるもののほか，資本の払込以外において，純資産増加の原因となるべき一切の事実をいう」と規定し，「総損金とは法令により別段の定めのあるもののほか，資本の払戻又は利益の処分以外において純資産減少の原因となる一切の事実をいう」と規定して，その意義を明らかにしてきた。

現行の法22条は，「総益金」，「総損金」という用語を用いることなく，「益金」については，資産の販売，有償または無償による資産の譲渡または役務の提供，無償による資産の譲受けその他の取引を益金の額に算入すべき項目としており，「損金」については，原価の額，費用の額および損失の額を損金の額に算入すべき項目であることを規定している。

旧法9条と現行の法22条において，条文に違いはあるが，旧法下における考え方をそのまま現行法に受け継いだものと解される[13]。そしてこれらは，

一般に公正妥当と認められる会計処理の基準に従って計算されることになる。

昭和42年に設けられた公正処理基準は，法人所得の計算が原則として企業利益の算定技術である企業会計に準拠して行われるべきことを意味するものである。しかしながら，公正処理基準の具体的な内容については，意見が分かれている。例えば，「健全な会計基準のうち実質的原則に関するもの」[14]とする見解，「現在の会計関係諸法令，会計慣行，事例，判例等を集大成して相当程度利用可能な会計基準を想定することも可能」[15]とする見解，「商法の計算規定や企業会計原則が大きな影響を与える」[16]とする見解，「企業会計原則そのものを指称する」[17]とする見解，「本来，特定の会計処理の基準を限定的に指し示すものとして用いられるものではない」[18]とする見解，「その中心をなすのは，企業会計原則・同注解，企業会計基準委員会の会計基準・適用基準等，中小企業の会計に関する指針，中小企業の会計に関する基本要領や，会社法，金融商品取引法，これらの法律の特別法等の計算規定・会計処理基準等であるが，それに止まらず，確立した会計慣行を広く含むべきであろう」[19]とする見解等々である。

法22条４項は，法人税法上「別段の定め」の規定がない限り，企業会計の方法を尊重しようという趣旨の規定であると考えられるから，「一般に公正妥当と認められる会計処理の基準」を狭く解することは妥当ではない。したがって，企業会計原則，財務諸表等規則，商法施行規則，旧商法32条２項にいう「公正ナル会計慣行ヲ斟酌スベシ」，会社計算規則（平成18年２月７日法務省令第13号），会社法（平成17年７月26日法律第86号）431条にいう「企業会計の慣行に従うものとする」等々を広く含むと解すべきである。

しかし，ここで問題となるのは，興銀事件最高裁判決は，あくまで金融機関の貸付金の貸倒れを対象としており，また，企業会計は売掛金と貸付金とを「金銭債権」として一括にし，法人税法は両者を「貸金等」として一括にし，性質の異なるものであるにもかかわらず区別されていないことである。さらに，昭和25年から幾度も改正を経てきた貸倒れ通達においても，主に売掛金を念頭に置いたものと推測され，また，今日までの貸倒れをめぐる諸判例にも貸付業務を主業とする金融機関に関するものは存在しない。

そこで，金融機関の貸倒れについて，「債権が存在しても経済的に無価値で

あるときとか，債権の取立費用が債権額を上回っているなど，社会通念上取立が不可能であるときは，取立不能といえる」[20]とした上で，「回収不能とは，債務者の収益力による返済能力を超えているという意味ではない。債務者の窮状がもう少し進行して，社会通念上，現状のみならず将来にわたって回収を期待することができない状態であり，かつ，かかる状態が客観的事実により容易に認定できる場合を指す」[21]との見解がある。この見解は，従来から金融機関の債権償却に定着しており，興銀事件最高裁判決や企業会計の規定と通底するものである。

また，金融機関の経理処理においては，真実性の原則，明瞭性の原則および継続性の原則を尊重するとともに，収益および費用は原則として発生主義により正確に計上し，期間損益の実態を明確にして各期の経営成績を明らかにしなければならないが，金融機関が経理処理を行う場合，大蔵省銀行局から出された「銀行における経理基準について」（昭和42年9月30日蔵銀第1570号，以下「経理基準」という）という通達に従って処理されることになる。また，法人税法上の償却については，大蔵省銀行局の通達「不良債権償却証明制度実施要領」（昭和30年3月24日銀秘第933号，以下「償却証明制度」という）により定められている。

金融機関の経理基準では，第Ⅲ分類および第Ⅳ分類の債権[22]は貸借対照表能力を喪失したものとし当該金額の償却を行うべき旨を定めていた[23]。第Ⅳ分類に該当する債権については，法人税法上においても原則として無税償却が認められている。第Ⅲ分類に該当する債権については，税務上有税償却することになる。この償却が規定された理由は，旧商法が金銭債権の評価について，「金銭債権ニ付取立不能ノ虞アルトキハ取立ツルコト能ハザル見込額ヲ控除スルコトヲ要ス」と規定していることによるものとされている[24]。

法人税法上の取扱いにおける償却証明制度は，平成5年の金融制度改革に伴い廃止され，新たに「不良債権証明制度等実施要領について」（平成5年11月29日蔵検第439号）という通達により規定されることとなった。この通達では「金融機関等の不良債権償却証明制度は，国税庁との協議に基づき実施され，金融証券検査官が第Ⅳ分類及びこれに準ずるものとして証明した不良債権の金額は，原則として法人税法上損金に認められることとなっている」[25]とされている。

しかし，この通達もわが国の経済情勢の変化に対応できなくなり，平成9年7月に廃止されることになるが，金融制度調査会は，平成7年12月に金融行政のあり方の見直しを含めた新しい金融制度の構築を目的とした「早期是正措置」の制度化を答申し，この制度が平成8年6月に法律化され，平成10年4月に正式に導入された。そして，この制度を担う金融監督庁が平成10年6月に発足した。早期是正措置制度導入に伴い，平成10年6月に決算経理基準⁽²⁶⁾が廃止され，金融機関の償却についても一般企業と同様に，旧商法（現会社法）や企業会計原則が直接適用されることとなった。

したがって，金融機関の貸倒れにおいては，企業会計および法人税法の基準を尊重するほか，大蔵省（現財務省）から出される通達に従って処理されることが義務づけられていたことからすると，この通達の内容に従って処理することが一般に公正妥当な処理の基準であると解することができる。

そうすると，法人税法は，別段の定めが存在しない限り，企業会計はもちろんのこと，一般経済取引社会において行われる慣行，考え方，計算方法，判断基準等を採用したものといえる。この趣旨であるとするならば，債権の回収不能およびその確定時期の判断も，一般的経済取引の考え方，判断によって決められるべきである。

その結果，法22条4項は，単に企業会計の一般的な基準が課税所得算定の準則となることを漠然と述べたのではなく，ある企業が商業帳簿・計算書類の作成において採用している会計方法が企業会計上「一般に公正妥当と認められる」ものであれば，それが法人税法上も尊重されると定めた規定であるという結論が得られる。

7 公正処理基準該当性の検討

では，以上のことを踏まえ，興銀事件の公正処理基準該当性について検討していく。

一審判決が法人税法4条を引用して，債権の全額が回収不能か否かについては「合理的な経済活動に関する社会通念に照らして判断する」という「経済的合理性」ないし「社会通念」を事実関係にあてはめて，「本件債権は社会通念

98

上回収不能の状態にあった」と判示している。この判示については，賛成論[27]も多かったが，法人税の課税所得の計算構造を無視し，公正処理基準の上位概念たる「社会通念」を判断基準にすることに対する批判[28]もあった。特に，利益操作に用いられる恐れが指摘されていた[29]。

　控訴審判決は，こうした一審判決の問題点として指摘された事項について，改めて判断し軌道修正を図ったことにその特徴があり，公正処理基準の意義を確認し，利益操作の可能性を排除するためには，全額回収不能の事実が客観的に認知し得た時点の事業年度の損金に算入することが公正処理基準に適合するものであるとした。

　これに対して最高裁判決は，金銭債権の貸倒損失が法22条3項3号の「当該事業年度の損失の額」に該当するため，金銭債権の全額が回収不能であることが客観的に明らかであることを要すると解釈論を展開し，要件事実を例示して社会通念に従って総合的に判断する旨判示している。すなわち「経済的合理性」や「公正処理基準」について一言も触れていない。

　一審判決は「経済的合理性」についての論拠を示していないが，その論拠が商法285条ノ4第2項であることを挙げている論者[30]がいる。

　金銭債権の取立不能の解釈は，「企業関係者の社会通念に従って合理的に判断する」ことであり，貸倒れの判定に係る一般原則は，「法的に可能な手段を全て尽くすことを前提とせず，社会通念を基準とし，債権者の合理的な経営判断に委ねられている」としている。このような解釈を前提として，貸倒れの判定基準として判示する「経済的合理性」が公正処理基準の内容として妥当なものであるとしている。

　しかしながら，法22条4項の「公正処理基準」は，昭和42年の法人税法の改正により創設されたものであり，立法担当者によれば，「課税所得の計算は，税法において完結的に規制するよりも，適切に運用されている企業の会計慣行にゆだねることのほうがより適当であると思われる部分が相当多いことも事実であります。事実，法人税においては，このような現実を前提として従来課税所得の計算を行ってきたところであります」として課税所得は，企業利益を基礎にして算出されるという原則を確認したものであることを明らかにしたうえで，さらに，「ここでいう『一般に公正妥当と認められる会計処理の基準』と

は，客観的な規範性をもつ公正妥当と認められる会計処理の基準といういみであり，明文の基準があることを予定しているわけではありません。企業会計審議会の『企業会計原則』は『企業会計の実務の中に慣習として発達したもののなかから一般に公正妥当と認められたところを要約したもの』といわれており，その内容は規範性をもつものばかりではありません。もちろん税法でいっている基準は，この『企業会計原則』のことではないのであります。（中略）したがって，特殊な会計処理について，それが一般に公正妥当と認められる会計処理の基準にのっとっているかどうかは，今後，種々の事例についての判断（裁判所の判例を含む。）の積み重ねによって明確にされていくものと考えます」と説明されている[31]。

このことからも，「公正処理基準」は，企業会計原則や商法の規定が直ちに該当するのではなく，税法の見地からの検討や，実務の積重ね，判例により形成されていくものであり，商法の解釈をそのまま持ち込むことは安易すぎる。また，商法学者においても，商法と税法では目的が異なることから，貸倒れの認定判断の基準が一致しないことや，判断に際して主観的要素が入りやすいことを認めている[32]。

したがって，商法285条ノ4第2項の解釈を援用して，法人税法の貸倒れの認定基準とすることは，公正処理基準の解釈を誤り，商法の計算規定と法人税法との目的の違いを無視するもので，不適当といえる。

なお，商法285条ノ4第2項と企業会計および法人税法上の貸倒損失との関係については，公正処理基準の導入以前の事例ではあるが，上記大阪地裁昭和44年5月24日判決がある。

興銀事件における債権放棄は，通常の金銭債権の貸倒れの場合とはその背景，事実関係に極めて特異なものが存在しており[33]，最高裁判決はそのような状況を踏まえて，貸倒れの認定要素として，「他の債権者とのあつれきなどによる経営的損失等といった債権者側の事情，経済的環境等も踏まえ，社会通念に従って総合的に判断される」という従来の裁判例や課税実務とは異なる基準を示している。

しかしながら，住専8社の母体行のうち3行以外の母体行は，債権の全額かどうかを問わず，住専向け債権の償却について，税務上損金算入していなかっ

た⁽³⁴⁾。このような事実からみても，平成8年3月末時点での住専向け債権の回収可能性に関する興銀の判断は，当時の住専母体行の「社会通念」からいえば，例外に属するものであったといえよう。

さらに，興銀の平成8年3月期の財務諸表を監査した監査法人と同じ監査法人が監査を担当した大東銀行と長野銀行の有価証券報告書の注記の例をとって，両行が住専向け債権の全額放棄，損金算入を選択しなかった処理について無限定適正意見を表明した事例を紹介し，興銀事件の債権放棄について監査法人の無限定適正意見が付されたことをもってその貸倒れ処理が税務上も適正であるとする論者に対して疑問を呈する見解がある⁽³⁵⁾。

公正処理基準は，企業会計の実務や商法の計算規定そのものではなく，適正な課税所得の算出という税法的価値判断を含んだものとして理解しなければならない。そして，公正処理基準が適正公平な課税所得の計算という税法の要請を実現するために機能していることを，大竹貿易事件（最高裁平成5年11月25日第一小法廷判決）の内容が認めている。

つまり，興銀事件は課税庁の主張および東京高裁判決が，公正処理基準からの適正課税の要請や法的ないし外形的事実の発生を重視し，法人税法の解釈や過去の裁判例や課税実務の取扱いにも合致するものであり，大竹貿易事件の意向を汲んだ判断だったと考えられる。

8 おわりに

法人税法の趣旨である適正・公平な課税という考え方を法22条4項の公正処理基準該当性の判断に織り込むという考え方は，法人税法1条のいう「その納税義務の適正な履行を確保するため必要な事項」に該当するため，法22条4項は，法人税法が租税法の見地からみた適正な所得計算を行わせるための規定であるといえる⁽³⁶⁾。

そこで興銀事件において，興銀側は，法22条は「別段の定め」がない限り，損失の額を公正処理基準に従って計算すべきものとしている以上，企業会計上も適正な処理と認められたものを税法上否認することは許されないとし，法22条4項を「企業会計上の公正処理基準」と考えている。

これに対して，課税庁側は，興銀側の主張について，公正処理基準が企業会計上の処理に絶対的に依存するとする前提において最高裁判所平成５年11月25日第一小法廷判決（大竹貿易事件）および同裁判所平成６年９月16日第三小法廷決定（エス・ブイ・シー事件）と異なる立場に立つものであるうえ，解除条件付債権放棄のときに常に損失を計上し，解除条件が成就したときには収益を計上するという原告主張の会計処理は，損失計上時期を任意に操作し，あるいは損失そのものを人為的に生み出すことによる利益操作を可能にするものであるため，それ自体，法22条４項の公正処理基準に適合するものではない点でも理由がないとし，法22条４項を「税法上の公正処理基準」と考えている。

また，裁判所の判断において，東京地裁判決および最高裁判決は，社会通念に従って判示し，最高裁判決では，「経済的合理性」や「公正処理基準」については一言も触れていない。

控訴審判決は，一審判決の問題点として指摘された事項について，改めて判断し軌道修正を図ったことにその特徴があり，公正処理基準の意義を確認し，利益操作の可能性を排除するためには，法人税法が適正かつ公正な課税の実現を求めていることも無縁ではなく，法人側の都合で損金計上時期を人為的に操作することを許容することは，一般的に公正妥当と認められる会計処理の基準に適合するものとはいえないとし，法22条４項を「税法上の公正処理基準」と捉えて判示しているものと考える。

よって，興銀事件においては，課税庁の主張および東京高裁判決が，法人税法の解釈や過去の裁判例や課税実務の取扱いにも合致するものであり，大竹貿易事件の意向を汲んだ判断だったと考えられる。

[注]────────────────────

（１）東京地裁平成13年３月２日判決（平成９年（行ウ）第260号）『判例時報』第1742号，東京高裁平成14年３月14日判決（平成13年（行コ）第94号）『判例時報』第1783号，最高裁第二小法廷平成16年12月24日判決（平成14年（行ヒ）第147号）『判例時報』第1883号。

（２）大阪地裁昭和44年５月24日判決（昭和40年（行ウ）第121号）『税務訴訟資料』第56号，703頁。

（３）水戸地裁昭和48年11月８日判決（昭和47年（行ウ）第３号）『判例タイムズ』第303号，238頁。

（4）東京地裁昭和49年9月24日判決（昭和45年（行ウ）第107号）『税務訴訟資料』第76号，786頁。

（5）横浜地裁昭和52年9月28日判決（昭和48年（行ウ）第12号）『税務訴訟資料』第95号，633頁。

（6）東京地裁平成元年7月24日判決（昭和59年（行ウ）第69号）『税務訴訟資料』第173号，304頁

（7）名古屋地裁平成4年5月8日判決（昭和62年（わ）第560号）『税務訴訟資料』第224号，1267頁。

（8）横浜地裁平成5年4月28日判決（昭和63年（行ウ）第22号）『税務訴訟資料』第195号，243頁。

（9）東京地裁平成11年3月30日判決（平成7年（行ウ）第282号）『税務訴訟資料』第241号，564頁。

（10）福井地裁平成13年1月17日判決（平成10年（行ウ）第12号）『税務訴訟資料CD-ROM版』第250号，第三一2（三）（3）。

（11）大阪地裁判決，前掲注（2），717頁。

（12）品川芳宣「法人税法における貸倒損失の計上時期」金子宏先生古稀祝賀『公法学の法と政策　上巻』（有斐閣，2000年），444頁。

（13）益金・損金について，「資本取引以外の取引で純資産の増減の原因となるべきものにかかわる収入金額その他の経済的価値の増加額又は減少額」（『DHCコンメンタール法人税法1』，1103の3-1104頁）という説明がある。同様の説明は，碓井光明「法人税における損金算入の制限―損金性理論の基礎的考察―」金子宏編『所得課税の研究』（有斐閣，1991年）等にもみられる。

（14）忠佐市『税務会計法（第6版）』（税務経理協会，1978年），72頁。

（15）品川芳宣『課税所得と企業利益』（税務研究会出版局，1982年），14頁。

（16）武田昌輔『会計・商法と課税所得』（森山書店，1993年），5頁。

（17）松沢智『新版 租税実体法（補正第2版）』（中央経済社，2005年），156頁。

（18）武田隆二『法人税法精説（平成17年度版）』（森山書店，2005年），39頁。

（19）金子宏『租税法（第22版）』（弘文堂，2017年），332頁。

（20）柏谷光司「金融機関の不良債権の償却―税法上の貸倒れ損失による償却をめぐって」『金融法務事情』第701号，6頁。

（21）同上，14頁。

（22）金融監督庁が設立される以前の大蔵省金融検査部では，金融機関の有する貸付債権について第Ⅰ分類から第Ⅳ分類までの4段階に区分しており，それぞれ正常債権（第Ⅰ分類），回収に不安がある債権（第Ⅱ分類），最終の回収に重大な懸念があり損失の発生が見込まれる債権（第Ⅲ分類），回収不能若しくは無価値の債権（第Ⅳ分類）とされていた。

（23）銀行局金融年報編集委員会『銀行局金融年報（昭和43年版）』（金融財政事情研究会，1968年），133頁。

（24）同上，133頁。

（25）銀行局金融年報編集委員会『銀行局現行通達』（金融財政事情研究会，1994年），113頁。

（26）決算経理基準とは，「銀行法」（昭和56年法律第59号）が施行されたことに伴い，「普通銀行の業務運営に関する基本事項等について」（昭和57年4月1日蔵銀第901号）という

通達により定められたものである。

(27) 大淵博義「貸倒損失の認定基準と『社会通念』(1)〜(4)―日本興業銀行事件判決を素材として―」『税務事例』第33巻第12号，第34巻第1号・第2号・第3号，金子宏「部分貸倒れの損金算入―不良債権処理の一方策」『ジュリスト』第1219号，武田昌輔「興銀訴訟事件に対する判決（平13.3.2）の評釈―旧住専に対する債権の貸倒処理が認められた事例―」『税務事例』第33巻第8号，中里実『デフレ下の法人課税改革』（有斐閣，2003年）。

(28) 青柳達朗「住専向け債権放棄と貸倒損失の計上時期(上)〜(下)―東京地裁平成13年3月2日判決の検討―」『税理』第44巻第14号・第15号，木村弘之亮「興銀事件控訴審判決における部分貸倒れの認識」『税理』第45巻第8号，品川芳宣「条件付債権放棄と貸倒損失の計上時期―東京地裁平成13年3月2日判決の問題点の検討―」『税経通信』第56巻第11号。

(29) 品川・同上，32頁，木村・同上，174頁。

(30) 河本一郎・渡邉幸則「住専向け債権の『貸出金償却』をめぐる東京地裁判決―東京地裁平成13年3月2日判決の検討―」『商事法務』第1593号，76頁。

(31) 藤掛一雄「法人税法の改正」『改正税法のすべて（昭和42年版）』，76頁。

(32) 上柳克郎・竹内昭夫・鴻常夫編『新版注釈会社法(8)』〔蓮井良憲〕（有斐閣，1987年），164頁。

(33) ①興銀は債権放棄に加えてJHL社の処理損失まで負担する可能性があったこと，②法的手続きを採り得ない状況を想定した判断を示していること，③政府による処理スキームの策定，損失処理等のため立法措置があり，巨額の公的資金の投入をめぐる世論の批判など，社会問題化したこと。

(34) 矢田公一「金銭債権の貸倒損失の認定基準について」『税大論叢』第58号，229頁。

(35) 醍醐聡「条件付債権放棄の会計・税務問題―旧日本興業銀行の税務訴訟事例を素材として―」『東京経大学会誌』第250号，76-79頁。

(36) 東京地裁平成27年9月25日判決は，「法人税の適正な課税及び納税義務の履行の確保を目的（同法1条参照）とする同法の公平な所得計算という要請に反するものでない限りにおいては，法人税の課税標準である所得の金額の計算上もこれを是認するのが相当であるとの見地から定められたものと解され（最高裁平成4年（行ツ）第45号同5年11月25日第一小法廷判決），法人が収益等の額の計算に当たって採った会計処理の基準がそこにいう『一般に公正妥当と認められる会計処理の基準』（公正処理基準）に該当するといえるか否かについては，上記に述べたところを目的とする同法の独自の観点から判断されるものと解するのが相当である。」と，法人税法1条の趣旨を基礎に公正処理基準該当性の判断を下している。

105

第**5**章

中部電力事件
（東京地裁平成19年1月31日判決）
―法人税法第22条4項と有姿除却

1 はじめに

　法人の税額算定のために課税標準を算出するためには，法人税法（以下「法」という）22条により計算されることになる。具体的には，その事業年度の益金の額からその事業年度の損金の額を控除した金額とされている（法22①）。ここでいう「益金の額」とは，別段の定めがあるものを除き，資産の販売，有償または無償による資産の譲渡または役務の提供，無償による資産の譲受けその他の取引で資本等取引以外のものである（法22②）。さらには，「損金の額」とは，別段の定めがあるものを除き，その事業年度の収益に係る売上原価，完成工事原価その他これらに準ずる原価の額，その事業年度の販売費，一般管理費その他の費用の額，その事業年度の損失の額で資本等取引以外の取引に係るものである（法22③）。この場合における，収益の額および原価，費用，損失の額は，一般に公正妥当と認められる会計処理の基準に従って計算されるものとされている（法22④）。

　上記，法22条4項に規定されている「一般に公正妥当と認められる会計処理の基準」[1]がいわゆる「公正処理基準」と呼ばれる基準である[2]。

　「公正処理基準」は昭和42年の税制簡素化の一環として設けられたものである。しかし，「公正処理基準」の解釈をめぐっては，同規定創設以来，多岐にわたる議論がされてきたが，いまだ統一された見解は確立していないと言えよう。しかしながら，同基準の解釈にあたっては，大竹貿易事件[3]を契機に変化があったと思われる。

　そこで，本章においては，東京地方裁判所平成19年1月31日判決[4]（以下

106

「中部電力事件」または「本件判決」という）に注目し，電気事業者[5]が従うべき電気事業会計規則[6]が公正処理基準に該当するか否かについて考察する。

2 法人税法の趣旨目的

（1） 法人税法の趣旨目的

　法人税法は1条に同法の趣旨として，「この法律は，法人税について，納税義務者，課税所得等の範囲，税額の計算の方法，申告，納付及び還付の手続き並びにその納税義務の適正な履行を確保するため必要な事項を定めるものとする」と規定している[7]。

　法律には，「目的」または「趣旨」を規定するが，法人税法において「目的」ではなく「趣旨」が規定されていることについて武田昌輔氏は，「昭和40年の法人税法の全文改正においては，目的規定を置かず趣旨規定を置いている。……，法人税法自体の目的を書くことの必要性に乏しいことによるものと考えられる。」[8]としている。

　上記規定は，租税法律主義に基づいて法人税法におけるもっとも重要である納税義務者，課税物件，帰属，課税標準，税率，課税要件について規定している[9]。同法1条に，これら重要な要件を規定しているのは，課税要件法定主義の表れといえる。また，法1条は「納税義務の適正な履行を確保する」ことを目的としているから，これは「課税の公平」の表れであろう。換言すれば，法人税法の趣旨は，「課税の公平」にあると言えよう[10]。

（2） 課税所得の算定

　法人税法22条は各事業年度の所得金額の算定について規定している。同条1項が所得金額について規定しており，同条2項において益金の額，同条3項において損金の額，さらには，同条5項において同条2項および同条3項の資本等取引[11]について規定している。同条4項は，別段の定めがあるものを除き，同条2項および同条3項の算定にあたっては，公正処理基準によって計算することを規定している。

法人の所得計算について岡村忠生氏は以下の共通点を掲げている[12]。

① 別段の定めがある場合には，必ず別段の定めが優先する。

② 資本等取引からは，益金と損金は発生しない。

③ 益金および損金の基礎となる収益，原価，費用，損失は，いずれも公正
処理基準によって計算される。

さらに，岡村忠生氏は，法人の所得計算の仕組みについて，「法人税法は，益金および損金という所得計算の出発点として，収益や原価，費用，損失という概念を，自らは定義することなく用いていることが分かる。公正処理基準の定めから，これらは企業会計上の概念を利用しているものと理解される。つまり，法人税法の所得計算は，企業会計における利益計算を基礎として，別段の定めによりこれに修正を加えるという仕組みになっている」[13]としている。

以上より，法人の所得は企業利益をベースに計算されることになる。さらには，法人所得の算定にあたっては，公正処理基準によって計算されることになる。

3 法人税法上の公正処理基準

（1） 公正処理基準の解釈

企業会計と租税会計の関係性について，金子宏氏は，「法人の各事業年度の所得が原則として企業利益の算定の技術である企業会計に準拠して行われるべきこと（『企業会計準拠主義』）を定めた基本規定である」[14]としている。このことは，企業会計と租税会計を別個独立したものとして捉えず，法人における利益と所得の観念が共通していると認識し，二重の手間を省くための考え方である。

他方，課税庁や裁判所が法人税法の趣旨目的である「課税の公平」を理由に公正処理基準を解釈する考え方がある。この考え方について岡村忠生氏は，「課税庁や裁判所が，公平負担や税収確保の目的を背後に『公正妥当な会計処理の基準』という文言を利用して，別段の定めとして立法されていないルール

を作り出そうとする試みである」[15]としている。つまりは，企業会計における公正さよりも，租税会計における公正さが優先されているとする考え方である（以下「税会計処理主義」という）[16]。

　具体的には，興銀事件[17]において「単なる会計処理の基準に従うとはせず，それが一般に公正妥当であることを要するとしている趣旨は，当該会計処理の基準が一般社会通念に照らして公正で妥当であると評価され得るものでなければならないとしたものであるが，法人税法が適正かつ公平な課税の実現を求めていることとも無縁ではなく，法人が行った収益及び損金の額の算入に関する計算が公正妥当と認められる会計処理の基準に従って行われたか否かは，その結果によって課税の公平を害することになるか否かの見地からも検討されなければならない問題というべきである」（傍点は筆者による。と判示し，税法上の公正処理基準について法人税法の趣旨目的に沿った解釈がなされた）[18]。

　さらには，法人における利益と所得の観念が共通していないとする考え方である。この考え方について，成道秀雄氏は，「『公正処理基準』の解釈はあくまで企業会計の領域でなされるもので法人税法の解釈が入る余地はないものといえよう」[19]としている（以下「企業会計主義」という）。

　企業会計主義に基づくと，企業会計の領域においてIFRS（国際財務報告基準）の導入による影響を法人税法も受ける可能性があるため，法人税法における公正処理基準の射程範囲にも変化があると言わざるを得ない[20]。

　金子宏氏は，公正妥当な会計処理の基準の意義について，以下の３つについて注意すべきであるとしている[21]。

①　企業会計原則の内容や確立した会計慣行が必ず公正妥当であるとは限らない。
②　企業会計原則や確立した会計慣行が決して網羅的であるとはいえない。
③　公正妥当な会計処理の基準は，法的救済を排除するものであってはならない。

　上記①については，企業会計原則や会計慣行を法人税法が全て受け入れるか否かは，法人税法においても，広く一般的であり妥当であるか否かを検討する必要があるからであろう。②については，企業会計原則は原理原則を規定して

いるにすぎず，個別具体的な規定にはなっていない。そのため，法人税法が企業会計を借用概念[22]として用いていないため，収益・費用の射程範囲や年度帰属に対する問題が生じる可能性があるからであろう。③については，前述した興銀事件の判断と同様に，法人税法の趣旨に反する公正処理基準は認められないということであろう[23]。

　公正処理基準の解釈における問題点は，公正処理基準が争点となる租税訴訟があった場合に，過去の訴訟から見てみると，原告である納税者は企業会計主義に基づく主張を行い，被告である課税庁は税会計処理主義を主張し，概ね裁判所も支持する考え方である。しかしながら，税会計処理主義の根拠は，企業会計準拠主義から来ていると思われるため，納税者の考える公正処理基準と課税庁が考える公正処理基準は乖離していると言わざるを得ない。

　さらには，法人税法74条1項は，「内国法人は，各事業年度終了の日の翌日から2月以内に，税務署長に対し，確定した決算に基づき次に掲げる事項を記載した申告書を提出しなければならない」と規定しており，会社法等に基づいた決算を起点として，同法22条により所得金額を算定する旨を規定している。いわゆる確定決算主義である。租税法律主義（日本国憲法84条）に基づく検討も必要となるため，会社法における公正処理基準についての検討も必要となる。会社法上の公正処理基準については，後述することとする。

（2）　公正処理基準と親和性[24]

　法人税法における公正処理基準を検討する場合に，企業会計・会社法・法人税法の目的を確認しなければならない。企業会計は，「期間損益の適正化」を目的としている。会社法については，「株主や債権者に対する配当や債権回収可能性についての情報開示」を目的としている。法人税法については，前述したとおり，「課税の公平」を目的としている。

　公正処理基準と確定決算主義の関係性は，「法人税法は，課税所得の計算において『企業会計━→会社法━→法人税法』の順に会計規定が適用される」[25]ため，企業会計上の公正処理基準と会社法上の公正処理基準並びに法人税法上の公正処理基準における射程範囲の検討が必要になる。

　企業会計上の公正処理基準は，基本的に企業会計原則を主とし他の会計慣行

も含む。会社法上の公正処理基準は，会社の規模や業種により複数の会計慣行が含まれる。法人税法上の公正処理基準は，前述した3つの考え方がある。しかしながら，いずれの考え方を採用したとしても，全ての会計慣行が一致しているとは言えない。

法人税法上の公正処理基準について，企業会計との親和性から外れた時にどのように解釈するべきかという問題が生じる。税法は法律であるから，会社法の公正処理基準を借用概念とするか，あるいは法人税法の趣旨目的を考慮し，固有概念で解釈して解決することになる。

4 会社法上の公正処理基準

会社法において会社の計算について規定しているのは，株式会社の会計について明らかにするためである。

会社法431条は，「株式会社の会計は，一般に公正妥当と認められる企業会計の慣行に従うものとする」（傍点—筆者）と定めており，さらには，同法614条において，「持分会社の会計は，一般に公正妥当と認められる企業会計の慣行に従うものとする」（傍点—筆者）と定めており，会社法においても公正処理基準について明文化されている。

江頭憲治郎氏は，会社法において計算規則を定める目的について，株主の有限責任の制限的裏付けである同人に対する剰余金の配当など財産分配の限度額（分配可能額）を定める手段としての必要性と，会社債権者が債権回収の可能性を判断し，株主が将来のリターン・リスクを予測するなど，会社の利害関係者がそれぞれ意思決定を行う前提となる情報（会計情報）を会社から開示させる必要性を挙げている[26]。

換言すると，会社法において計算規定を設けているのは，株主に対する情報提供と会社債権者に対する情報提供を目的にしているからであろう。

会社法431条の沿革は，平成17年改正前商法32条2項に定める「商業帳簿ノ作成ニ関スル規定ノ解釈ニツイテハ公正ナル会計慣行ヲ斟酌スベシ」を引き継いだ規定である[27]。同条における「公正ナル会計慣行」とは，企業会計原則を指していると思われる。しかしながら，平成17年改正前商法32条2項は包

括規定であり，「企業会計」ではなく「会計慣行」と，「従う」ではなく「斟酌する」とそれぞれ規定していたことから，企業会計原則をそのまま商法会計の法規範として取り入れたものとして理解はされていなかった。さらには，企業会計原則は会計慣行に含まれるが，会社の規模や業種に応じ「公正な会計慣行」が複数存在すると考えられていた[28]。

　公正な会計慣行について神田秀樹氏は，「主として企業会計審議会が定めた企業会計原則その他の会計基準を意味するが，これらに限られるわけではない」[29]として，企業会計原則以外にも複数の会計基準が存在し，会社法における公正処理基準の射程範囲は広いと思われる。

　平成17年改正前商法においては，「公正ナル会計慣行」について「斟酌」を要求する規定であったが，会社法431条は，「一般公正妥当と認められる企業会計の慣行」について「従う」ことを要求する規定になった。平成17年改正前商法32条2項から会社法431条に規定する文言が変わったことの意義について，「しかしながら，文言の形式に着目すれば『一般に公正妥当と認められる企業会計の慣行に従う』ことが会社法上の『会計の原則』として明文化されたこと，すなわち『一般に公正妥当と認められる企業会計の慣行に従う』ことが会社法規範として正面から認められたことの意義は決して小さくないと考えられる」[30]と評価している。

　会社法432条は，「株式会社は，法務省令で定めるところにより，適時に，適正な会計帳簿を作成しなければならない」と規定している。

　会社法においては，株式会社が法令に基づいた会計帳簿を作成し，当該会計帳簿に基づいた決算を株主のために行うことを規定している。このことは，租税法律主義に基づいて考えると，上述した，法人税法74条1項にかかわってくる問題である。

　つまりは，わが国の税法に関しては，租税法律主義に基づいて考えるため，会社法上の公正処理基準を法人税法は受け入れることになると言えよう。

　しかしながら，会社法上の公正処理基準の射程範囲が明文化されていないため，租税法律主義もしくは確定決算主義に基づいて検討されるべき法人税法における公正処理基準の射程範囲が，不明瞭になっていると言わざるを得ない。

5　固定資産の除却

　固定資産の除却[31]とは，有形固定資産の事業用を中止し帳簿から除く処理をいい，当該固定資産につき解撤，破砕，廃棄等の除却を行った場合に除却損失として計上することができる。除却とは，「まだ使用に耐える固定資産について，将来にわたってその使用を廃止すること」[32]である。原則として，固定資産の除却は，当該固定資産を解体もしくは撤去等した場合に除却処理が認められる。

　また，岡村忠生氏は，固定資産の除却が行われた場合の問題点として，「除却された資産個々の除却価額である」[33]と指摘している。

　除却損の計上については，「使用目的のなくなった減価償却資産を撤去し，解体等したうえでスクラップの状態とし，スクラップ業者に引き渡す一連の手続きである。取り壊し費用など処分に費用がかかるが，固定資産の未償却帳簿価額にそのような費用を加算し，スクラップ業者から受け取るスクラップ処分価額があればそれを控除した額が，除却損失となる」[34]として，実際に除却して算出した除却損を計上することになる。

　例外として，当該固定資産の解体もしくは撤去等に多額の費用を要すると認められる場合には，現状有姿のまま除却することができるいわゆる「有姿除却」による除却処理が認められる。

　有姿除却については，法人税法基本通達7-7-2に記されている[35]。

　次に掲げるような固定資産については，たとえ当該資産につき解撤，破砕，廃棄等をしていない場合であっても，当該資産の帳簿価額からその処分見込価額を控除した金額を除却損として損金の額に算入することができるものとする。

・その使用を廃止し，今後通常の方法により事業の用に供する可能性がないと認められる固定資産
・特定の製品の生産のために専用されていた金型等で，当該製品の生産を中止したことにより将来使用される可能性のほとんどないことがその後の状況等からみて明らかなもの

以上より，「有姿除却」が認められるのは，当該固定資産を再利用することが不可能であると見込まれ，かつ，解撤または廃棄等を行うために多額の費用を要すると認められる場合にのみ可能となる。ただし，この場合においても，当該固定資産の処分可能見込み額を控除した残額を「除却損」として損失計上することが許される。

6 東京地裁平成19年1月31日判決への当てはめ

（1） 事実の概要

本件は，電気事業者である原告が，その保有する5基の火力発電設備について，電気事業法等に基づく廃止のための手続を執った上で，発電設備ごとに一括してその設備全部につき，いわゆる有姿除却（対象となる固定資産が物理的に廃棄されていない状態で税務上除却処理をすること）に係る除却損を計上し，これを損金の額に算入して確定申告をした。

ところが，処分行政庁である税務署長から，各発電設備を構成する個々の資産のすべてが固定資産としての使用価値を失ったことが客観的に明らかではなく，今後通常の方法により事業の用に供する可能性がないとは認められないなどとして，損金算入を否定され，増額更正および過少申告加算税の賦課決定を受けたため，これらの更正処分等は有姿除却等に関する法令の解釈を誤った違法なものであると主張して，当該更正処分等のうち発電設備の除却損の損金算入に係る部分について，取消しを求める事案である。

（2） 争　点 (36)

本件火力発電設備の除却損を損金に算入することができるか。

（3） 原告の主張

① 「一般に公正妥当と認められる会計処理の基準」としての電気事業会計規則

電気事業会計規則が公正処理基準に該当する旨を，「電気事業会計規則は，

114

『一般に公正妥当と認められる会計処理の基準』（法22④）を構成するものである。……電気事業会計規則１条４号は，『その他一般に公正妥当であると認められる会計の原則』により，その会計を整理するものと定めているが，…電気事業会計規則における公正処理基準を網羅的に定めているわけではないことがわかる。……その会計を整理するに当たって採るべき方法を極めて詳細かつ精密に規定しているが，……規則の足らざるところはどうしても公正妥当なる解釈と運用をもって補っていかざるを得ないと一般に理解されている。……電気事業者が従うべき会計基準とは，電気事業会計規則の明文規定ないし文言に限定されるものではなく，電気事業における『その他一般に公正妥当であると認められる会計の原則』をも法令上当然に包含するものなのである」と主張している。

②　電気事業会計規則の明文の規定

　固定資産の除却について実体的要件を定めた電気事業会計規則の明文規定の有無について，「……，被告が挙げている電気事業会計規則の規定は，いずれも何ら除却の実体的要件を規定したものではなく，……，ではいかなる記帳を行うべきかという具体的な会計処理における記帳の方法を規定したものにすぎないから，それらは，電気事業固定資産の除却の実体的要件とは無関係である。……，……硬直的，一義的に定まっているものではない。「電気事業固定資産」といっても，それが意味するものは，あるいは条文の文脈により，あるいは適用場面により異なるのであって，それが必ず個々の物品を指すわけではない。……，電気事業会計規則14条 [37] では，「除却」という文言が用いられているが，……電気事業固定資産につきいかなる記帳をすべきかという会計技術的問題につき規定した条文であって，いかなる場合に除却が認められるかという除却の実体的要件の問題について規定したものではない。……」とし，会計処理の規定があるのみであると主張している。

　さらには，「電気事業会計規則３条 [38] 及び別表第一は，電気事業固定資産の勘定科目の分類方法を定めたものにすぎず，これらは，除却の実体的要件や除却の対象となる資産単位とは何ら関係がない。電気事業会計規則15条 [39] は，除却の際に減額すべき帳簿価額の内訳を定める規定である。……，同条は，

除却の実体的要件を規定しているわけではないし，ましてや除却の対象となる資産単位とは何ら関係のない条文である。電気事業会計規則11条[40]は，……，同条にいう個々の資産が資産単位物品を指すとしても，それは至極当然である。しかし，そのことが電気事業固定資産の除却は資産単位物品等の個々の資産について行うべきであるという根拠になるものではない。……このことは，電気事業固定資産の減価償却については，……，かかる総合償却が電気事業会計において建前とされていることからも明らかである。このように，電気事業会計規則14条を始めとする電気事業会計規則の定めは，いかなる記帳をすべきかという会計技術的問題について規定した条文にすぎず，電気事業会計上いかなる場合に除却が認められるかという除却の実体的要件につき規定したものでないことは明らかであって，除却の実体的要件は，上記の減価償却の場合と同様の理に従い，同規則1条4号にいう『その他一般に公正妥当であると認められる会計の原則』から導くほかないのである」として，公正処理基準を根拠に会計処理をすべきである旨を主張した。

③ 本件火力発電設備の廃止への当てはめ

　発電設備の再稼働の可能性について，「……廃止以後は……発電という機能を二度と果たすことがないということを意味する。〔1〕昭和39年度以降……発電設備が廃止された例が169件ある中で，廃止後再稼働された例はそれこそ1件もなく，また，〔2〕実際にも，廃止された本件火力発電設備が再稼働されることは，多大な費用，時間，手間等の制約要因にかんがみると，社会通念上あり得なかったものである。……，本件火力発電設備がその廃止により発電という機能を二度と果たすことがなくなった以上，社会通念上，発電という本件火力発電設備の『既存の施設場所』における『固有の用途』は，完全に失われたのである。したがって，……有姿除却の要件が充足されているので，その除却は認められる。……，電気事業における『その他一般に公正妥当であると認められる会計の原則』の下での除却の実体的要件が充足されている。……したがって，法人税法22条4項の『一般に公正妥当と認められる会計処理の基準』に従い，本件火力発電設備の有姿除却とそれに基づく除却損は税務上損金として認められる」として，再稼働の前例がない旨を主張した。

さらには，除却損の計上時期について，「火力発電設備の廃止は，……，その旨を経済産業大臣に届け出ることが義務付けられており，届出をしなかった場合には罰則が科される。……，その廃止が対外的かつ客観的なものであることを示しているのである。前記のとおり，廃止された本件火力発電設備と同種の火力発電設備が再稼働された例はこれまで全国で1件も存在せず，また，本件火力発電設備の再稼働の可能性は社会通念上存在しなかったのである。このことから分かるように，電力会社によるこの廃止届の提出は，届出書記載の廃止日をもって廃止火力発電設備が以後発電の用に供することがないという会社の決定を対外的に表明する行為であり，当該廃止火力発電設備が以後発電の用に供されることがないことが客観的に明らかになった……，本件火力発電設備の廃止に係る『電気工作物変更届出書』を提出したという事実は，当該届出書記載の廃止日をもって，本件火力発電設備の発電という『既存の施設場所』における『固有の用途』が完全に失われたことを示すものである」として，経済産業大臣に届け出ることにより発電設備の廃止における客観性を主張した。

④ 本件において，電気事業会計規則上の「除却」と通常の企業会計上の「除却」の比較を持ち出すことがそもそも論理矛盾であること

電気事業会計規則と企業会計を分離して課税庁が考えていることに対し，「被告は，電気事業会計規則の各規定が，電気事業固定資産の除却に関する『一般に公正妥当と認められる会計処理の基準』を構成すると主張してきたものであり，本件における『一般に公正妥当と認められる会計処理の基準』の内容として，通常の企業会計上の基準なるものを主張したことはなかった。……，『企業会計において通常用いられる意味での「除却」』という表現を用い，初めて通常の企業会計の基準なるものを持ち出した。そして，かかる通常の企業会計の基準に基づいた場合，会計上は，本件火力発電設備の除却については除却は認められず除却損を計上できないという結論を導いている，そして，かかる結論を前提に，それと同様の会計上の結論を電気事業会計規則に基づく除却の場合にも導くため，電気事業会計規則上の除却については別途『除却損の計上』の要件を満たすことが必要と解すべきであると主張するに至っている……，被告の主張は，『一般に公正妥当と認められる会計処理の基準』という概念に

つき，それが電気事業会計規則を意味すると解しているのか，それとも通常の企業会計の基準を意味すると解しているのか，という基本的な点について，全く論理的な一貫性を欠いているという致命的な欠陥を有するものである」と主張した。

⑤　被告の新主張は，租税法の解釈として成り立たないこと

税法の解釈にあたり，「一般に，租税法上，ある取引の租税法上の効果を判断するプロセスは，〔１〕まず，当該取引が所得又は損失を実現させる実現事由を構成するか否かを判断し，〔２〕当該取引が実現事由を構成する場合は，原則として当該実現した所得又は損失は認識されるのであるが，かかる認識を例外的に繰り延べる規定があるか否かを判断し，〔３〕そのような例外的規定がなく，当該取引により所得又は損失が実現しかつ認識される場合には，当該所得又は損失の具体的な金額を計算する，……，電気事業会計規則上のものであれ，通常の企業会計上のものであれ，除却についても同様の理が妥当する。……，被告も，電気事業会計規則上のものであれ，通常の企業会計上のものであれ，除却が租税法上の損失の実現事由であることは争わないものと思われる。……，後は除却損の額を計算するという過程が問題となるのみである。そして，電気事業会計規則上の除却についていうと，かかる除却損の額の計算方法を規定しているのが，電気事業会計規則18条である。つまり，かかる計算においては，電気事業会計規則18条[41]に従い，……，除却損の計上というプロセスは，……，そこには『もはやその本来の用法に従って事業の用に供される可能性がない』などという実体的な『要件』を観念する余地はないのであるから，被告の主張は誤りというほかない。このように，被告の新主張は，税法上確立された，実現しかつ認識された損失の額を算出するための理論的な分析と相容れず，租税法の解釈として成り立たないのであって，失当である」として被告の主張の誤りを指摘した。

（4）　被告の主張

①　除却の意義

固定資産の除却について，「法人税法は，『除却』という文言を用いておらず，

特にこれについて規定を置いていないが，一般的には，まだ使用に耐える固定資産について，将来にわたってその使用を廃止することを，除却という。除却には，物理的な解撤，破砕，廃棄等をする場合と，現状有姿のまま保有する場合（有姿除却）とがあり，除却が行われた場合には，その資産は事業に対する物的給付能力を失ったのであるから，企業会計においては，その資産を貸借対照表から除去し，除却時の帳簿価額（除却価額）を除却損として計上しなければならないとされている」と主張している。

② 固定資産の除却損の損金算入が認められる法的根拠

固定資産の除却損について，「……，企業会計上，まだ使用に耐える固定資産について，将来にわたってその使用を廃止した場合には，……，法人税法上，22条3項3号に規定する『当該事業年度の損失の額で資本等取引以外の取引に係るもの』に該当すれば，同号の規定により損金の額に算入されることになる。そして，同号に定められた『損失』については，同法がその定義ないし具体的な計算方法を規定しておらず，また，除却に関する『別段の定め』も存在しないことから，除却損は，同条4項の規定に従って，公正処理基準により計算されるべきことになる。……」として，発電設備の除却損は，まず法人税法22条3項の「損失」となり，当該損失を計算するに当たり公正処理基準の適用があると主張した。

さらには，公正処理基準の適用について，「企業会計原則や商法（平成17年法律第87号による改正前のもの。以下同じ。）及び証券取引法の計算規定は，公正処理基準の中心となるものと解されているが，企業会計原則においては，固定資産の除却損に関する取扱いは明記されていない。……このように，一般的な場合においては，上記のような企業会計上の慣行が公正処理基準に該当するものと解されるから，法人税法上も，固定資産の除却損は，同法22条3項3号に規定する「損失」に該当するものとして取り扱われることになる」として，公正処理基準は法人税法22条3項の算定に対し適用すべきであるとした。

③ 電気事業者における除却損の損金算入

除却損の実体的要件として，「電気事業者の作成すべき財務諸表等について

は，……商法第281条第1項の貸借対照表，損益計算書及び附属明細書の記載
方法については，……，電気事業会計規則（括弧内省略）の定めるところによ
る。……貸借対照表，損益計算書及び附属明細書の記載又は記録の方法につい
ては，第22条の規定にかかわらず，（中略）電気事業会計規則（括弧内省略）の
定めるところによる。……，電気事業会計規則は，いわばそれらの特則と考え
ることができ，…貸借対照表，損益計算書等財務諸表の記載，作成方法につい
ては，これらの規則の特則として位置付けられているところであるとされてい
る。……，電気事業会計規則は，公正処理基準の中心となる旧計算書類規則，
商法施行規則及び財務諸表等規則の特則と位置付けられるところ，……，電気
事業会計規則14条……，同規則18条は，……固定資産除却費勘定等へ振り替え
るべき金額等の会計処理について規定している。……，本件各事業年度の当時，
電気事業において，電気事業会計規則に定めのある事項について，これと異な
る会計慣行が確立されていたという事情は認められない。……，かかる電気事
業会計規則の規定が電気事業固定資産の除却に関する公正処理基準に該当する
ものと解すべきことは明らかであり，法人税法上，電気事業固定資産の除却損
を同法22条3項3号に規定する『損失』として計上するためには，当該除却損
の計算が，電気事業会計規則の定めに従って行われたことを要するものと解す
べきである」と主張した。

④　電気事業会計規則14条による除却の対象となる資産の単位

　発電設備を一括して除却損としたことについて，「電気事業会計規則14条が，
『電気事業固定資産を除却した場合は』と定めていることからも明らかなよう
に，同条における『除却』の対象は，『電気事業固定資産』である。……，電
気事業会計規則における電気事業固定資産とは，発電設備一式ではなく，…
個々の資産をいうものとされているのであるから，……除却が認められるか否
かの判断も当然これらの個々の資産ごとに行われることが同規則上予定されて
いることは，上記各規定の文言上明らかというべきである。……，発電設備等
を構成する個々の資産ごとに行うことを同規則は予定しているものというべき
である」と主張した。

⑤　電気事業会計規則における除却の要件

　電気事業会計規則の解釈にあたり，「電気事業会計規則14条は，……『除却』の意義については，『解体，撤去（移設を含む。），破かい，等の自己の意志による具体的な物品の除去を伴うものと売却，現場廃棄，交換，贈与のごとく設備の除去を伴わないもの，火災，盗難等の災害の場合のように自己の意志によらないものを含むが，要するに既存の施設場所におけるその物品としての固有の用途を廃止して電気事業固定資産から減額することを指すのである。』（通商産業省公益事業局編・電気事業会計規則の概要68頁）と解説され，あるいは，『固定資産の除却とは，既存の施設場所において資産としての固有の用途を廃止することであり，会計的には，固定資産勘定から減額することである。「除却」には，解体，撤去など自己の意思により資産の除去を伴うものや，現場放棄や土地の売却のように設備の除去を伴わないもの，台風，火災などの災害の場合のように，自己の意思によらないものがある。」とされている（電気事業講座編集委員会編・電気事業の経理（平成９年版）106頁）。固定資産は，……，企業利益の主要な源泉となるものであるところ，……，なお本来の用法に従って事業の用に供される可能性がないとは認められないのに，単に事業者において当該固定資産を使用しないこととしたということのみで除却損の計上が許されるとすれば，これによって容易に簿外資産を創出し得ることになりかねないとともに，事業者の選択する任意の時期に損失を計上し得ることになって，真実性の原則（企業会計原則第一の一）の観点からも相当でないというべきである。……，電気事業会計規則14条に規定する電気事業固定資産の『除却』があったと認められるためには，当該電気事業固定資産が，もはやその本来の用法に従って事業の用に供される可能性がないと客観的に認められるに至った場合であることを要するものと解すべきである」と主張した。

⑥　本件火力発電設備に係る除却損の損金算入の可否

　発電設備を除却損として計上することの可否について，「前記のとおり，法人税法上，電気事業固定資産の除却損を同法22条３項３号に規定する『損失』として計上するためには，当該除却損の計算が，電気事業会計規則の定めに従って行われたことを要するところ，……，発電設備を構成する個々の資産ご

とに行うべきものと解される。……，本件火力発電設備のような発電設備一式
を単位としてその設備全体について一括して判断することは許されず，本件火
力発電設備を構成する個々の資産ごとに判断すべきことになる。……，当該電
気事業固定資産が，もはやその本来の用法に従って事業の用に供される可能性
が客観的にもないと認められるに至った場合であることを要するものと解され
る。……，本件火力発電設備を構成する個々の資産は，本件各事業年度末の時
点では，実際に解体済みであったものを除き，いまだその本来の用法に従って
事業の用に供する可能性がないと客観的に認められるような状態には至ってい
なかったものと認められるから，本件各事業年度において，電気事業会計規則
14条に規定する『除却』があったということはできない。……，公正処理基準
に反するものであるから，法人税法上，このような除却損の損金算入は認めら
れない」と主張した。

⑦　本件各更正処分が法人税基本通達7-7-2に反するとの原告の主張が失当であること

　法人税基本通達について，「……，電気事業者の場合においては，かかる電
気事業会計規則の規定が電気事業固定資産の除却に関する公正処理基準に該当
するものと解すべきであり，法人税法上，電気事業固定資産の除却損を同法22
条3項3号に規定する『損失』として計上するためには，当該除却損の計算が，
電気事業会計規則の定めに従って行われたことを要するものと解するのが相当
である。また，本件各更正処分は，法基通7-7-2の定めに何ら反するもので
はないが，通達は，元来，法規の性質を持つものではないから，行政機関が通
達の趣旨に反する処分をした場合においても，そのことが直ちに処分の適法性
を左右するものではない。……，有姿除却の可否は，法人税法22条3項3号，
法人税法施行令13条の定める固定資産ごとに，法基通7-7-2(1)又は(2)の掲げ
る場合に当たるか否かを検討して判断すべきである。……，法基通7-7-2(1)
所定の『その使用を廃止し，今後通常の方法により事業の用に供する可能性が
ないと認められる固定資産』に該当せず，この通達の定めによっても，有姿除
却をすることはできないというべきである。……処分行政庁がこれを否認して
本件各更正処分を行ったことは，何ら法基通7-7-2の定めに反するものでは

122

ない」と主張した。

⑧　電気事業会計規則14条に規定する「除却」の意義

　電気事業会計規則にある「除却」について、「……，電気事業会計規則14条に規定する『除却』の意義については、『解体，撤去（移設を含む。），破かい，等の自己の意志による具体的な物品の除去を伴うものと売却，現場廃棄，交換，贈与のごとく設備の除去を伴わないもの，火災，盗難等の災害の場合のように自己の意志によらないものを含むが，要するに既存の施設場所におけるその物品としての固有の用途を廃止して電気事業固定資産から減額することを指すのである。』（通商産業省公益事業局編・電気事業会計規則の概要68頁）と解説され，あるいは，『固定資産の除却とは，既存の施設場所において資産としての固有の用途を廃止することであり，会計的には，固定資産勘定から減額することである。「除却」には，解体，撤去など自己の意思により資産の除去を伴うものや，現場放棄や土地の売却のように設備の除去を伴わないもの，台風，火災などの災害の場合のように，自己の意思によらないものがある。』（電気事業講座編集委員会編・電気事業の経理（平成9年版）106頁）と説明されている。……，いかなる会計処理をするのかということとは，全くの別問題である。……，電気事業会計規則14条所定の『除却』の意義を『既存の施設場所において資産としての固有の用途を廃止すること』と解した場合には，……，企業会計において通常用いられる意味での『除却』とは，『まだ使用に耐える固定資産について，将来にわたってその使用を廃止すること』をいい，『その資産は事業に対する物的給付能力を失った』ことを意味するものとされているのであり，また，そのように解されているからこそ，……，企業会計上，『除却』があったとは認められず，除却損の計上も到底認められないというべきである。このように，上記解説書に記載された電気事業会計規則14条所定の『除却』の定義は，企業会計において通常用いられる意味での『除却』とは明らかに異なる内容の概念であるから，同条所定の『除却』があったからといって，必ずしも除却損を計上することができないのは，むしろ当然であると考えられる。……，当該電気事業固定資産について除却損を計上し，これを損金の額に算入するためには，当該電気事業固定資産が，もはやその本来の用法に従って事業の用に供される

可能性がないと客観的に認められるに至った場合であることを要するものと解すべきである」と主張した。

（5） 裁判所の判断

① 「一般に公正妥当と認められる会計処理の基準」としての電気事業会計規則

法人税法22条1項は，内国法人の各事業年度の所得の金額は，当該事業年度の益金の額から当該事業年度の損金の額を控除した金額とする旨規定し，同条3項は，内国法人の各事業年度の所得の金額の計算上当該事業年度の損金の額に算入すべき金額は，別段の定めがあるものを除き，(1)当該事業年度の収益に係る売上原価，完成工事原価その他これらに準ずる原価の額（同項1号），(2)同号のほか，当該事業年度の販売費，一般管理費その他の費用（償却費以外の費用で当該事業年度終了の日までに債務の確定しないものを除く）の額（同項2号），(3)当該事業年度の損失の額で資本等取引以外の取引に係るもの（同項3号）とする旨定めている。そして，同条4項は，これらの額は，一般に公正妥当と認められる会計処理の基準（いわゆる公正処理基準）に従って計算すべきものとしている。

この公正処理基準とは，一般社会通念に照らして公正で妥当であると評価され得る会計処理の基準を意味し，その中心となるのは，企業会計原則や商法および証券取引法の計算規定ならびにこれらの実施省令である旧計算書類規則，商法施行規則および財務諸表等規則の規定であるが，確立した会計慣行をも含んでいる。

② 電気事業者が従うべき公正処理基準

電気事業者における会計の整理（会計処理）について，電気事業法34条1項（現在は，27条の2　1項）は，「一般送配電事業者は，経済産業省令で定めるところにより，その事業年度並びに勘定科目の分類及び貸借対照表，損益計算書その他の財務計算に関する諸表の様式を定め，その会計を整理しなければならない」と規定しているところ，上記経済産業省令として，電気事業会計規則が定められている。

電気事業会計規則は，電気事業経営の基盤である会計整理を適正にし，その事業の現状を常に適確に把握し得るようにしておく必要があり，このためには適正かつ統一的な会計制度を確立しておく必要があるとして，……，電気事業会計規則は，公正処理基準の中心となる旧計算書類規則，商法施行規則および財務諸表等規則の特則として位置付けられているということができる。……，電気事業者は，一般に公正妥当であると認められる会計の原則によってその会計を整理しなければならない旨定められていること，さらには，膨大な電気事業者の会計の中に生起する複雑多岐にわたる現象をすべて規則をもって律することはもとより不可能であることを考慮すると，電気事業者が従うべき公正処理基準とは，電気事業会計規則の諸規定のほか，一般に公正妥当と認められる会計処理の基準を含むものというべきである。

③　一般の場合における固定資産の除却の意義と会計処理

固定資産の除却の意義については，一般的には，「まだ使用に耐える固定資産について，将来にわたってその使用を廃止すること」を，除却という。除却には，物理的な解撤，破砕，廃棄等をする場合と，現状有姿のまま保有する場合がある（有姿除却）。……，電気事業会計規則は，4条において，電気事業固定資産勘定を設けるべきことを定めた上で，第2章第2節第4款（14条から20条まで）において，電気事業固定資産の除却に関する定めを置いている。前記のとおり，電気事業会計規則の諸規定は，旧計算書類規則，商法施行規則及び財務諸表等規則の特則として位置付けられるものであるから，電気事業者における会計の整理（会計処理）においては，電気事業会計規則の規定が，これらの一般に公正妥当と認められる会計処理の基準に優先して適用されるというべきであるとしている。このような観点から電気事業会計規則の規定を見ると，同規則4条は，「一般電気事業（括弧内省略）及び卸電気事業（以下「電気事業」という。）の用に引き続き供するために建設，購入その他の事由によって取得した土地，建物，構築物，機械装置その他の資産は，電気事業固定資産勘定をもって整理しなければならない」とし，同規則14条は，「電気事業固定資産を除却した場合は，当該除却物品に関する帳簿原価並びに工事費負担金及び減価償却累計額の金額をそれぞれの当該勘定から減額しなければならない」と規定

している。

同規則14条における「除却」の意義については，「解体，撤去（移設を含む。），破かい，等の自己の意志による具体的な物品の除去を伴うものと売却，現場廃棄，交換，贈与のごとく設備の除去を伴わないもの，火災，盗難等の災害の場合のように自己の意志によらないものを含むが，要するに既存の施設場所におけるその物品としての固有の用途を廃止して電気事業固定資産から減額することを指すのである」（通商産業省公益事業局編・電気事業会計規則の概要（甲5）68頁）と解説され，あるいは，「電気事業固定資産の除却固定資産の除却とは，既存の施設場所において資産としての固有の用途を廃止することであり，会計的には，固定資産勘定から減額することである。「除却」には，解体，撤去など自己の意思により資産の除去を伴うものや，現場放棄や土地の売却のように設備の除去を伴わないもの，台風，火災などの災害の場合のように，自己の意思によらないものがある」（電気事業講座編集委員会編・電気事業の経理（平成9年版）（乙10）106頁）と解説されている。

前述のとおり，電気事業会計規則は，電気事業経営の基盤である会計整理を適正にし，その事業の現状を常に適確に把握し得るようにしておく必要から，電気事業法34条の委任により制定された経済産業省令であることに照らすと，その解釈にあたっては，一般に公正妥当と認められる会計処理の基準のほか，電気事業の所管官庁等によるこのような解説の趣旨を十分に考慮に入れるべきであり，したがって，同規則にいう「電気事業固定資産の除却」とは，「既存の施設場所におけるその電気事業固定資産としての固有の用途を廃止する」ことを意味するものと解するのが相当である。

（6）　本件判決における公正処理基準の検討

原告は，電気事業会計規則に従った会計処理を行っただけであり，同規則が公正処理基準に該当し，同規則には固定資産の除却に関する実体的要件の規定は存在しない。同規則に記載されているのは，記帳における会計処理の方法のみであるから，除却における固定資産の単位は，一括して行うか，個々の資産について行うかは適用場面により異なると主張した。本件判決においては，原告は企業会計主義による公正処理基準を主張した。

また，法人税法と経済産業省令による電気事業会計規則は，国により規定されたものであるから，法令間における矛盾が生じる余地はないと考えている。

被告は，電気事業会計規則の解釈について，公正処理基準には該当することに争いはなかった。しかしながら，電気事業会計規則は詳細に規定されているわけではないので，具体的に規定されていないことに関しては，税会計処理主義に基づき，法人税法の趣旨目的を考慮すべき解釈を行った。

固定資産の除却について，当該資産を廃止することについては明らかにすることが可能であるが，今後通常の方法により事業の用に供する可能性がないと認められることについては，客観的に明らかにするのが困難である。つまりは，納税者の立証責任が問われる問題である。

納税者が採用した会計処理について公正処理基準に該当するか否かについて，法人税法の趣旨目的である「課税の公平」のフィルターを通して，公正妥当であると判断されなかった場合には，法人税法独自に解釈することを予定しているのであろう。

本件判決において，電気事業会計規則に基づいた有姿除却は，電気事業者の業界における会計処理のルールであるから，大竹貿易事件において明らかとなった「法人税法の企図する公平な所得計算の要請」を考慮していない判決であった。

7 おわりに

わが国の税法は，租税法律主義に基づいている。法人税法の趣旨目的は「課税の公平」であり，法人税法74条1項に「確定決算主義」を規定している以上は，会社法における公正処理基準に該当するかの検討が必要になると思われる。

企業会計・会社法・法人税の目的が異なるにもかかわらず，法人税法上の公正処理基準を企業会計準拠主義や企業会計主義に基づいて考えると，法人税法の趣旨目的を考慮しない結果となってしまう。

そもそも，企業会計・会社法・法人税の目的が異なる以上は，公正処理基準の射程範囲が異なったとしても至極当然のことである。

しかしながら，税法は侵害規定である以上，納税者にとって予測可能性を確

保しなければならない。そのためにも，公正処理基準については大竹貿易事件で明らかになったように，法人税法の趣旨目的に沿った解釈を行うことへの統一が望まれる。

[注]

（1）「一般に公正妥当と認められる会計処理の基準」とは，「アメリカの企業会計における『一般に承認された会計原則』（generally accepted accounting principles）に相当する観念であって，一般社会通念に照らして公正で妥当であると評価されうる会計処理の基準を意味する」としている。詳しくは，金子宏『租税法（第21版）』（弘文堂，2016年），322頁参照。

（2）「公正処理基準」の解釈にあたっては，法人税法22条4項を基準とする考え方と，「一般に公正妥当と認められる会計処理の基準」のみを指して基準とする考え方があるが，本章においては，断りのない限り，同法22条4項を「公正処理基準」とする。

「公正処理基準」に係る先行研究は多く，松本茂郎「法人税法22条4項の意味するもの」『税法学』201号，1967年，中川一郎「法人税法22条4項に関する問題点の整理」『税法学』202号，1967年，近江亮吉「法人税法22条4項の規定の位置，機能及び適用について(1)(2)(3)(4)」『税法学』202，203，207，208号，1967，1968年，清永敬二「法人税法22条4項について」『税法学』202号，1967年，徳島米三郎「税法における理想と現実―法人税法22条4項をめぐって」『税法学』202号，1967年，新井隆一「法人税法22条4項に関する問題提起（概要）」『税法学』203号，1967年，等々，同規定創設以来，今日に至るまで多数ある。

（3）最高裁判所平成4年（行ツ）第45号，法人税更正処分等取消請求上告事件　TAINZ Z199-7233。

（4）東京地方裁判所平成17年（行ウ）第597号，法人税更正処分等取消請求事件　TAINS Z257-10623。

（5）一般送配電事業者，送電事業者及び発電事業者。

（6）一般送配電事業者，送電事業者及び発電事業者を対象とした会計規則。

適用対象法人について，詳しくは経済産業省資源エネルギー庁のホームページを参照。http://www.enecho.meti.go.jp/category/electricity_and_gas/electric/summary/electric_transmission_list/　最終確認，令和元年8月21日。

（7）所得税，相続税，消費税においても，第1条に同様の規定を置いている。法1条の問題点として武田昌輔氏は，「…，徴税側からみた税法というように解釈されやすい面がある，…，適正な履行のための諸規定が納税者のために必要なことは当然のことと思われる。…，税法は国のためにあるのではなく，国民のための税法という意識が昂ってきているところである。この意味においては，法人税法に限らず，国税たると地方税たるとを問わず，この立場を検討する必要性があるように思われる」（武田昌輔編著『DHCコンメンタール法人税法』（第一法規），555頁）としている。

（8）武田昌輔，前掲注（7），551頁。

（9）詳しくは，末永英男『法人税法会計論（第7版）』（中央経済社，2012年），22頁参照。

（10）前掲注（3）大竹貿易事件において，「…法人税法の企図する公平な所得計算の要請…」と判示し，法人税法の趣旨目的を明らかにしている。

（11）法人の資本等取引については，秋山忠人編著『法人税における資本金等の額—企業会計と法人税との調整—』（大蔵財務協会，2012年）参照。

（12）詳しくは，岡村忠生『法人税法講義（第3版）』（成文堂，2007年），34-35頁参照。

（13）同上。

（14）金子宏，前掲注（1），321頁。

（15）岡村忠生，前掲注（12），38頁。

（16）「税会計処理基準」とは，大竹貿易事件以外のビックカメラ事件でも用いられている文言で，「益金の額の算定の基礎である収益の額並びに損金の額の算定の基礎である原価，費用及び損失の額は，『一般に公正妥当と認められる会計処理の基準』（税会計処理基準）に従って計算されるものとする旨を定めている。」と判示し，裁判で用いられる文言である。
　　東京高等裁判所平成25年（行コ）第117号更正をすべき理由がない旨の通知処分取消請求控訴事件　TAINS Z263-12263。
　　なお，「ビックカメラ事件」の問題点については，末永英男「『実務指針』は公正処理基準たり得るか？—東京高裁平成25年7月19日判決を題材にして—」（熊本学園大学会計専門職紀要第5号，2014年）を参照されたい。

（17）東京高等裁判所平成13年（行コ）第94号法人税更正処分等取消請求控訴事件　TAINS Z252-9086。上告審において当該判決は覆されたが，筆者としては高裁判断を支持する。なお，詳細については，本書において「興銀事件」を論じているため省略する。

（18）同旨の判決として，最高裁判所平成元年（あ）第28号法人税法違反被告事件　TAINS Z999-9023　上の注（17）同様，省略する。

（19）成道秀雄『新版 税務会計論（第4版）』（中央経済社，2013年），6頁。

（20）IFRSの導入による法人税法への影響を研究した論文として，齋藤真哉「会計基準の連単分離連結先行」『税研』VOL.25-NO.1，2009年，鈴木一水「会計基準の見直しと法人税制」『税研』VOL.25-NO.1，2009年，太田達也「最近の会計基準の見直しと法人税法改正」『税研』VOL.25-NO.1，2009年，成道秀雄「確定決算主義か分離主義か—アメリカの状況を含めて—」『税研』VOL.25-NO.1，2009年，白石浩介「国際会計基準と法人税の課税ベース」『税研』VOL.25-NO.1，2009年，佐藤信彦「日本における会計基準の国際対応」『税研』VOL.30-NO.5，2015年，等がある。

（21）詳しくは，前掲注（1），323-324頁参照。

（22）「借用概念」の問題点については，前掲注（1），118-121頁参照。

（23）前掲注（18）の「ビックカメラ事件」においても同旨の判決がある。

（24）本章においては，公正処理基準において企業会計と法人税法で一致する分野を「親和性」と言う。詳しくは，本書の総括を参照されたい。

（25）末永英男，前掲注（9），28頁。

（26）詳しくは，江頭憲治郎『株式会社法（第6版）』（有斐閣，2016年），591頁参照。
　　神田秀樹氏は，株式会社の計算について詳細な規制を設けている理由について，株主と会社債権者への情報提供と剰余金分配の規制の2つとしている。株主と会社債権者への

情報提供については，株主は「真実」を伝える会計を望み，会社債権者は保守的な会計
を望むため，どちらを重視するかにより規制の在り方は異なるが，近年は「真実」を伝
える会計の方が望ましいとされている。剰余金分配の規制は，株主と会社債権者の利害
調整のためとしている。神田秀樹『会社法（第18版）』（弘文堂，2016年），278・279頁。

(27) 詳しくは，江頭憲治郎・中村直人編著『会社法3』（第一法規，2012年），469頁参照。
　　会社法431条は，昭和49年商法改正により新設された平成17年改正前商法32条2項に代
わる株式会社の会計の原則に関する一般規定とされている。詳しくは，江頭憲治郎・弥
永真生編，尾崎安央著『会社法コンメンタール第10巻』（商事法務，2011年），41頁参照。

(28) 詳しくは，弥永真生「会計基準の認定と『公正ナル会計慣行』」判例時報1911号，2006
年，25頁参照。

(29) 神田秀樹，前掲注（26），279-280頁。

(30) 江頭憲治郎・弥永真生編，尾崎安央著，前掲注（27），43頁。

(31) 電気事業者の固定資産の除却については，電気事業会計規則第4節固定資産の除却14
条から20条に規定されている。

(32) 金子宏，前掲注（1），124頁。

(33) 金子宏，前掲注（1），124頁。

(34) 太田達也『「固定資産の税務・会計」完全解説』（税務研究会出版局，2007年），144頁。

(35) 通達は法源ではないため強制力はないが，課税庁が税会計処理主義により公正処理基
準を考えているため，その根拠になると思われる。通達の問題については，北野弘久「通
達のあり方」『税法学』226号，1969年，竹下重人「税務通達の限界」『税法学』226号，
1969年，徳島米三郎「税務通達批判」『税法学』226号，1969年，元村和安「通達のあり
方についての一考察」『税法学』226号，1969年，品川芳宣「税務通達の法的拘束力と納
税者の予測可能性」『税理』43巻14号，2000年，同「租税法律主義と税務通達」『税理』
44巻3号，2001年，等長期にわたり論じられている。

(36) 本件判決においては，上記以外に，「本件各更正処分は信義則に反する違法なものとい
うべきか」，「本件各賦課決定処分について通則法65条4項所定の正当な理由があるか」
の争点があった。本章においては，「電気事業者の行う有姿除却と公正処理基準」のみを
論点としているため，他の部分については省略する。

(37) 「電気事業固定資産を除却した場合は，当該除却物品に関する帳簿原価並びに工事費負
担金及び減価償却累計額の金額をそれぞれの当該勘定から減額しなければならない」（傍
点は筆者による）。

(38) 「電気事業者は，次章から第七章までに定めるもののほか，別表第一によって勘定科目
を分類し，かつ，別表第二によって貸借対照表，損益計算書その他の財務計算に関する
諸表を作成しなければならない。この場合において，財務計算に関する諸表のうち，附
属明細書として記載（電磁的方法（電子的方法，磁気的方法その他の人の知覚によって
認識することができない方法をいう。）により記録することを含む。）すべきものは，次
の各号に掲げるものとする」（傍点は筆者による）。

(39) 「前条の規定によって減額すべき帳簿原価は，物品帳簿原価（物品の取得に直接に要し
た価額から当該物品の取得に直接に要した工費の価額を控除した価額の帳簿原価をいう。
以下同じ。）及び工費帳簿原価（物品の取得に直接に要した工費の価額及び間接に要した
価額の帳簿原価をいう。以下同じ。）の合計とする。」

(40)「電気事業固定資産に対する減価償却の金額は，その計上のつど，個々の資産に適正に配付しなければならない。ただし，個々の資産に配付することが困難な場合において，その計上のつど，耐用年数の異なる資産の区分ごとに事業年度別減価償却率を会計帳簿に明確に記録したときは，この限りでない。」

(41)「第十四条及び前条の規定によつて減額した場合における当該除却物品に関する整理手続は，次の各号によつて行わなければならない。

　　一　物品帳簿原価からその工事費負担金の金額及び減価償却累計額の金額を控除した価額と当該物品が貯蔵品勘定その他の勘定へ振り替えられた場合における振替価額との差額を算出すること。

　　二　工費帳簿原価からその工事費負担金の金額及び減価償却累計額の金額を控除した金額を算出すること。

　　三　前二号の合計額を固定資産除却費勘定へ振り替えること。ただし，当該除却が天災その他の不測の事由によつて発生した電気事業固定資産の損害の整理を目的として行われた場合は，事業外費用勘定又は特別損失勘定へ振り替えること。」

第6章

オリックス銀行事件
（東京高裁平成26年8月29日判決）
―住宅ローン債権の流動化取引に係る劣後受益権
　の会計処理

1　はじめに

　住宅ローン債権の流動化取引により複層化した信託受益権のうち，劣後受益
権について金融商品会計実務指針105項を類推適用して行った，償却原価法に
よる会計処理は公正処理基準に該当するかについて争われたオリックス銀行事
件[1]の検討を行う。公正処理基準該当性の検討にあたっては，総論で示さ
れているとおり，まず「企業会計上の公正処理基準」該当性を検討し，さらに
「税法上の公正処理基準」該当性について，公平な所得計算や適正・公正な税
収の確保，会計としての慣行性の確立といった視点から検討を行い，この二段
階の検討を経て，最終的な結論に至ることにする。

2　事実の概要

（1）　訴訟に至る経緯

　本件で争われた取引対象については，他に信託譲渡先を異にする1件の住宅
ローン債権の流動化取引があるが，本章においては検討を省略する。

　銀行業務や信託業務等を行う株式会社である原告（以下Xという）は，信託
取引を利用して，自らが保有する住宅ローン債権の流動化取引を行ってきた。

　Xは債権金額（帳簿価額）205億円の住宅ローン債権をA信託銀行に対して
信託譲渡し，元本金額175億円の優先受益権と元本金額（最大の元本償還金額）
30億円の劣後受益権を取得した。そしてXは，優先受益権を機関投資家に時価

175億円で売却し，売却代金を得た。このような取引についてXは，以下のような会計処理を行った。

① 日本公認会計士協会会計制度委員会報告14号「金融商品会計に関する実務指針（以下「実務指針」という）37項[1]に従い，優先受益権の売却価額175億円から優先受益権の譲渡原価158億円を差し引いた額である17億円を優先受益権の売却益として計上した。

> [1] 金融商品会計に関する実務指針37項（金融資産の消滅時に譲渡人に何らかの権利・義務が存在する場合の損益の計上基準）
> 　金融資産の消滅時に譲渡人に何らかの権利・義務が存在する場合の譲渡損益は，次のように計算した譲渡金額から譲渡原価を差し引いたものである。譲渡金額は，譲渡に伴う入金額に新たに発生した資産の時価を加え，新たに発生した負債の時価を控除したものである。譲渡原価は，金融資産の消滅直前の帳簿価額を譲渡した金融資産の譲渡部分の時価と「残存部分」の時価で按分した結果，譲渡部分に配分されたものである。
> 　譲渡金融資産の帳簿価額のうち按分計算により残存部分に配分した金額を当該残存部分の計上価額とし，新たに発生した資産及び負債は譲渡時の時価により計上する。

② 上記①における優先受益権の譲渡原価は，債権の帳簿価額205億円÷債権の時価227億円×優先受益権の時価175億円の計算式で求め，158億円と算出した。

③ Xは，劣後受益権の帳簿価額を，債権の帳簿価額205億円から優先受益権の譲渡原価158億円を控除し，47億円とした。この結果，劣後受益権の帳簿価額と元本金額30億円との間に，17億円の差額が生じた。

そこでXは，上記差額17億円について，実務指針105項[2]に基づき償却原価法による会計処理を行い，劣後受益権の収益配当金として受領した金銭のうち，「（その時々の簿価）×（信用リスクも加味した劣後受益権の将来キャッシュ・フローに基づいて算出した実効利子率）」で計算される金額のみを「受取利息」として益金の額に算入し，収益配当金から受取利息を控除した残額については「元本の回収」として益金の額に算入せず，劣後受益権の帳簿価額から減額する処理を行い，平成16年3月期に始まる3事業年度の法人税の確定申告を行った。Xが行った収益配当金の受領に関する仕訳を平成16年3月期分の合計金額

で示すと次のようになる。

（現　　預　　金）445,970,151円　　（買入金銭債権利息額）108,183,090円
　　　　　　　　　　　　　　　　　（買入金銭債権償還額）337,787,061円

　すなわちＸは買入金銭債権利息額の金額のみを益金の額とし，買入金銭債権償還額の金額については益金の額として算入しなかったものである。

> ※２　金融商品会計に関する実務指針105項（債務者の信用リスクを反映した債権の取得価額と償却原価法）
> 　債権の支払日までの金利を反映して債権金額と異なる価額で債権を取得した場合には，取得時に取得価額で貸借対照表に計上し，取得価額と債権金額との差額（以下「取得差額」という）について償却原価法に基づき処理を行う。この場合，将来キャッシュ・フローの現在価値が取得価額に一致するような割引率（実効利子率）に基づいて，債務者からの入金額を元本の回収と受取利息とに区分する。（中略）なお，債権の取得価額が，債務者の信用リスクを反映して債権金額より低くなっている場合には，信用リスクによる価値の低下を加味して将来キャッシュ・フローを合理的に見積もった上で償却原価法を適用する。

　これに対して所轄税務署長が，Ｘが益金に含めなかった上記収益配当金の一部も益金の額に含まれるとして法人税の更正処分等を行ったため，Ｘは国（以下Ｙという）にその取消しを求めて出訴した。

　本件の争点は要するに，Ｘが劣後受益権の収益配当金の会計処理につき，金融商品会計実務指針105項の適用があるものとして，同項の「受取利息」に相当する「買入金銭債権利息額」と同項の「元本の回収」に相当する「買入金銭債権償還額」とに区分し，前者のみを収益に計上する処理を行ったことは適法な会計処理かということである。

（2）　Ｘの主張

　上記の争点に関し，Ｘは以下のとおり主張を行った。

①　実務指針105項の趣旨は，債権がもとの所有者から新たな所有者に移転するときに，その債権から将来得られる金利収入を反映して取得価額と債権価額との差額（取得差額）が生じた場合に，その取得差額について償却原価法に基づき処理を行うことで，経済活動の実態に照らして実質的に収益と評価できる範囲の利息のみを当該債権からの受取利息として収益に計

上させることにある。したがって同項にいう「取得」は，債権の売買等の典型的な場合に限られず，なんらかの債権の移転が生じたことに伴い，当該債権の金利を反映して，債権金額とは異なる取得価額が貸借対照表上に計上された場合も「取得」に該当すべきと解すべきである。

② 優先受益権が第三者に譲渡された場合に，企業自らが保有する劣後受益権につき，信託した金融資産の残存部分として評価することを規定した実務指針100項(2)※3および291項※4は，信託設定時点の劣後受益権の評価方法を定めたものにすぎず，債権を取得した日の属する事業年度以降の配当の取扱いの会計処理を定めた実務指針105項の解釈とは無関係である。

会計基準はあらゆる事象について網羅しているわけではなく，企業の経営成績および財政状態を適切に開示し，利害関係者の適切な判断を誤らせないという企業会計の目的に照らして，本質的に柔軟な対応が予定されているのであり，実務指針291項を根拠とした文言解釈に終始することは妥当ではない。

　　※3　金融商品会計に関する実務指針100項(2)
　　　　信託受益権が優先劣後のように質的に分割されており，信託受益権の保有者が複数である場合には，信託を一種の事業体とみなして，当該受益権を信託に対する金銭債権（貸付金等）の取得又は信託からの有価証券（証券，株式等）の購入とみなして取り扱う。ただし，企業が信託財産構成物である金融資産の委託者である場合で，かつ，信託財産構成物が委託者たる譲渡人にとって金融資産の消滅の認識要件を満たす場合には，譲渡人の保有する信託財産権は新たな金融資産ではなく，譲渡金融資産の残存部分として評価する。
　　※4　金融商品会計に関する実務指針291項
　　　　企業が自ら保有する金融資産を信託するとともに，信託受益権を優先と劣後に分割し，その劣後受益権を自らが保有して優先受益権を第三者に譲渡する場合，優先受益権を売却処理するためには，優先受益権が消滅の認識要件を満たして譲渡される必要がある。また，その際に自らが保有する劣後受益権は，新たな金融資産の購入としてではなく，信託した金融資産の残存部分として評価する必要がある。

③ 本件差額を取引期間中に償却しなければ，取引終了時において，仮に本件劣後受益権の元本がすべて償還されたとしても，本件劣後受益権の帳簿価額として本件差額に相当する金額だけが残ることになるから，長期間に

わたって水増し利益を計上し続けつつ，実態として取引終了によって財産が減少しているわけではないにもかかわらず，実態に見合わない多額の損失を計上する不合理な結果となり，経営成績および財政状態の適切な表示を目的とする企業会計の原則に照らして非常識なものであり，公正妥当と認められる会計処理の基準とはいえない。

④　本件劣後受益権は，含み益のある住宅ローン債権を受益権化し，本件優先受益権を売却したことによって，本件劣後受益権の元本金額が投下資本の金額を示すものではなくなり，帳簿価額こそが控訴人（X）の投下資本の金額を示すものになったという点で，実務指針105項の「債権の支払日までの金利を反映して債権金額と異なる価額で債権を取得した」場合と同様の状況にあるのであり，同項が典型的に適用される場面と本件とは利益状況が極めて類似しているから，仮に収益配当金にかかる会計処理に同項が直接適用されないとしても，類推適用されるべきである。

（3）　Yの主張

上記のようなXの主張に対しYは以下のように反論した。

①　「実務指針291項が同指針の『Ⅱ結論の背景』に属し，同指針100項(2)の背景事情を説明した項である」（Xの主張）としても，同項が実務指針の一部を構成することに変わりはなく，また，同項が同指針100項(2)のみに対応する関係にあると解すべき理由はないから，実務指針291項が適用される場合には，同指針105項は適用されない。

②　実務指針の上位規範である平成14年改正前商法285条の４等の規定が，金銭債権の評価は債権金額により評価することを原則とし，償却原価法を適用し増額または減額をすることができるのは，当該債権を「買入レタルトキ」に限定していることからすれば，実務指針105項の取得とは他の者からの取得を意味すると解すべきである。

③　実務指針105項の趣旨は，債権の取得価額に債権の支払日までの金利が反映されることにより，債権の取得価額と債権金額との間に差額が生じる場合，その差額をその支払日までの期間にわたって期間配分するものとして実効利子率を定め，それにより算定した額をその債権の受取利息とする

ことが合理的と考えられるため，当該算定額が現実に収受した利息の額よりも少ない場合には，その差額を債権の帳簿価額から減額し，逆の場合には債権の帳簿価額に加算することにより，実効利子率による利息の計算を会計処理に反映させるべく，償却原価法に基づく処理を行うこととしたものと解される。

本件劣後受益権の取得価額が債権金額を上回っている理由は，本件優先受益権の譲渡原価の算定が，実務指針37項によって，譲渡価額に本件債権の時価に占める本件優先受益権の時価の割合を乗じる計算がなされているのに対し，本件劣後受益権の帳簿価額の算定は，本件債権全体の帳簿価額から本件劣後受益権の譲渡原価額を差し引いて計算せざるをえないという，帳簿処理の技術的な理由に基づいてなされたものであり，その支払日までの金利を反映して定められた金額でも，またその客観的な価値を反映した金額でもないから，本件に実務指針105項の適用はない。

④ 本件差額の会計処理について，企業会計原則の定めはなく，確立した会計慣行もない。このような場合，損失については，費用収益対応の原則によりとらえることができないため，その発生と確定の事実によって把握されることになる。

本件流動化取引は，信託開始日から信託終了時までを信託契約の期間とし，信託終了時に信託財産の換価処分および信託財産の交付が行われることとされているが，信託開始時において，本件劣後受益権の元本として償還される金額が定まっておらず，これが具体的に確定するのは信託終了日である。また，本件劣後受益権は，将来において，その一部を売却することも考えられなくもないから，信託終了前の時点ではXが信託終了時までこれを保有し続け，その時点において本件差額を回収できなくなることが確実であるとはいえない。したがって，法人税法22条3項の権利確定主義（原文のママ）に則って，これが損失として具体的に確定する日，すなわち信託終了日の属する事業年度まで損金の額に算入することができない。

⑤ 会計基準の解釈は，租税法規そのものの解釈とは異なり，必ずしも法的安定性の要請が強いものではないが，安易に会計基準の類推解釈，類推適用を認め，法人税法22条4項に定める基準を拡大することは，適正かつ公

第6章　オリックス銀行事件　137

平に行われるべき課税標準の計算方法の内容をあいまいにするおそれがあり，課税の公平や法的安定性の見地から問題がある。

（4）　下級審の判断

原審（東京地裁平成24年11月2日判決[(2)]）は次のように述べてXの請求を棄却した。

　「一般に，金融商品会計実務指針105項の要件に該当する場合において，その債権の取得価額と債権金額の差額について同項所定の償却原価法により会計処理することは，法人税法22条4項にいう『一般に公正妥当と認められる会計処理の基準』に従った適法な処理であると解するのが相当であ〔る〕。」
　「金融商品会計実務指針100項(2)ただし書きおよびこの背景事情について説明した291項によれば（中略）原告の保有する劣後受益権は，新たな金融資産の取得としてでなく，信託した金融資産である住宅ローン債権の残存部分として評価する必要があるとしているのであって，（中略）金融商品会計実務指針105項にいう『債権を取得した場合』には該当しないと解すべきことになる。」

3　判　　旨

原判決取消（確定）
（控訴審判決も原審と同様に，105項にいう『債権を取得した場合』には該当しないとしたうえで，本件劣後受益権についての105項の類推適用の可否について判断を行った。）

⑴　「取引の経済的実態からみて合理的なものとみられる収益計上の基準の中から（中略）法人が特定の基準を選択し，継続してその基準によって収益を計上している場合には，法人税法上も右会計処理を正当なものとして是認すべきであると解される（最高裁判所平成5年11月25日第一小法廷判決民集47巻9号5278頁）。そうすると（中略）Xが，本件各劣後受益権につき（中略）105項と同様の会計処理をし，継続して同様の処理基準により収益

を計上したことが，取引の経済的実態からみて合理的なものである場合には，これにより会計処理することも許容される。いいかえれば，（中略）105項を類推適用した場合と同様の会計処理をすることは，法人税法上も正当なものとして是認されるべきである。」

(2) 「実務指針105項は，債権の支払日が将来の期日であることから，その間の金利を反映して債権の元本金額よりも高い金額（あるいは低い金額）で取得した場合には，その差額をその支払日までの期間にわたって期間按分するものとして（中略）割引率（実効利子率）を定め，それに基づいて算定された額をその債権の受取利息とすることが合理的であることから，その方法で算定された受取利息額が，実際に受領した利息額より多いあるいは少ない場合は，その差額分を債権の帳簿価額に加算あるいは減算させて（原文のママ）ことによって，割引率（実効利子率）による利息の計算を会計処理に反映させるように償却原価法による処理を行うこととしたものであると解される。」

(3) 「本件劣後受益権（中略）については（中略）年率17.8パーセントを予定収益配当率としているところ，Xの本件事業年度の収益配当率は，おおむね5ないし10パーセントであり（中略）本件優先受益権（中略）の収益配当金を上回る金額となっている」。したがって，「(本件)差額部分は，住宅ローン債権である本件債権（中略）が，高金利となっていて，その利息部分が本件劣後受益権（中略）に帰属したことから生じる差異の部分が含まれているといえ」る。

(4) 「本件各劣後受益権については，経済的な実態として（中略）105項の『金利を反映して』債権金額と異なる価額で債権を保有しているということができ，また，この点において同項と類似した利益状況となっているということができると解される。」

「本件各劣後受益権の内容は（中略）住宅ローン債権とは，元本の償還の時期，利息の利率などを異にし，（中略）住宅ローン債権の単純な残存部分とはいえないから，住宅ローン債権とは異なる内容の債権を保有するに至ったといえるのであって，この状況は，『債権を取得した』という利益状況に類似しているということができる。」

(5) 「本件差額が元本として償還されることはないから，本件各劣後受益権の収益配当金を各事業年度の『受取利息』としてその全額を収益として計上すると，取引終了時すなわち信託終了時の事業年度において，本件差額は，損失として計上されることとなる。」

(6) 「以上の状況を前提に，Ｘが，信託終了時の事業年度において，財産の減少がないにもかかわらず，本件差額の部分を損失として計上することは，経済的実態と離齬すると判断して，そのような事態を回避するため，Ｘが（中略）105項と同様の会計処理をすることを選択し」たことは「取引の経済的実態からみての合理性を否定されるものとはいえない。」

$$\boxed{4}\quad 検 \quad 討$$

（1） 本判決の意義

　本判決は，金融商品会計実務指針105項に基づく償却原価法という会計処理方法自体が，公正処理基準に該当するか否かという点についてはＸ・Ｙ双方に争いはなく，そのため，同指針自体の公正処理基準該当性について検討を行われることはなく，企業会計上，同指針の適用要件に該当する場合に償却原価法による会計処理を行うことは，法人税法上も同法22条４項のいわゆる公正処理基準に該当することを前提とした上で，Ｘが企業会計上，同指針を類推適用して行った会計処理についても，法人税法上，公正処理基準に該当するものとして是認されるべきことを示した点にその意義を認めることができよう。したがって以下，この裁判例が示したこのような判断の妥当性について検討を行うこととする。

（2） 企業会計上の公正処理基準該当性の検討

　前述のとおり，この裁判例においては，ＸおよびＹは金融商品会計実務指針における償却原価法が法人税法22条４項にいういわゆる公正処理基準に該当するか否かについては双方に争いはなく，主に，ある会計処理が企業会計上公正妥当な処理といえるかどうかが争われており，そのため判決も主にそのような

内容に関するものであり，「税法上の公正処理基準」該当性の検討については，十分行われることはなかったといえよう。

　本判決は，原判決が示した実務指針105項の適用がある場合のみならず，実務指針105項を類推適用した場合と同様な会計処理をする場合も，公正処理基準に該当するとした。このような判断は，本判決が引用する大竹貿易事件判決 (3) の「権利の確定時期に関する会計処理を，法律上どの時点で権利の行使が可能となるかという基準を唯一の基準としてしなければならないとするのは相当ではなく，取引の経済的実態からみて合理的なものとみられる収益計上の基準の中から，当該法人が特定の基準を選択し，継続してその基準によって収益を計上している場合には，法人税法上も右会計処理を正当なものとして是認すべきであると解される」とする考えによるのではないかと思われる。

　すなわち，ある会計処理が「取引の経済的実態からみて合理的なもの」か否かを判断するには，会計基準が直接的に適用される場合だけではなく，類推適用される場合をも含めた検証が必要であるということであろう。本判決は大竹貿易事件判決を引用するが，それが同判決が取引の経済的実態からみて合理的な収益計上基準であれば公正処理基準に該当する旨を判示した部分を引用したのに対し，例えばいわゆるビックカメラ事件等では，同じ大竹貿易事件判決を引用するにしても，本判決とは違う箇所である「法人税法の企図する公平な所得計算という要請に反するものでない限り」公正処理基準に該当する旨を判示した部分を引用したという点で，同判決に対する異なる理解が行われていることがわかる。本判決の大竹貿易事件に対するこのような理解により，本判決では，ある会計処理の公正処理基準該当性を判断する上で，「企業会計上の公正処理基準」該当性は検討されたが，「税法上の公正処理基準」該当性については検討が行われないまま結論が出されることとなったと考えられる。

　ところで，Xが行った会計処理について，企業会計上の公正処理基準該当性が見いだせるであろうか。この点に関しては，信託受益権の複層化により生成された劣後受益権が，信託をした住宅ローン債権の単なる「残り」であるのか，それとも複層化によって，従来の住宅ローン債権とは異なる性質を持つ，いわば「新たな」ものとして捉えることができるかによって，実務指針105項の適用もしくは類推適用が妥当であるかを判断する必要があると思われる。

そもそも，信託受益権の複層化という手法は，証券化の対象となった金融資産全体（本件においては住宅ローン債権の集合体）を，信託契約においてリスクの相対的に高い部分とリスクの相対的に低い部分とに人為的に分離するものであり，具体的には優先受益権を保有する投資家は，信託契約によって，劣後受益権の保有者と比較して，優先的に元本や金利の返済を受けることになると同時に，一定金額までは，証券化対象資産に生じた損失の影響を受けることはなくなる。他方，劣後受益権の保有者は，信託契約によって，優先部分の元本や利息が支払われない限り，元本や利息が支払われることはなく，対象資産に損失が発生した場合には，元本や利息の支払が停止されることとなる。このように権利内容が異なる信託受益権を作り出すことによって，優先受益権に投資する投資家が被り得る損失の危険を緩和することが，信託受益権の複層化の目的である。

したがって，信託受益権の複層化というのは，証券化対象資産自体の優良部分だけを取り出し優先受益権を生成し，その残りの優良でない部分自体が劣後受益権となることを意味するものでないことがわかる。あくまで，信託契約によって，異なる権利義務内容をもつ信託受益権を複数生成する手法なのである。つまり，信託受益権の複層化によって生成された優先受益権や劣後受益権は，複層化によって元々の証券化対象資産としての性質とは異なる性質をもつことになると考えることができよう。そうであるなら，信託受益権の複層化により生成された劣後受益権については，信託をした住宅ローン債権の単なる「残り」ではなく，複層化によって，従来の住宅ローン債権とは異なる性質を持つ「新たな」ものとして捉えることができるのではないかと思われる。

しかし，劣後受益権が，証券化対象資産である住宅ローン債権とは異なる性質をもつことになったとはいっても，本件において，劣後受益権についてはオリジネーターであるＸが保有し続けているのであるから，実務指針105項のいう「取得した場合」にあたらないことは明らかである。この点については，原判決・本判決とも実務指針105項の直接の適用はないとして両者の判断は一致している。とはいえ，信託受益権の複層化がもつこのような性質からは，劣後受益権に係る会計処理につき，それを新たに取得したものとみなして，実務指針105項による償却原価法を適用することは本判決が指摘したとおり，経済的

142

実態に適合した会計処理を行うという観点からは合理的であると考えることができよう。

　すなわち本判決においては，Ｘが行った会計処理については，判旨(3)から(6)に示されている理由のとおり，優先受益権の予定収益配当率よりも，Ｘの収益配当率が高い点に着目し，差額部分に，住宅ローン債権が高金利となっていて，その利息部分が本件劣後受益権に帰属したことから生じる差異の部分が含まれていると評価をし，その上で経済的実態として金利を反映して債券金額と異なる価格で債権を保有している状態にあり，実務指針105項と類似した利益状況にあると判断を行っている。また，Ｘが行った会計処理は，典型的な住宅ローン債権流動化において，オリジネーターが保有する劣後受益権に関して，「一般に行われている」会計処理である旨が，一般社団法人流動化・証券化協議会「債権流動化における劣後受益権の会計・税務上の取扱い〔中間報告〕」においても示されており，企業会計上，一定の慣行性を備えていることが窺える。これらのことから，Ｘが行った会計処理については，企業会計上の公正処理基準の見地からは一定の妥当性が見いだせると考えてよいと思われる[(4)]。

（3）　税法上の公正処理基準該当性の検討

　本判決が引用する「取引の経済的実態からみて合理的なもの」ということを本件にあてはめれば，保有する住宅ローン債権について，信託を利用して流動化し資金を調達するというファイナンス取引の観点からみて合理的であるかどうかを判断するということであり，本判決は結果として法人税法の課税要件にファイナンスの論理を取り込むことになったのではないかと思えるが，このような発想はあくまで企業会計の目的である投資家保護の観点であり，従来の判例が示してきた法人税法の収益認識基準としての権利確定主義とは異なるものであり，前述の大竹貿易事件判決が「現に法人のした利益計算が法人税法の企図する公平な所得計算という要請に反するものでない限り」とも判示していることを考慮すると，その妥当性が問題となろう。

　金融商品実務指針105項が示す会計処理が公正処理基準に該当する理由については，そもそも同様の取扱いが金融商品会計基準に定められていること，償却原価法については，平成14年改正前商法285条の４で規定されていたこと（現

行の会社計算規則5条5項にも引き継がれている），中小企業会計指針や中小企業会計要領でも採用されていること，法人税基本通達2-1-34にも償却原価法に準じた取扱いがみられることなどにその根拠が認められるとする見解があるが[5]，この点についても「公平な所得計算の要請」に適うものであるか検討が必要であったと思われる。

　償却原価法とは，満期保有目的債券を債券金額より低いまたは高い価額で取得した場合において，取得価額と債券金額との差額が金利調整の性格のものと認められるときは，それを弁済期に至るまで，毎期一定の方法で貸借対照表価額に加減する方法のことをいう（金融商品会計基準15項）。この償却原価法を適用した場合，債券の取得価額に加減する金額の性格は，実質的には受取利息に他ならないから，この加減額は受取利息に含めて処理されることとなる。このように償却原価法の適用には，資産の評価としての側面と収益・費用の期間配分の側面を見いだすことができる[6]。

　本件においてオリジネーターであるXが保有する劣後受益権に関する入金額の会計処理方法については，以下の3つの方法を取り得た可能性がある。

①　入金額をすべて受取利息として処理し，元本超過額は償却原価法により受取利息から控除する。または入金額を元利分解し，受取利息と元本の回収（帳簿価額の減額）として処理する。

②　入金額をすべて元本の回収（帳簿価額の減額）として処理する。

③　入金額をすべて受取利息として処理し，帳簿価額の減額はしない。

　本件において，Xは①の方法を，Yは③の方法を主張している。これらの方法のうち，②の方法によれば，劣後受益権に対する投資額（元本）の果実に相当する分の回収がなされていても，当初の段階ではすべて投資額の回収として処理することから，後半または最終の段階で多額の回収益が生じることとなる。反対に③の方法によれば，劣後受益権に対する投資額に相当する分の回収がなされていても，当初の段階ではすべて受取利息として処理することから，後半または最終の段階で投資額の未回収が生じ，多額の損失が計上されることになる。このため，②または③の方法によった場合には，いずれも各期の損益認識が大きくゆがむことになる。

この点，①の方法によれば，投資額およびその超過額を回収できる見込みがある場合には，その見込みに沿って，入金額を利息分と元本の回収分として処理することが，投資額に対する利息相当額が各期適切に反映されるため，期間損益計算の見地からは望ましいこととなる[7]。

一方，権利確定主義を基調とする法人税法の収益認識の観点からは上記の方法はどう評価できるであろうか。法人税法においても，企業会計における費用収益対応の原則は法人所得の計算についても妥当すると解すべきとされるが[8]，一方で大竹貿易事件判決でも示されているとおり「収益は，その実現があった時，すなわち，その収入すべき権利が確定したときの属する年度の益金に計上すべき」とされる。つまり法人税法においては，収益を「収入すべき権利」という法律上の側面から捉えており，この点において企業会計との考え方の違いが見て取れる。

すなわち，企業会計においては劣後受益権に係る収益配当金について，その実質的な性格の違いから受取利息と元本の回収とに分けて処理することが，期間損益計算の見地から認められることとなるが，法人税法においては劣後受益権に係る収益配当金は，法律的にはすべて収益といえるのであり，その一部を除外して収益に計上しないことは「法人税法の企図する公平な所得計算という要請」に反するものとされよう。このような見解に立てば，Xが行った本件収益配当金が実効利子率を上回った部分を元本の回収として会計処理することは，企業会計上は１つの方法として成り立つ可能性があるとしても，法人税法の観点からはそれは一種の収益の繰り延べであり，確定した収益（所得）は課税するという原則（収益計上における権利確定主義が一層適合）を採用している法人税法の下では容認し難いものであるということになろう[9]。実務指針105項は，金融取引の観点からは，合理性があるとしても，法人税法の観点からは，信託受益権の利益分配金は収益として扱うのが公正妥当な会計処理の基準であるとする見解も同旨と思われる[10]。

また原判決は，金融商品会計実務指針105項の適用がなければ，公正処理基準には該当しないとの判断を示した。この点に関しては，公正処理基準に該当する会計基準や指針は，実質的に法人税法の課税要件を構成し，一種の法源としての役割を果たすことになることから，平成22年最判（最高裁平成22年３月

２日判決民集64巻２号420頁）を引用したＹの主張，すなわち租税法規はみだりに規定の文言を離れて解釈すべきではなく，会計基準も租税法規への適用の局面においては厳格に解釈すべきであり，105項の類推適用は認められないとの主張に沿うものである。このような原判決の姿勢は，「税法上の公正処理基準」該当性の判断からは妥当なものであるといえよう。

　これらのことから考えると，Ｘが行った会計処理は，「税法上の公正処理基準」には該当せず，「公平な所得計算の要請」の見地からは，むしろＹが主張する「法人税法22条３項の権利確定主義（原文のママ）に則って，これが損失として具体的に確定する日，すなわち信託終了日の属する事業年度まで損金の額に算入することができない」とする会計処理が妥当なものと考えることができよう。

5　おわりに

　本章においては，本判決を批判する結論を導くことになり，そのような見解がいくつかみられることは上述のとおりである。しかし一方で，本判決を支持する見解も存在する。例えば，償却原価法という会計処理が，減価償却等と同様にいわゆる内部取引であることに着目し，内部取引については，外部の取引当事者との法律関係の拘束から離れ，会計の論理が法人税法においても通用する余地が多分に残されていると考えられるとし，本件のように，信託期間内における損益の総額は一定であり，損益の期間帰属の操作性もないことから，通期で総額が確定している損益の期間配分については，損益やキャッシュ・フローの実態的な測定と認識を旨とする企業会計の論理が，課税所得計算にも通用する余地が十分にあるのではないかとするものである[11]。

　確かに，企業会計と法人税法との乖離が進む状況のなかで，本事件の原審にみられるような判断により，信託受益権の複層化に伴う劣後受益権の会計処理における償却原価法が法人税法上否定され，それが流動化・証券化市場の健全な発展を阻害するのであれば，そのような制度のあり方を再検討する必要があるともいえよう。ある会計処理の公正処理基準該当性の判断基準として前述したように，「企業会計上の公正処理基準」該当性と「税法上の公正処理基準」

該当性という二重のチェックを行うにしても，両者の相互関係を念頭においた議論を行う必要があると考えられる。

[注]──────────────

（1）税務訴訟資料264号順号12523。

（2）税務訴訟資料262号順号12088。

（3）最高裁平成5年11月25日判決民集47巻9号5278頁。

（4）秋葉賢一「債権流動化における劣後受益権に関する収益認識」『税務弘報』61巻4号（2013年3月），132頁。一般社団法人 流動化・証券化協議会「債権流動化における劣後受益権の会計・税務上の取扱い（中間報告）」（2013年2月）。

（5）品川芳宣「金融商品（信託受益権）に係る収益配当金の収益計上時期」『税研』172号（2013年11月），98頁。

（6）武田隆二『最新財務諸表論（第11版)』（中央経済社，2008年）191頁や481頁。

（7）秋葉賢一，前掲注（4），132頁。

（8）金子宏『租税法（第22版)』（弘文堂，2017年），346頁。

（9）品川芳宣，前掲注（5），98頁。

（10）金子宏，前掲注（8），335頁。

（11）小林裕明「公正処理基準を考える─オリックス銀行事件─」『税務QA』（2017年9月），66頁。

第**7**章

弁護士報酬の着手金の収入計上時期
（最高裁第三小法廷平成21年4月28日決定）
―所得税法における権利確定主義の検討

1 はじめに

　所得税法では，所得金額を課税標準としている。この所得金額は，1月1日から12月31日までの暦年を単位として計算されるため，収入がいつの時点の収入であるかによって，所得金額が異なってくる。商品の引渡し，サービスの提供と代金の支払いが同時であれば問題はないが，例えば，売買契約を締結し，その後商品の引渡し，代金の授受を行った場合，いつの時点で収入金額として認識するのかによって，収入金額として認識される年が異なることになる。

　そのため，どのような基準で収入金額として認識するのかが問題となるが，その基準としては，現金主義，発生主義がある。現金主義は，現金の収入に基づいて，収入金額として認識する基準である。一方，発生主義は，収入が客観的に発生したときに収入金額として認識する基準である。現金主義により収入金額を認識するのは，納税者が恣意的に収入とする時期を操作することができるので，課税の公平の観点からは好ましくない，現金の収入を基準とすることは，信用取引が発達している現代社会では適切に収入金額を把握できないなどを理由として，発生主義によって，収入金額を認識すべきであると考えられている[1]。

　発生主義において，収入が客観的に発生したときについては，複数の考え方があり得るが，通説・判例では権利確定主義によると解している[2]。権利確定主義は，収入する権利が確定した金額をもって収入金額として認識する考え方である。このように権利確定主義では権利の確定によって，収入金額として認識するのであるが，どのようなことがあれば権利が確定したといえるのかは，

必ずしも明確ではない[3]。例えば，売買契約締結時であるのか，商品の引渡し時であると考えるのか多様な考え方があり得るのである。そこで，課税実務においては所得税基本通達でその取扱いを公表している。

このように権利確定主義において，権利の確定については多様な考え方があり得るが，弁護士の着手金の収入時期について争われた事案で，委任契約が締結された日の属する年の収入に計上すべきであるとする判決が下されている。着手金は，事件の処理に着手する前に受け取る金銭であるが，この事件では，委任契約の締結によって権利が確定したとして収入金額と認識されるとする。サービスの提供，あるいは収入を得るために必要とする費用との関係は問題とされていない。

そこで，本章では，弁護士の着手金事件を素材として，所得税法における権利確定主義における権利の確定について検討したい。

2 所得税法36条の解釈と権利確定主義の関係

所得税法36条では，各種所得の金額の計算上収入金額とすべき金額は，別段の定めがあるものを除き，「その年において収入すべき金額」と規定している。「その年において収入すべき金額」は，一般的には現金の収入に基づいて収入を認識するのではなく，発生主義に基づいて収入金額を認識すると解されている[4]。その理由は，発生主義によれば収入金額の認識において納税者の恣意性を排除でき[5]，課税の公平の観点から優れていること，今日の信用取引に対応できることなどが挙げられる。一方，現金主義は，所得税法67条で，所得計算の特例として，青色申告者のうち小規模事業者について限定して認められている。

発生主義は，収入が客観的に発生したときに収入金額として認識する基準であるが，発生主義において，収入が客観的に発生したときについては，複数の考え方があり得るので，課税上問題になる可能性が高い。そのため課税実務では，通達によってその取扱いが明らかにされている。すなわち，所得税基本通達36-8において，事業所得の総収入金額の収入すべき時期について，棚卸資産の販売（試用販売および委託販売を除く）による収入金額については，その引

渡しがあった日，また，請負による収入金額については，物の引渡しを要する請負契約にあってはその目的物の全部を完成して相手方に引き渡した日，物の引渡しを要しない請負契約にあってはその約した役務の提供を完了した日とし，ただし，一の契約により多量に請け負った同種の建設工事等についてその引渡量に従い工事代金等を収入する旨の特約もしくは慣習がある場合また1個の建設工事等についてその完成した部分を引き渡した都度その割合に応じて工事代金等を収入する旨の特約もしくは慣習がある場合には，その引き渡した部分に係る収入金額については，その特約また慣習により相手方に引き渡した日，さらに人的役務の提供（請負を除く）による収入金額については，その人的役務の提供を完了した日とし，ただし，人的役務の提供による報酬を期間の経過または役務の提供の程度等に応じて収入する特約または慣習がある場合におけるその期間の経過または役務の提供の程度等に対応する報酬については，その特約または慣習によりその収入すべき事由が生じた日としている。所得税基本通達36-12では，山林所得または譲渡所得の総収入金額の収入すべき時期は，山林所得または譲渡所得の基因となる資産の引渡しがあった日によるものとしている。頭金，権利金等の収入すべき時期について，所得税基本通達36-6では，不動産等の貸付けをしたことに伴い一時に収受する頭金，権利金，名義書換料，更新料等に係る不動産所得の総収入金額の収入すべき時期は，当該貸付けに係る契約に伴い当該貸付けに係る資産の引渡しを要するものについては当該引渡しのあった日，引渡しを要しないものについては当該貸付けに係る契約の効力発生の日によるものとする。ただし，引渡しを要するものについて契約の効力発生の日により総収入金額に算入して申告があったときは，これを認めるとしていて，収入金額として認識する時期は，一義的ではなく，選択を認めている。

諸取引においては，まず契約の締結があり，その後役務の提供，あるいは商品等の引渡し，対価の支払いが行われるが，このように所得税基本通達において，収入すべき時期については，契約の締結ではなく，取引の性格に応じて，引渡し，役務の提供が完了した時期とされていて，単に引渡しではない。また，一義的ではなく，納税者の選択を認めている場合も多い[6]。

ところで，対価の授受が，商品等の引渡し，役務の提供前であれば，前受収益あるいは前払費用の計上が問題となる。したがって，通達においては，収入

すべき時期としては，反対給付との関係が考慮されていると考えることができる。

　発生主義において，収入が客観的に発生したときの認識する時点は，通説・判例では権利確定主義によると解されている。権利確定主義は，収入する権利が確定した金額をもって収入金額として認識する考え方である。権利確定主義では権利の確定によって，収入金額として認識するのである。しかし，どのような事実があれば権利が確定したといえるのかは，必ずしも明確ではない。すなわち，権利の確定というと法的に対価を受け取る権利が生じた日だと理解して，契約成立の日がこれにあたるという解釈も可能であるが，一般にはもっと遅く考えられていると指摘されている[7]。加えて，「少なくとも契約成立の日に権利が確定したと考えることはほとんどない」とも指摘されている[8]。

　そこで，次に弁護士の着手金の収入時期をめぐって争われた事案（以下「弁護士着手金事件」という）を素材として，所得税法における権利確定主義について検討したい。

3　裁判例の検討

　第一審：東京地裁平成20年1月31日判決[9]
　控訴審：東京高裁平成20年10月30日判決[10]
　上告審：最高裁第三小法廷平成21年4月28日決定[11]

（1）　事実関係

　本件は，法律事務所を経営する弁護士である原告が，原告の事業所得に係る弁護士報酬の額について，着手金，報酬金の収入時期について，着手金の収入時期を人的役務の終了の時期に，報酬金の収入時期を事件の処理が終了した後の合意の時期に，それぞれ計上していたところ，税務署長は，委任契約時に着手金請求権が確定し，事件の処理が終了し，報酬金を請求したときに報酬金請求権が確定するとして，所得税および消費税について更正処分ならびに過少申告加算税賦課決定処分を行ったことから，処分の取消を求めて提訴されたものである。第一審，控訴審で納税者が敗訴したので上告したが，不受理の決定に

第7章　弁護士報酬の着手金の収入計上時期　151

より，納税者の敗訴が確定している。

　以下では主に着手金の問題にしぼり，東京地裁判決における原告および被告の主張を整理することとする。

（2）　原告の主張

①　収入金額の計上時期の基本的な考え方について

　「弁護士報酬のうち，着手金は着手時に，報酬金は事件が終了した後成功度合いに応じてそれぞれ一括して支払われるのが通常であったが，多重債務事件などにおいて分割払が励行されるようになったことなどから，契約締結時に着手金を受領し，事件終了後請求書を発行することにより報酬金が受領できるとは限らなくなったのみならず，こうした多重債務事件では，分割払の定めがあっても，実際に弁護士費用を回収することは困難になってきており，こうした事情の下では，弁護士報酬については，現金主義が適用される慣習があるというべきであり，また，そうでなくとも，所得税法36条1項の解釈において，〔1〕金額に対する具体的合意が成立し，〔2〕事件が解決し役務の提供が完了し，かつ，〔3〕法的手段に訴えて履行を求めることが法律上，社会通念上可能となった場合に初めて，弁護士報酬が『その年において収入すべき金額』に当たるというべきである旨主張する。」

②　着手金について

　「着手金は，事件の受任時に依頼者から支払われるが，その性質は，委任事務処理の対価すなわち，弁護士としての人的役務の提供の対価であるから，着手金請求権は，事件等の処理という人的役務の提供が完了するまで確定しないとして，着手金が現実に支払われた時点で，収入として計上する慣習があり，また，権利確定主義の解釈としても，着手金が現実に支払われた時点で収入として計上するべきである旨主張。」

　「当時の横浜弁護士会報酬規程（甲12, 乙1）44条1項において，受任契約に基づく事件等の処理が，解任，辞任又は委任事務処理の継続不能により，中途で終了したときは，弁護士は，依頼者との協議の上，委任事務処理の程度に応じて，受領済みの弁護士報酬の全部若しくは一部を返還し，又は弁護士報酬の

全部若しくは一部を請求する旨定められていることを指摘する。」

「多重債務者の債務整理の場合には，弁護士に一時金を支払う余裕がない者が多いため，事件終了時までに何回かの分割払を行わざるを得ないことが少なくなくなってきているが，こうした場合，弁護士が受任したことによって債権者からの圧力が一時的にせよなくなると，約束どおりに分割の着手金を支払わなくなる依頼者が少なくなく，分割金が約束どおりに支払われない事態がしばしば起こるが，これらの分割金の支払を求めて，弁護士が依頼者に対し法的手段をとるよう求めることは弁護士の公益的地位にかんがみ相当でなく，破産手続により免責が認められた場合には法的にも取立ては不能となり，弁護士がこれを貸倒れ処理をすることも現実的には困難であるとして，債務整理事案等で着手金の支払が分割で行われる場合には，分割金が現実に支払われた時点で，収入として計上されるべきである旨主張。」

（3）　被告の主張

①　着手金について

「所得税基本通達36-8は，人的役務の提供（請負を除く。）による収入が，その人的役務の提供を完了した日に生ずるものとする一方で，人的役務の提供による報酬を期間の経過又は役務の提供の程度等に応じて収入する特約又は慣習がある場合におけるその期間の経過又は役務の提供の程度等に対応する報酬については，その特約又は慣習によりその収入すべき事由が生じた日とする旨規定している。本件で問題となっている前記第2の1(2)アの各申告当時における原告の所属する横浜弁護士会の報酬規程によれば，着手金は事件等の依頼を受けたとき支払を受けるものとされており，原告も，依頼者との間で締結する民事事件又は刑事事件等の処理に関する委任契約（以下「受任契約」ともいう。）において，同旨の合意をしている。こうした事情によれば，原告は，受任契約に基づき，受任契約締結時において，依頼者に対して当該委任契約において定められた着手金の全額を請求する権利を確定的に取得する。」

「着手金が人的役務の提供の過程において発生するものではなく，事件等の依頼を受けたときに支払を受ける性質の金員として支払われるものであるから，たとえ分割払特約が付されたとしても，それは単にその支払方法を定めたもの

にすぎず，委任契約締結時に既に権利が確定しているというべきであるとも主張する。」

（4） 争　　点

　本件での争点は，個人所得税における収入金額の計上時期である。すなわち，原告は人的役務の提供が完了されたときに収入として計上すべきと主張するのに対して，被告は委任契約時に着手金請求権が確定すると主張している。

（5）　東京地裁判決判旨

①　収入金額の計上時期の基本的な考え方について

　「所得税法は，一暦年を単位としてその期間ごとに課税所得を計算し，課税を行うこととしており，同法36条１項が，右期間中の総収入金額又は収入金額の計算について，『収入すべき金額による』と定め，『収入した金額による』としていないことからすると，同法は，現実の収入がなくても，その収入の原因たる権利が確定的に発生した場合には，その時点で所得の実現があったものとして，権利発生の時期の属する年度の課税を計算するという建前（いわゆる権利確定主義）を採用しているものと解される。これは，所得税が，経済的な利得を対象とするものであるから，究極的には実現された収支によってもたらされる所得について課税するのが基本原則であり，ただ，その課税に当たって常に現実収入の時まで課税できないとしたのでは，納税者の恣意を許し，課税の公平を期し難いので，徴税政策上の技術的見地から，収入すべき権利の確定したときをとらえて課税することとしたものであり（最高裁判所昭和49年３月８日第二小法廷判決民集28巻２号186頁参照），ここにいう収入の原因となる権利が確定する時期はそれぞれの権利の特質を考慮し決定されるべきものである（最高裁判所昭和53年２月24日第二小法廷判決民集32巻１号43頁）。」

②　着手金について

　「各申告当時における原告の所属する横浜弁護士会の報酬規程によれば，着手金は事件等の依頼を受けたとき支払を受けるものとされており，原告も，依頼者との間で締結する民事事件又は刑事事件等の処理に関する委任契約（以下

154

「受任契約」ともいう。）において，同旨の合意をしている。こうした事情によれば，原告は，受任契約に基づき，受任契約締結時において，依頼者に対して当該委任契約において定められた着手金の全額を請求する権利を確定的に取得する。」

「弁護士報酬の種類としては，一般に，法律相談料，書面による鑑定料，着手金，報酬金，手数料，顧問料及び日当があること，このうち，着手金とは，事件又は法律事務（以下「事件等」という。）の性質上，委任事務処理の結果に成功不成功があるものについて，その結果のいかんにかかわらず受任時に受けるべき委任事務処理の対価をいうこと，及び，着手金は，事件等の依頼を受けたときに支払を受けるものであることが認められる。このように，着手金は，ほかの種類の弁護士報酬と異なり，事件等の結果のいかんにかかわらず，委任事務処理が開始される前に支払を受けるものであり，その金額も受任時に確定されることによれば，弁護士が依頼者から事件等を受任した時点で収入の原因となる権利が確定するとみるのが自然である。」

「着手金は役務の提供があって初めて収入として計上されるとするならば，原告が受領した着手金について，役務の提供が既にあり，収入に計上される分と，役務の提供が未了で，収入に計上されない分に配分しなければならないはずであるが，本件全証拠によっても，このような会計処理が原告のみにとどまらず弁護士一般によって行われている形跡はうかがわれない。」

「着手金について現金主義を採用するならば，着手金が受任契約締結時に一括して支払われたときには，その時点で役務の提供がないにもかかわらず，当該着手金を収入として計上することになり，着手金が人的役務が提供されるまで確定しないという原告の上記主張と相いれないことになってしまう。原告本人の供述には，このような場合には，管理支配基準を採用することになるとする部分があるが，このように複数の基準を適用すべき合理的根拠を見いだすことはできない。」

「着手金が分割で支払われる場合には，予想される業務進捗状況に対応するように，分割払の日程及び方法を定めることも十分可能であると考えられるが，このような配慮が行われた形跡もうかがわれない。このことに照らすと，着手金について分割払の定めがあったとしても，それは単に着手金の支払方法を定

めたものにすぎず，受任時に支払われる金員であるという着手金の本質を変更するものではなく，着手金に係る権利の確定時期を左右するものではないというべきである。こうした事情に照らすと，原告の主張にそうような慣習があるということはできないし，原告の主張のような扱いに合理性があるともいえない。」

「受任後の事情により，着手金の全部又は一部について返還義務が生じたとしても，それは所得税法の規定に従い，別途処理すれば足りるものであるから，原告指摘の上記事実は，着手金を収入として計上する時期を左右するものでない。」

「着手金を任意に支払うかどうかは当該依頼者の個人的な属性によるところが大きく，多重債務者の債務整理の場合であっても，一概に着手金が任意に支払われないと言い切ることはできない。のみならず，権利確定主義の下では一般に，一定額の金銭の支払を目的とする債権は，その現実の支払がされる以前に当該支払があったのと同様に課税されることとなり（換言すれば，権利確定主義の下において金銭債権の確定的発生の時期を基準として所得税を賦課徴収するのは，実質的には，いわば未必所得に対する租税の前納的性格を有するものである。），課税後に至りその債権が貸倒れ等によって回収不能となった場合には，所得税法52条2項などによって，これを是正することは，当然に想定されているものである。また，取引先に対し支払の催告や請求等を行うことは，事業者の債権管理として当然に想定される内容であり，弁護士の活動が公益的な性格を有するとしても，一般の事業者と同様に債権管理を行うことは，その方法において相応の配慮があってしかるべきであるとはいえ，やむを得ないことに照らせば，多重債務整理事件で依頼者が着手金を任意に支払わない可能性がほかの受任事件に比べ一般的に高いと予想されるとしても，前記(2)の判断を左右するに足りない。」

「着手金請求権は，受任時において確定したというべきである。したがって，着手金は，事件等の処理について委任契約が締結された日の属する年の収入に計上すべきものと解するのが相当である。」

（6） 東京高裁判決判旨

　東京高裁は，東京地裁判決の上記において引用した理由説示と同一であるとしたうえで，下記の理由を加えている。なお，他に加えている説示もあるが，省略している。

　「弁護士会の会員である弁護士は，依頼者が経済的資力に乏しい場合又は特別の事情がある場合に弁護士報酬の支払時期をA弁護士会報酬規定の上記の定めと異なる時期に変更する必要があると判断したときは，弁護士と依頼者との間で委任契約を締結し，弁護士報酬の支払に関する合意をするに当たり，弁護士報酬の支払時期について明示した上で上記の合意をし，その内容を委任契約書に明記しておくことが相当である。このことにより，弁護士が依頼者に対する説明義務を十分に果たすことになるほか，権利確定主義により収入を計上して所得を算定すべき法制の下で適正な税務申告を行う上でも必要，かつ，相当な措置を執ることになるというべきである。」

（7）最高裁決定

　最高裁は，上告理由の実質は事実誤認または単なる法令違反を主張するものであるとして，受理すべきでないとしている。

（8） 判決の特徴と若干の検討

　東京地裁判決では，まず「権利発生の時期の属する年度の課税を計算するという建前（いわゆる権利確定主義）を採用しているものと解される」として，明確に所得税法は権利確定主義を採用していることを説示したうえで，委任契約の内容，着手金の支払い方法とその処理，貸倒れのリスクと収入金額の認識の関係，などに着目して検討している。

　まず，委任契約の検討についてであるが，「委任契約において定められた着手金の全額を請求する権利を確定的に取得する」と説示し，委任契約の締結によって，権利が確定するとしている。この場合，着手金の金額に関して，「着手金は，ほかの種類の弁護士報酬と異なり，事件等の結果のいかんにかかわらず，委任事務処理が開始される前に支払を受けるものであり，その金額も受任

時に確定されることによれば，弁護士が依頼者から事件等を受任した時点で収入の原因となる権利が確定するとみるのが自然である」と説示し，金額の確定が権利の確定の根拠としている。したがって，契約の後に役務の提供が行われるのであるが，着手金については，役務の提供とは関わりなく，委任契約の締結時に権利が確定し，収入金額として認識される。このことは，前述した「少なくとも契約成立の日に権利が確定したと考えることはほとんどない」との指摘を踏まえた場合，この判決の特徴である。

　また，着手金の支払い方法とその処理についてであるが，対価を分割で支払うこと，つまり契約時より後で支払うことは，一般的にあり得る。それは，単なる代金の支払い方法であるか，あるいはいわゆる進捗度に応じて支払うのかである。いずれの場合でも一般的には，契約によって決定することができるであろう。東京地裁判決においても，「着手金が分割で支払われる場合には，予想される業務進捗状況に対応するように，分割払の日程及び方法を定めることも十分可能であると考えられる」と指摘し，しかし，「このような配慮が行われた形跡もうかがわれない。このことに照らすと，着手金について分割払の定めがあったとしても，それは単に着手金の支払方法を定めたものにすぎず，受任時に支払われる金員であるという着手金の本質を変更するものではなく，着手金に係る権利の確定時期を左右するものではないというべきである」と説示する。また，東京高裁判決でも「弁護士会の会員である弁護士は，依頼者が経済的資力に乏しい場合又は特別の事情がある場合に弁護士報酬の支払時期をA弁護士会報酬規定の上記の定めと異なる時期に変更する必要があると判断したときは，弁護士と依頼者との間で委任契約を締結し，弁護士報酬の支払に関する合意をするに当たり，弁護士報酬の支払時期について明示した上で上記の合意をし，その内容を委任契約書に明記しておくことが相当である」と説示している。したがって，契約によって，収入金額として認識する時期を決定すると解することができると指摘しているのであろうか。しかし，一般的に着手金は委任契約の締結時に収入金額として認識すると理解されているようである。そうであれば，進捗度の観点にみられるようには役務の提供と収入金額の認識の関連性は配意されるのであるが，着手金の場合は，権利の確定だけで，収入金額として認識されるのは，特徴的である。

さらに，貸倒れのリスクと収入金額の認識の関係についてであるが，原告は弁護士の業務の特殊性を踏まえて，貸倒れのリスクと貸倒れ処理の困難性を指摘し，現金の収入に応じて収入金額とすべきであると主張したが，この点について東京地裁判決は，その主張は認めなかった。ただ，この問題は，いずれの時期に収入金額として認識するのかという問題と関連するので，委任契約締結時に収入金額にするのであれば，貸倒れの問題は別途検討する必要があると思われる。

なお，この判決においては，実現主義における実現というメルクマールでの検討はなく，権利確定主義における権利の確定というメルクマールによって判断が示されている。

4 所得税法における収入金額の認識についての検討

（1） 所得税法における権利確定主義と実現主義の関係

所得税法36条は，収入金額の通則規定であるが，各種所得の金額の計算上収入金額とすべき金額は，別段の定めがあるものを除き，その年において「収入すべき金額」と規定し，その年において「収入すべき金額」は，一般的には現金の収入に基づいて収入を認識するのではなく，発生主義に基づいて収入金額を認識すると解されている。発生主義は，収入が客観的に発生したときに収入金額として認識する基準であるが，それを貫徹することは困難であろう[12]。発生主義では，客観的に発生した収入金額を認識するためには，証憑の保存と記帳が必要になると思われるが，所得税法では，記帳の慣行がなかったことが，発生主義を貫徹することを困難にする理由の1つとして挙げることができるであろう。すなわち，所得税法では，青色申告の場合記帳義務が課せられてきたが，いわゆる白色申告の場合では，現在，白色申告者にも一定の記帳義務が課せられているが[13]，1984年の税制改正までは，記帳義務は課せられていなかったので，記帳が実践されていたかは，疑わしい。所得税法36条は発生主義により収入金額を認識すると解されているが，このように帳簿により担保されていたわけではなかった。さらに，現在でも，手続としては例外である青色申

告の場合であれば，原則として複式簿記による記帳が必要であるが，白色申告の場合は，簡易な方法による記帳にとどまることも（所得税法148，232条，所得税法施行規則102），発生主義を貫徹することを困難にする理由の１つとして挙げることができるであろう。

ところで，会計においては，客観的に発生した収益を認識する発生主義では，収益について発生主義を全面的に適用すると未実現利益が計上され，未実現利益が計上されると，貨幣性資産の裏付けがないにもかかわらず，株主に対する配当の対象になったり，課税されたりする問題が生じる。そのため収益については，実現主義が採用されている。実現主義とは，その収益が実現したと認識された時点で初めて計上するという考え方である。実現主義が採用されるのは，収益の金額の客観性，利益の処分可能性という観点から優れているからである。収益は，（a）財貨やサービスが相手に引き渡されたこと，（b）対価として，現金・売掛金などの貨幣性資産が受け取られたことの２つの条件が満たされた時点で「実現」したと判断され，計上される[14]。例えば，棚卸商品の販売であれば，商品を販売した時点が「実現」したとするのが，一般的である。このように実現主義においては，収益として認識にあたっては，いつの時点で実現したかが問題となる。

会計において，実現主義が必要とされる理由は，未実現利益の排除にあり，そのためのメルクマールとして「実現」が問題とされる。一方で，所得税法においては，発生主義の１つの基準である権利確定主義における権利の確定というメルクマールで課税のタイミングを明確にしようとするものである。この両者の関係について，金子宏教授は「法律学の専門家として問題としたいことは，この意味での実現主義が訴訟の場面において，法的分析の道具として十分に役立ちうるかどうかである。第１に，裁判において，ある年度帰属に関する会計慣行の適否が問題となった場合に，裁判官は，それを鵜呑みにするわけにはいかず，所得税法なり法人税法なりの解釈の問題としてその適否を判断しなければならないが，実現主義がその判断に必要な明確な基準を提供しうるとは考えられない。第２に，筆者の知る限りでは，一般に企業会計の網は相当に粗くて，今日まで訴訟で年度帰属が問題となった事件においては，見るべき会計慣行がなく，また会計学説もない場合が多かった。状況は今後も変わらないものと思

われる。このような新しい問題が出てきた場合に，実現主義は，その解決のために必要ななんらかの明確な基準を提供しうるであろうか，あるいは実現主義から明確な解答を引き出すことができるであろうか。……実現の観念が未実現の利益の排除という点を除いては，不明確な内容のものであるだけに，それが明確な解答を提供できるとは考えられない」(15) と指摘されている。

　岡村忠生教授も「所得金額の検証可能性を確保する観点からは，検証が最終的には訴訟の場において行われるので，法的分析の道具としては権利確定主義が優れている，そして，その適用にあたっては，取引の類型および態様ごとに適切な基準を設定すべきである，つまり，個別具体的に収益計上の時点を，基準（スタンダード）としてではなく，ルールとして決めることが望ましい，という考え方があり得る」(16) と指摘しながら「筆者は今のところ，収益計上時点は，ソフトローとしての会計原則や会計慣行（類型のない取引では当該納税者が継続して用いる会計方法を含む）に委ねること，法令では，一定の選択幅を設けるに止めるとともに，いったん選択した基準は継続して適用させる規定を設けて〔原文のまま〕ことが，妥当ではないかと考えている。その理由は，様々な取引ごとに計上時点をルール化することはできないと思われること，できないのであれば，他の方法でインセンティブを押さえなければならないが，その方法としては，税法と企業会計で用いる計上基準とを一致させ，逆方向を向くふたつのインセンティブの打ち消しを図ることがある程度有効であると考えるからである。ソフトローに基づく収益計上時点を何らかの用語で呼ぶとすると，『実現』がもっともふさわしいと思われる。この場合，『実現』に対して，伝統的な意味での厳格な法的定義は与えるべきでないことになる。立法論として，これは，現在の法令が規定する計上基準や会計方法の選択を緩和する方向になろう」(17) と述べられている。

　前者の見解では，訴訟において，法的分析の道具として十分に役立ち得るのかという観点では，実現主義ではその判断に必要な明確な基準を提供できないので，権利確定主義が必要であると指摘する。この場合，権利確定主義における「権利の確定」は，実現主義のおける「実現」は当然に同じ意味内容ではない。一方で，後者の見解は，法的分析の道具としては権利確定主義が優れているとされつつ，会計原則や会計慣行をソフトローとすることにより，税法と企

業会計で用いる計上基準とを一致させ，逆方向を向く２つのインセンティブの打ち消しを図ることの可能性を指摘する。

ところで，旧所得税基本通達[18]および旧法人税基本通達[19]における権利確定の時期に関する取扱いについて，「法人税通達の……ただし書きの趣旨は例外的な取扱いとして『商品，製品等の引渡の時期をもって損益計上の時期とすることができる』としているところからみて，通達はおそらく権利確定主義の解釈としてそのような内容のものを考えていたわけではなく，単に法人の現実の会計処理が，引渡基準によって損益を計上している場合が多いことから，税務もそれに依存せざるを得ないという判断に立ったもの（その意味で前記の企業会計原則基準審議会の提言の趣旨に合致している。）と考えられ，一方，所得税通達がこのようなただし書を欠いていたのは，個人事業者の場合には，帳簿記録が不完全な場合が少なくなく，帳簿組織を離れ，しばしば推計を加えて所得計算が行われるところから，権利確定主義の解釈においても単に法律的解釈のみを示し，法人税の場合のように企業経理との調整について特別の考慮をしなかったためではないかと解される。」[20]との指摘がある。

前述したように所得税法においては，1984年の税制改正前は，手続きとしては原則であるいわゆる白色申告では記帳義務がなく，その後も記帳を前提とする実現主義では訴訟において，法的分析の道具としては役立つ資料を示すことができなかったが，一方で法人税は記帳の実践があったので，会計における実現主義における実現と権利確定主義おける権利の確定は同じ方向に向かうことが可能であろう。このことはソフトローという概念を介してであるが，岡村教授の指摘と同じ方向性だと思われる。

しかし，所得税法においては，現在でも青色申告で原則とされる複式簿記の普及が50％程度にとどまっていることから窺えるように[21]，記帳の普及率は十分には高くないので，権利確定主義が必要とされるのであろう。

弁護士着手金事件では，実現主義による検討が行われず，権利確定主義による検討に基づいて判断が示されているが，一方で，記帳義務が拡大していること，特に事業所得の場合は法人税の場合と共通することも多いので，ソフトローの問題も含めて，会計との問題は再考すべきでないであろうか。このような観点では，弁護士着手金事件では検討が十分でないと思われる。

（2） その年において収入すべき金額と役務の提供の時期との関係

　前述したように，課税実務において，「その年において収入すべき金額」の時期の取扱いが明らかにされているが，一方で通達においても，例えば棚卸資産の場合では引渡し日であり，また，人的役務の提供（請負を除く）による収入金額については，その人的役務の提供を完了した日とされている。このように，単に契約の締結時ではなく，当事者の一方がなすべきことが終わった時点が選択されている[22]。

　前述した，少なくとも契約成立の日に権利が確定したと考えることはほとんどないとの指摘も踏まえた場合，弁護士着手金事件判決では，委任契約締結時を権利の確定の時期としていることには，違和感がある。東京高裁判決では委任契約において「収入すべき金額」として認識する時期を決めることができると指摘されているようにみえるが，一方で単に支払方法の取り決めに過ぎないとの反論もあり得るので，問題の解決に繋がる検討が必要である。

（3） 貸倒損失との関係

　確かに，収入金額の認識，それを権利確定主義で説明するか，実現主義で説明するのかの問題があるとしても，貸倒れの問題は，次元を異にする問題である。しかし，弁護士着手金事件のように，回収のリスクの高いことが当初からわかっている場合に，一義的に委任契約時点で収入金額として認識し，貸倒れのリスクを異次元の問題とするのは，課税の公平の観点から問題があるのではないであろうか。前述したように権利確定主義において，権利の確定の時期の選択を認める見解もあるし，また課税実務においても契約時点より後の時点を収入すべき金額としている場合が多い。

　このような課税実務や学説を踏まえた場合，弁護士着手金事件判決のように，回収不能のリスクが高い委任契約締結時を一義的に収入金額の計上時期とすることについては，検討の余地があるのではないか。

5 おわりに

以上検討してきたように，権利確定主義と実現主義の関係であるが，訴訟における着手金の収入金額の計上時期については，権利確定主義が採用されている所得税法においては，権利の確定の時であり，その権利の確定の時というのは，一義的ではない。課税実務および裁判例においても，契約締結時とするのは，一般的ではなく，むしろ稀である。ところが弁護士着手金事件では契約締結時と判断されている。この問題については丁寧な検討が必要である。

収入金額の認識については，役務の提供との関係も踏まえて，検討すべきである。なぜなら，例えば，売上原価の算出にみられるように必要経費の計算は，売上などの収入金額との関係が問題となることが多い。この点，着手金収入に対する必要経費は，その後に支出されるであろうから，検討すべきであると思われる。しかし，弁護士着手金事件では役務の提供との関係は否定され，単に委任契約締結のみに着目して判断している。この問題についても丁寧な検討が必要である。

[注]
（1） 金子宏「所得の年度帰属　権利確定主義は破綻したか」『日税研論集』22巻，1992年，3頁参照。
（2） 金子宏『租税法（第23版）』（弘文堂．2019年），310頁。
（3） 田中治「税法における所得の年度帰属―権利確定主義の論理と機能」『大阪府立大学経済研究』32巻2号（1987年），163頁参照。
（4） 例えば，金子・前掲注（2），310頁。
（5） 発生主義であれば，収入金額の認識において納税者の恣意性を排除できることについて，疑問を呈する見解もある（中里実「所得概念と時間―課税のタイミングの観点から―」金子宏編著『所得課税の研究』（有斐閣，1991年），142頁参照）。
（6） 清永敬次教授も「権利の確定の時期は唯一つしかないと考える必要もまた理由もないように思われ，次に述べる法時期を選択することができると考えるべきであろう」（清永敬次『税法』（ミネルヴァ書房，2013年），101頁）と述べられている。
（7） 佐藤英明『スタンダード所得税法（第2版補正版）』（弘文堂，2018年），246頁。
（8） 同上，246頁。
（9） 東京地裁平成20年1月31日判決，LEX/DB25420381。

(10) 東京高裁平成20年10月30日判決，LEX/DB25450982。

(11) 最高裁第三小法廷平成21年4月28日決定，LEX/DB25471873。

(12) 金子宏教授は，「法人の場合と異なり，個人の場合には，すべての納税者およびすべての所得を通じて発生主義を貫徹することは，実際問題として困難である。」（金子宏，前掲注（1），3頁参照）と指摘されている。

(13) 1984年の税制改正後でも，白色申告では前々年または前年の所得の金額の合計額が300万円を超えるものについては，財務省令で定める簡易な方法により記録し，かつ，当該帳簿を保存しなければならなかったが，その一方で，300万円以下のものについては，記帳義務は課せられていなかった。さらに記帳義務について改正され，2014（平成26）年からは，すべて白色申告はこれまでの白色申告の記帳義務と同様の記帳義務が課されたので，所得税法において記帳義務がない納税者は存在しなくなった。

(14) 桜井久勝『財務会計講義（第15版）』（中央経済社，2014年），78頁参照。

(15) 金子宏，前掲注（1），14-15頁。

(16) 岡村忠生「所得の実現をめぐる概念の分別と連接」『法学論叢』166巻6号（2010年），99-100頁。

(17) 同上，100頁。

(18) 旧所得税基本通達は，権利確定の時期に関して事業所得について「原則として収入すべき金額の基礎となった契約の効力発生の時」（同通達198）としていた。

(19) 旧法人税基本通達は，「資産の売買による損益は，所有権移転登記の有無及び代金支払の済否を問わず売買契約の効力発生の日の属する事業年度の益金又は損金に算入する。但し，商品，製品等の販売については，商品，備品等の引渡の時を含む事業年度の益金又は損金に算入することができる。」（同通達249）としていた。

(20) 注解所得税法研究会編『注解所得税法（最新版）』（大蔵財務協会，1994年），509-510頁。

(21) 国税庁「個人の青色申告者数の推移」国税庁ホームページ・https://www.nta.go.jp/kohyo/katsudou/report/2003/japanese/tab/tab07.htm）を参照のこと。

(22) 佐藤英明，前掲注（7），248頁参照。

第8章

弁護士会役員交際費事件
―所得税法上の家事関連費における必要経費との 区分要件（合理性と客観性を中心として）

1 はじめに

　所得税法における必要経費とは，所得税法37条1項[1]に規定されており，それは，基本的には直接的，あるいは間接的に収益を生み出すための投下資本である。したがって，売上原価等の個別対応費用が主となり，それに加えて，収益との対応関係が個別的には不明なものについても，費用収益対応の原則により導かれ，期間対応あるいは一般対応の費用として計上を許される。さらに，収益との対応関係が不明なものも計上可能であることによって，損失も計上を許されることになる。これらは，企業会計と一致する部分でもある。

　また，所得税法上の必要経費について忘れてはならないものは家事費との峻別の問題である。個人所得税の場合，法人所得税と違い，収益と費用・損失との関係だけでなく，益金（収益）と損金（費用（必要経費）・損失）の差額として算定した所得の消費場面である家事費・家事関連費との関係を考慮しなければならない。また，家事関連費の中には，一度，消費支出として必要経費から除外されたものの，収益との対応が客観的に明らかであれば，必要経費と認められるものも含まれる[2]。

　ここで，家事費には何が含まれ得るのかというと，家計維持のための生活費はその最たるものであるが，その他にも各種租税，各種社会保険料，医療費はいうに及ばず，宝くじの購入費，災害や盗難による被害，そして，個人の寄附金等が含まれることからもわかるとおり，所得の消費場面とは，個人の自由な選考による所得の処分方法を表す。

　そして，これらの家事費としての消費支出については，拙稿[3]での考察

により，主に所得控除において担税力の減殺要因として認識されていることが明らかになった。したがって，必要経費と家事費との峻別は，正確な課税所得計算はもとより，必要経費で控除されたものをさらに所得控除の場面でも二重に控除しないためにも必要であるといえる。例えば，雑損控除については，資産の範囲を定義することによって所得獲得活動と消費活動の分離を試みている点が特徴であった[4]。

本章では，これらの先行研究を踏まえて，交際費等が含まれる家事関連費について，必要経費との区分の観点から考察を行うこととするが，まずは，現行所得税法における家事関連費の考え方について詳解が加えられた昭和38年12月税制調査会「所得税法及び法人税法の整備に関する答申」（以下「整備答申」という）の内容を整理してみたい。

2 整備答申における所得税法の理念と収益および費用の基本的理解

第二次大戦後の所得税法は，包括的所得概念の採用のみならず，帳簿組織を備えた青色申告の慫慂と，それに伴う法人との取扱いにおける公平さを意識したことにより，企業会計の収支計算と接近し，必要経費の範囲が拡大したといえる。また，この接近は，整備答申の内容に顕著である。

例えば，整備答申中の「4　所得の発生時期」において，「税法は，期間損益決定の原則として，発生主義のうちいわゆる権利確定主義をとるものといわれているが，税法上個々の規定について検討するときは，現行税法全体の構造としては，権利確定主義を中核としながらも，その具体的適用は相当広く弾力性に富み，経済の実態及び企業会計の進展に伴つた期間損益決定についての一つの体形を形成しているものと考えられ，細目において際の生ずるのは課税の公平という租税目的上の要請から当然としても，企業会計における場合の発生主義と結果的には一致している面が多い」[5]として，企業会計に意識を置いているが，「しかしながら，（中略）税法が，法律として，すべての納税者について統一的に扱う必要から，期間損益の決定を単に会計上の事実行為に立脚した基準にのみ委ねることができず，他に特別の定めがない場合の一般判定基準としては，なんらかの法的基準をもとめられなければならない」[6]として，

権利確定主義を税法上における所得計算の基本的基準としている。なお，法人税法と所得税法における取扱いは，できる限り一致させることが望ましいとしながらも，納税者の実態に即するという意味においては，不一致の生ずることはやむを得ないと認められるとしている⁽⁷⁾。

また，続けて，「税法上損金（所得税法上の必要経費を含む，以下同じ。）の計上については，まず，いわゆる費用収益対応の原則が適用され，さらにこれがいわゆる権利確定主義に対応する債務確定の有無によつてテストされている」⁽⁸⁾とし，費用収益対応の原則により損金の発生を認識した後での債務確定の法的テストが行われることを明示しており，「この点については，費用収益対応の原則を基本とする企業会計原則との間に若干の相違点があるようにみえるが，損金の見積り計上を無制限に認めることは課税上弊害が大きいのみならず徴税技術上も困難であるため，税法上は相手方企業における収益計上の時期と表裏の関係において債務を計上することを基本とし，個別的には，<u>合理的な範囲</u>において，できる限り会計上の意味における費用収益対応の原則の実現を図る方向で考える」⁽⁹⁾（下線―筆者）とする。

しかし，ここでの租税法上の「合理的な範囲」における費用収益対応の原則の実現とは，権利確定主義のことを指すのか，私法でいうところの相当因果関係的なものを指すのかは判然としない。したがって，この点について以下でさらに検討を加える。

整備答申のいう費用収益対応は，「費用収益対応の考え方のもとに費用を控除するにあたって，所得の基因となる事業等に関係はあるが，所得の形成に直接寄与していない経費又は損失の取扱いをいかにすべきかという問題については，純資産増加説的な考え方に立って，できるだけ広くこの種の経費又は損失を所得計算上控除すべしとする考え方と，家事費を除外する所得計算の建前から，所得計算の純化を図るためには家事費との区分の困難な経費等はできるだけこれを排除すべしとする考え方との広狭二様の考え方がある」⁽¹⁰⁾というものであって，純資産増加説と個人所得税特有の家事費混入の問題とを所得計算上の広狭と捉えた上で，「所得税の建前としては，事実上の経費と家事費とを峻別する後者の考え方も当然無視することができないが，事業経費又は事業損失の計算については，できる限り前者の考え方を取り入れる方向で整備を図

ることが望ましいと考える」とし，事業経費または事業損失の計算については
できるだけ純資産増加説（包括的所得概念の別言，以下同じ）に立脚し，計上す
る旨述べている。

　そして，家事関連費についても，「必要経費と認めない家事関連費に関する
規定は，現在それが抽象的であるため，交際費，接待費，寄附金等の経費につ
き必要経費に認めるべきであるかどうかの判定が事実上困難である」(11)（傍
点一筆者）ことを挙げ，「判定を容易にするために形式的な基準を規定してこ
れを基に判定することも考えられるが，この種の経費は，その性質上客観的に
その基準を求めることは必ずしも容易ではなく，したがって，個々の事実判定
に委ねる方がかえって合理的であるとも考えられるので，規定上従来のような
基本的な考え方を表現するにとどめるのが適当である」(12)として，交際費・
接待費・寄附金の必要経費該当性の余地を認めているといえる(13)。その上で，
抽象的な家事関連費に対応するため，通則的原理を定めるのみで，形式基準に
よらず，原理に当てはまるかどうかは個別に判定するとしたのである。

　また，整備答申は，所得税法上の必要経費について，「現行の所得税法にお
ける課税所得の計算は，いわゆる費用収益対応の考え方によることを原則とし，
費用収益対応の原則を適用するに当たつて，（イ）事業所得（事業的な不動産所
得及び山林所得を含む）については，その事業の損益を一体として観念するい
わゆる総体対応(14)の考え方により，（ロ）偶発的な所得で原則として個々の
独立した行為又は原因に基づいて発生する一時所得については，その収入の生
じた行為又は原因ごとにその支出した金額を控除する個別対応(15)の考え方
により，また，（ハ）配当所得については，厳密な個別計算をしいることが困
難であるという実際面の考慮と多数の株式に投資する場合の所得計算は相対的
にとらえることが投資家の実態に合致するという観点から，その計算に当たつ
ての負債利子控除は総体対応の考え方によることとしている。これらの考え方
を基とする現行の所得計算の方法は，所得税がそれぞれの所得の性質に応じて
担税力を測定して課税するものである以上，そのあり方としては適切なもので
あると考える」(16)として，個別対応（いわゆる相当因果関係）と総体対応（い
わゆる債権債務確定主義）という，租税法上の新たな費用収益対応の考え方を
設けた。

さらに，事業所得とならなかった雑所得については，「ただ，所得計算上の問題として，雑所得（事業的でない不動産所得及び山林所得を含む）に対する所得計算を総体対応によって計算するか個別対応によって計算するかの問題があるが，これらのうちには，種々の性質を有するものが混在しており，したがって，これらの所得を通じていずれかの方式に統一することは適当ではないと考えられるので，所得分類をも考え合わせて個別的に判定することが望ましい」[17]として，事業所得とならないものについては個別の事案において費用収益の対応を判定することが望ましいとしている。

以上を見る限り，企業会計上の文言を借りていえば，相当因果関係に立脚する個別対応は，いわば現金主義による対応といえるのであり，総体対応は，発生主義と実現主義を踏まえた上での租税法上の債権債務確定主義に立脚した対応と理解できる。

これらの答申での検討を踏まえた昭和40年の所得税法改正によって，所得税法における必要経費に関する規定は，従来，政令で規定されていたものが多く法律に移され，規定の再編成が行われるなど，規定の内容，体裁にわたって多くの整備がされた。これにより，明治32年における必要経費の創設以来，あまり内容を変えずに維持されてきた必要経費の定義が，この改正で所得税法37条（以下「所法37条」という）の必要経費に関する通則規定に置き代えられた[18]。さらに，事業所得を中心とする所得の必要経費については，法人税法における損金の規定とほぼ平仄が合った内容（ただし，所得税法では「損失」については，別段の定めとして所得税法51条で定める体裁を採っている）となっている[19]。したがって，現在では，所得税法の必要経費と法人税法の損金に関する通則的規定が統一的に定められるようになったといえるのである[20]。

しかしながら，所法37条が必要経費の通則的規定として通用するのは，費用収益対応原則の中でも総体対応とされた部分であることに留意したい。こう考えた場合，所法37条の例外規定である所得税法45条（以下「所法45条」という）[21]や，「必要経費」の文言を使用しない事業所得，不動産所得，山林所得，雑所得以外の所得区分については，必要経費の通則規定としての意義は失われていると見てよいのであろうか。この点，現行所得税法がその課税所得計算上，総合所得および分類所得を採用していることとの関連性で考えてみればよいので

あろうか。これらの疑問につき，岡村忠生氏は，所得税法は，各種類所得を通じた統一概念としての費用を認識し，これをその基因となる活動の性質によって各所得種類に分類する仕組みをとっておらず，各所得種類ごとに異なって規定されている控除要件の下で，それぞれに該当する事実があれば，所得種類ごとの規定に従って控除が行われる[22]とし，したがって，所得税法上の費用控除には，「ある事実が複数の所得種類の控除要件を充足し，二重，三重に控除されることが懸念される」[23]と述べる。また，損益通算との関係でも問題が生じるとする[24]。

したがって，多重控除の懸念や損益通算が存在する関係から，「所得税法の控除の仕組みの中では，必要経費控除を認める要件として『関連』だけでは不十分であり，さらに何らかの制限が必要であると考えられます。学説はその制限を『直接』と表現してきたのではないでしょうか」[25]と述べており，この点，公正な課税所得計算の観点からは首肯する。

以上より，包括的所得概念下における現行所得税法上の必要経費控除においては，所得の対象が幅広く，また，それに伴い，その所得を得るための費用控除も広範囲に及び，漸次拡大することが予想される。しかし，その無秩序な拡大を防ぐための制限として，条文にはない『直接』関連性を要し，次第に通説となっていったということができると推察できるため，必要経費の通則的規定における計上要件を以下で再確認したい。

まず，条文を見る限り，その1項において，必要経費は，売上原価のように収入に直接対応する個別対応の費用と，販売費，一般管理費のように，収入との直接的関連はないが，期間的に関連しているとしてその歴年の費用とする，一般対応あるいは期間対応の費用の2種類があることが確認できる。

前者の個別対応となる売上原価等については，「当該収入金額を得るため直接に要した費用の額」と定められている。この点につき，明治32年所得税法[26]の必要経費規定[27]である「収入ヲ得ルニ必要ナル経費ニ限ル」との差異は，「直接に」という文言以外には見受けられないが，裏を返せば，「直接に」という文言には，現行法にはあって，明治32年所得税法にはなかったものとの区別を言外に含んでいると解される。それは，沿革を振り返って考える[28]と，家事関連費に含まれる業務に関連するとされる必要経費と，収益に直接因果関

係のない費用（損失）として整理することができよう。つまり，「直接に」という文言には，業務に関連し，かつ，収益に直接因果関係があるという意味を含ませているということになろう。

　他方で，後者の費用である，一般対応あるいは期間対応の費用については，「直接に」という文言がなく，その点では，収入との直接関連性を外された費用となるが，しかし，収入との一般的，あるいは期間的な対応があるとして計上を許されるものである以上，収入との対応が第一義になければならない。したがって，所法37条において，販売費，一般管理費について，「その他これらの所得を生ずべき業務について生じた費用」と定めているのは，企業会計からの要請を考慮した結果と考えられる。また，販売費，一般管理費とは，それぞれ会計上の勘定科目としては営業費用の例示となる。そして，販売費は販売に伴って生じた全ての経費を，一般管理費は，全体的に企業の一般的な監視監督に伴って生ずる費用全般をそれぞれ指すものということができる[29]。

　つまり，一般対応あるいは期間対応の費用については，企業会計原則における費用収益対応の原則に基づいて計上されるものであり，また，それが期間税である所得税と結びつくことで，適正な期間損益計算の下，公正な期間課税所得計算を行うことを担保するものであるということができよう。

3　家事費と家事関連費

（1）　必要経費の不算入規定としての家事費と家事関連費

　家事費を定める所法45条1項1号は，「家事上の経費及びこれに関連する経費で政令で定めるもの」を事業所得等の必要経費に算入しないことを定めている。この点，田中治氏は，「必要経費から排除される家事関連費の範囲は法の委任により政令で定められるが，これを具体化する際の基準は示されておらず，委任立法としては十全なものとはいえない」[30]と述べる[31]が，この点に関しては，整備答申において，「この種の経費（家事関連費）は，その性質上客観的にその基準を求めることは必ずしも容易ではなく，したがつて個々の事実判定に委ねるほうがかえつて合理的」（括弧内―筆者）[32]としていることか

ら見ても，家事関連費の範囲の測定方法におけるめざましい進歩でもない限り，委任立法としては不満が残るが，家事費という多分に個人的要素を含む部分に立ち入ろうとする以上，それはやむを得ないと考える。

　この所法45条1項1号の政令委任を受けた所得税法施行令96条（以下「所令96条」という）(33)では，その1項1号で「家事上の経費に関連する経費の主たる部分が不動産所得，事業所得，山林所得又は雑所得を生ずべき業務の遂行上必要であり，かつ，その必要である部分を明らかに区分することができる場合における当該部分に相当する経費」と定め，2号では「前号に掲げるもののほか，青色申告書を提出することにつき税務署長の承認を受けている居住者に係る家事上の経費に関連する経費のうち，取引の記録等に基づいて，不動産所得，事業所得又は山林所得を生ずべき業務の遂行上直接必要であつたことが明らかにされる部分の金額に相当する経費」と定めている。つまり，所令96条は，家事関連費における必要経費への具体的な算入要件を定めていると解される。

　また，課税行政上の指針となる所得税基本通達からの示唆については，家事関連費の主たる部分が，事業所得等を生ずべき業務の遂行上必要であるか否かは，「その支出する金額のうち当該業務の遂行上必要な部分が50％を超えるかどうかにより判定する」として形式的な基準を置きつつも，「（必要な部分が）50％以下であつても，その必要である部分を明らかに区分することができる場合には，当該必要である部分に相当する金額を必要経費に算入して差し支えない」（括弧内―筆者）（所得税基本通達45-2）とし，弾力的に運用しているようである。

　このように，家事関連費に関する法令および通達の考え方は，必ずしも整合的なものではない(34)。上述したように，家事費，家事関連費は，所法45条により必要経費算入から除外されるが，その一方で，委任を受けた政令および，その関連通達では「個々の事情に鑑み」家事関連費の一部には必要経費の部分を含むものがあるとして，「必要な部分」を必要経費として認めることになっている。これは，必要経費と家事費との区分を，所得稼得行為との関連性という視点から考えると区分が難しくなるので，家事費に属する費用を定め，必要経費（所得獲得行為との関連性）と家事費の両面からこの区分を明らかにすべきであるという考え方(35)を示したものである。

第8章　弁護士会役員交際費事件　173

　したがって，上記の家事関連費と必要経費における峻別を，「必要経費と家
事費の両面から区分を明らかにする」という点について，所法37条が定める必
要経費と所法45条とその施行令が定める家事費および家事関連費との区分とし
て，それらの条文から再度考察を行う。

　所法45条とは所法37条の別段の定めであり，必要経費の例外規定であること
について何ら問題はない。また，所法45条とその委任規定である所令96条との
関係についても，施行令の規定の示す内容については具体性の面からは異論が
あるものの，具体的委任規定であることについて問題は生じていない。問題が
生じる部分とは，必要経費を定める所法37条の射程が所令96条に及ぶのか，あ
るいは所令96条の規定が所法37条の必要経費規定に影響を及ぼし得るのかであ
る。

　つまり，具体的には，所令96条1項1号の規定する「業務の遂行上必要」の
文言，および同2号の規定する「業務の遂行上直接必要」の文言が，所法37条
1項の規定する「必要経費に算入すべき金額は，別段の定めがあるものを除き，
これらの所得の総収入金額に係る売上原価その他当該総収入金額を得るため直
接に要した費用の額及びその年における販売費，一般管理費その他これらの所
得を生ずべき業務について生じた費用」のどの文言に影響を及ぼし得るのか，
あるいは所法37条の規定する「必要経費」は，所令96条の規定する「家事関連
費とならない経費」を射程とし得るのかということである。

　上記を法の条文構成から考えれば，所令96条は所法37条の委任規定ではなく，
所法45条の委任規定であるから，所得税法施行令の射程は所法45条までとなり，
また，所法45条関連の通達（所得税基本通達45-1，同45-2）をみても，それら
は所法45条の委任を受けた所令96条の解釈通達である。以上からは，所令96条
は所法45条の具体的委任規定であることの証左であり，さらに，所法45条1項
1号（家事費）と所令96条1項1号（家事関連費）は密接不可分ということが
理解でき，また，これらは必要経費について直接に規定しているものでもなく，
消極的に「必要経費とならない家事費および家事関連費」でない場合にのみ必
要経費となる規定と読み取れる。

　したがって，所法37条と所令96条との関係は，条文規定上からみても例外規
定として独立しているのであって，また，家事費および家事関連費の規定にお

いて消極として解された必要経費とは，明らかに売上原価等の直接所得に貢献する費用であるはずはなく，期間的に所得獲得に貢献する費用である。つまり，必要経費規定の期間費用を指す部分である「その年における販売費，一般管理費その他これらの所得を生ずべき業務について生じた費用」に売上原価のような「直接に要した」という文言がないことについては，家事費および家事関連費にはならない経費を，「家事上の経費に関連する経費の主たる部分」が，必要経費規定の及ぶ各種所得において，「業務の遂行上必要」，および「業務の遂行上直接必要」な部分の経費として，所令96条は独自に規定しているために何ら影響は受けないと考えられる。

　以上までで，必要経費という文言は，規定上，家事費および家事関連費ではない経費として明らかに区分されて使われていることも確認された。確かに，必要経費部分は家事関連費の内に混在するのであるが，やはり，それは元々峻別されるべきものとして存在するということであろう。しかし，それを通達のごとく，あたかも形式的に按分可能であることが当然のように解してよいのかという疑問もあるが，課税行政上は止むを得ないことという理解はある。ただし，その形式的に按分可能であることと，所得獲得への貢献とは相関していない点に留意したい。

　例えば，店舗兼住宅の光熱費が何らかの所得獲得に貢献するのは理解するが，使用した光熱費の何割が所得に貢献しているのかというのは別事象であるし，具体的算定も不可能であることは多言を要さないであろう。業界における交際費についても同様である。仮に，交際費を，交際1回の支出で新規の顧客が獲得できたことを10割と定義して按分するにしても，2回，3回と回を増すと支出金額も毎回様々になるであろうし，また，1回につき2人や3人新規の顧客が獲得できることもあるであろう。

　このように，一律に按分の定義をしたつもりでも，種々雑多な要素が含まれ得るし，納税者個人によって定義の仕方が主観的に様々になる以上，家事関連費と混在する必要経費との峻別について，その峻別にあたり，必要経費となる部分が業務の遂行上必要であることは言うまでもなく，必要経費となる部分を業務に（直接）関連する部分として抜き出さざるを得ないのは当然の帰結ということになろう。

（2）　家事関連費における家事費と必要経費との峻別の可能性への検討

　ここで，家事関連費における家事費と必要経費との峻別への検討の具体例として，所得税法上の交際費，旅費交通費の問題を挙げてみたい。所得税法上の家事関連費とされる交際費については，法人税法のように特別の規定がないことから，個々の支出毎にその必要経費性を判断する必要がある。しかし，「必要経費」と「家事費」の要素を分別することは難しく，しかもこれらの支出は一般に家事費的要素が大きいと考えられるため，当該費用を「必要経費」とするのは，事業遂行上その支出の必要性が特に強い場合，あるいは専ら事業遂行上の必要に基づく場合などに限ることが適当であろう[36]と考えられており，またそれは前述したとおりでもある。

　同様に，家事関連費における具体的な必要経費性の判断基準として，事業所得者等の通勤費・旅費については，給与所得者の通勤費・旅費に関する非課税規定を準用するとされる[37]ので，それを見てみることにしたい。給与所得者の通勤費・旅費に関する非課税規定（所得税法9条1項4・5号）は，その範囲を，納税者において「通常必要」であると認められる範囲としている。さらに，この非課税規定に該当しない通勤費・単身赴任者の帰宅旅費として5種類の特定支出[38]があるが（所得税法57条の2　2項1～5号），これらにおいても，「通常必要」という文言が使われている（資格や研修に関わるものについては「直接必要」となっている）。

　また，上記に加えて，平成24年度改正により新設された特定支出である新聞図書費および交際費（それぞれ65万円の控除限度が設けられている）がある場合には，その特定支出の額が給与所得控除額を超えるときには，この超える部分の金額を給与等の収入額から控除して給与所得の金額を計算することとしている（同条2項6号）。これについては，「直接必要」かつ，給与支払者の証明を要件としている。

　これらの，「通常必要」，および「直接必要」の用法は，通勤費・旅費に関しては，独立の第三者から見た場合に，その旅程やその旅費が「通常必要」であるかを問うものであり，それに加えて，所得税法施行令20条の2に規定する「その者の通勤に係る運賃，時間，距離等の事情に照らし最も経済的かつ合理

的と認められる通常の通勤の経路及び方法による運賃等の額」という文言から
は，経済的かつ合理的であることも要求されている。また，資格取得費，交際
費については，独立の第三者から見た場合に，その個人の職業あるいは業務に
「直接必要」であるかを問うていると考えられ，結局これらは支出の「合理性」
の有無に帰結する。

　しかし，この「合理性」は，わが国における必要経費の規定に含まれていな
いことから，通則的な判断基準とはなり得ない。例えば作家，評論家等の旅費
の「合理性」について検討してみると，彼らは，その日常の知見と作品や，人
格と業務とが深く結びついて切り離し難いところがあり，具体的な取材目的を
持たない旅行経験などもいつの日か作品に表現される場合があり得るが，この
種の旅行費用等は，一般的知識教養を高めるための教育費が「必要経費」と見
られないのと同様に，一般的には「家事費」に属すると見ざるを得ない[39]。
しかし，例えばその旅行の直接の成果として見聞記等が発表されたときは，そ
の旅行費用は当該収入に対する必要経費としての意味を持ち，その収入の限度
で旅行費用等を控除できると考えられる[40]。そして，このような「合理性」
の判断は，アメリカの判例ではあるが，"Welch v. Helvering" 判決における
通常性の判断[41]とも非常に似通っており，また，アメリカ内国歳入法典（以
下「IRC」という）の中で経費控除を定めるIRC§162（a）においても，経費控
除の要素として"ordinary and necessary"（通常かつ必要）と"reasonable
allowance"（合理的な金額）を存置している[42]。このことからも，経費控除
においては，通常性と「合理性」は，結びつくものであるということもできる
であろう[43]。

（3）小　　括

　以上からは，必要経費における「合理性」とは，その必要性の範囲を制限す
るフィルターとしての機能のみならず，支出された費用である努力が収益たる
成果に対応するかではなく，成果に対してその努力が見合うか否かという判断
基準としてその存在意義があるといえよう。この点につき，岡村忠生氏も，後
に採り上げる東京地裁平成23年8月9日判決に始まる，いわゆる弁護士会役員
交際費事件に関する氏の論文の中で，「最初から収入金額が生じないと分かっ

ている行為については，費用が生じる余地はありません。費用とはあくまでも収益を獲得するためのコスト（投下資本）だからです」[44]と述べ，必要経費控除には成果に対して見合う努力が不可欠という考え方を披露する。以上からは，特に，家事関連費内に含まれる必要経費においては「合理性」のフィルターが不可欠ということになるのではなかろうか。

この家事関連費内必要経費への「合理性」のフィルターについて，改めて，家事費と家事関連費の規定から考えた場合に以下のことが付随的に導かれる。それは，家事関連費について定める所令96条1項の規定内で注目されるべきは，「（家事上の経費に関連する主たる経費が，不動産所得，事業所得，山林所得又は雑（以下，「各種」とする。））所得を生ずべき業務の遂行上必要であり，かつその必要である部分を明らかに区分することができる」と，「（……青色申告……者に係る）取引の記録等に基づいて，各種所得を生ずべき業務の遂行上直接必要」の箇所ということである。

つまり，家事関連費内で必要経費となる場合は，各種所得を生ずべき業務の遂行上必要（事業関連性）であって，かつ，その必要となる部分が明らかである場合（明文で客観性を要求してはいない）と，青色申告者において，取引等の記録に基づいた（客観性を備えた）事業関連性がある場合の2つの場合のみである。これらをさらに整理すると，家事関連費で事業関連性が明確に判定できる場合には，青色申告であるか白色申告であるかの差異はなく，客観性を基に事業関連性を判断する限りにおいて，青色申告であるか白色申告であるかによる差異が生まれることを示していると理解でき，そしてこれを，成果に対してその努力が見合うか否かという判断基準としての「合理性」に当てはめれば，課せられた義務の差に応じた権利の差としての「合理性」のフィルターと見ることもできよう。

必要経費となる以上，事業関連性を求められるのは当然であるが，青色申告者のみが取引等の記録という客観性を求められているのは，換言すれば，白色申告者が，取引等の記録を課税庁に求められていないことを示しているのであり，さらにそこから，白色申告者においては，家事関連費の区別がその客観性からは期待されていないということもできよう[45]。したがって，事業関連性が曖昧な家事関連費において，白色申告者は，青色申告者と比較して不利な

扱いを甘受せざるを得ないことが導かれるのである。それと同時に，所得税法上の必要経費に求められる事業関連性とは，まず確認要件として判断された後に，主に原始記録等の取引における客観性によって判断されていることも導かれるのであり，実際の租税争訟における事実認定としても採用されている[46]。

　以上のように「家事関連費」は，それを定める所法45条とその政令および通達までを見ても判然とするものではなく，また，条文を見る限り，すべて納税者側の尺度でその費用計上が行われ，課税庁側は，その計上された費用の「合理性」を原始記録等の取引記録からの客観性で判断することになっていると考えられる。しかし，わが国の判例や裁決事例上，必要経費の要件としての「合理性」を具体的に判示したものは，昭和26年以降で確認できるかぎりにおいて存在しないようである[47]。

　しかしながら，確かに必要経費の単独要件として，「合理性」を採用した判例や裁決事例はないかもしれないが，合理的な費用の要件となった客観性について，それを取引の記録等に限らず必要経費算入の要件とすることについては，すでに判例で示され，通説になっていると考えられる。例えば，平成25年10月17日東京地裁判決[48]では，事業に係る弁護士費用につき，家族のための訴訟による支出と事業のための訴訟による支出が混在していたが，「事業の休業損害賠償請求訴訟を予定した交渉案件につき，その着手金」と記載された，弁護士事務所のゴム印と弁護士本人の印章が押印された確認書が有力な客観的証拠となり，家事関連費のうち必要経費に算入することを認めるためには当該金額が事業所得等を生ずべき業務の遂行上必要であること，およびその必要な部分の金額が明確に区分されていることの2つの要件を満たしていればこと足りると判示している。

　もちろん，個別の裁決事例や判例等を見れば，事業関連性，同業者比率等で必要経費性を判断されているものもあるが，個人の場合は原始記録があるか否かという客観性の有無が，まずは必要経費に算入されるための判断基準とされていると考えてよいであろう。この点，事業関連性が明らかであれば足りると解される所令96条1項は，家事関連費に含まれる必要経費性の判定という，所得税法の理念でもある必要経費と家事費との峻別が要求する厳格さと比較して，条文自体の規定が抽象的に過ぎるとも考えられるが，上記判例のように，家事

関連費に客観性における判定を持ち込むことで，ある程度は必要経費との峻別が可能となっているのではなかろうか。

これらを踏まえて，家事関連費に客観性からの判定を持ち込むことへの理解について，特に士業や医師等の個人事業主が，交際費等における必要経費と家事関連費との区分について争った判例や裁決事例を用い，さらに以下で検討していきたい。

4 必要経費の判断に客観性要件を用いた 家事関連費に関する判例・裁決事例

（1） 現行法下における必要経費への客観性要件の採用

ここに採り上げる東京地裁昭和44年12月25日判決[49]は，非公開のものを除き，現行法下においておそらく初めて必要経費について客観性の観点から判示したものである。

当該事案は，会社の経費で従業員を短大に通学させた費用につき，その費用が非課税所得となる「学資に充てるため給付される金品（給与その他対価の性質を有するものを除く）」か否かを争ったものである。

当該事案につき，地裁は，「入学させたのは，従業員研修の一環として他の機関の施設を利用したまでであつて会社が自己の施設を使用して行なう研修と異なるところはない旨るる主張し，それに要した本件経費が会社の必要経費であつて右従業員らの所得を構成しないことを強調する。しかし，会社の必要経費であるからといつて，それが給付を受ける従業員にとつて給与所得となる以上，課税の対象とされることはいうまでもないところであるから，論旨は，その仮定的主張とあいまつて，本件経費が所得税法9条1項19号（昭和40年分については同項18号，以下同じ。）所定の非課税所得たる『学資に充てるため給付される金品（給与その他対価の性質を有するものを除く。）』に該当するというにあるものと解すべく，また，本件の争点も，正に，この一点に尽きるということができる。おもうに，所得税法は，課税対象としての給与所得につき極めて包括的な定義規定を設け，退職所得を除き，原則として，勤務関係ないし雇用関係に由来するすべての金銭的給付又は経済的価値の給付を包含するものとし

ている（28条1項，36条なお最高裁昭和37・8・10第二小法廷判決，民集16巻8号
1749頁参照）のであるから，それから除外されるべき学資に充てるための給付，
つまり給与その他の対価の性質を有しない学資に充てるために給付される金品
とは，勤務の対価ではなくして，会社が購入した新規機械設備を操作する技術
を習得させるための授業料のごとく客観的にみて使用者の事業の遂行に直接必
要があるものであり，かつ，その事業遂行の過程において費消されるべき給付
を指すものと解するのが相当である」（傍点―筆者）と判示し，必要経費には客
観性および事業遂行に直接必要なものであることが要件であるとした。

　同様に，必要経費の客観性を争った事案として，弁護士の顧問料収入が事業
所得に該当し，かつその受ける日当が，事業所得の収入金額に当たり，その日
当はその全額が当然に必要経費となるとはいえず，加えて日当に対応する経費
の存在および業務との関連性・必然性の立証責任は納税者にあるとした東京高
裁昭和53年4月11日判決[50]を検討する。まず，その原審[51]では，「原告
（青色申告者）は本件各日当を出張中の諸雑費，とくに出張先の最寄駅から裁判
所等への往復等の交通費としてことごとく費消した旨主張し，原告本人尋問の
結果にはこれに副う供述があるが，これらはいずれも支払先，支払年月日，支
払金額等具体的でなく（このことは，そもそも日当は弁護士の収入に該当せず，仮
りに該当するとしても，当然に経費に算入さるべきであるとする原告の立場からす
れば，当然ともいえる。），また，原告備付の帳簿には右主張に対応する経費の
記帳がなく，これらのため客観的にその存否，数額について確認の仕様がな
い」とし，原審での客観性とは，原告である弁護士の主張立証のための帳簿記
録等について客観的であることを要求していたようである。

　その後，原告が控訴し，先の高裁判決となるが，その高裁では，「弁護士の
日当の前記性質からみて，そこから支出された必要経費の部分は，税額の計算
上控除されるべきこというまでもないが，或る支出が必要経費として控除され
うるためには，客観的にみて，それが業務と直接関係をもち，且つ，業務の遂
行上必要な支出でなければならない。しかるに，この点について控訴人の主張
するところは，単に，本件各日当が出張先の最寄駅から裁判所までの自動車賃
等出張中の諸雑費に悉く費消されたというにとどまり，各費目毎の具体的な支
出年月日，支出先，支出金額等が明確にされておらず，また，それをうかがう

に足りる帳簿上の記載もない」と判示し，必要経費の控除要件として「客観的にみて，それが業務と直接関係をもち，且つ，業務の遂行上必要な支出でなければならない」という，業務の遂行に直接必要な支出なだけではなく，客観性および，業務との直接関係性を含めた要件（以下「客観性要件」という）を新たに示した。その後，原告は上告するが，棄却されて原審維持のまま結審している[52]。

（2）　士業等の家事関連費に関する必要経費計上における客観性要件

　次に，士業等における交際費等の家事関連費の計上を争った事例として昭和58年1月27日裁決[53]を挙げる。当該事例は，公認会計士および税理士を営む請求人の事業所得にかかるロータリークラブの会費について必要経費性を争った事例である。

　当該不服審判所の判断は，「接待費，交際費等のように必要経費と家事上の経費の性質を併有している費用（以下「家事関連費」という。）については，その主たる部分が所得を生ずべき業務の遂行上必要であり，かつ，その必要である部分を明らかに区分することができる場合に，また，青色申告者の場合には取引の記録等に基づいて所得を生ずべき業務の遂行上直接必要であったことが明らかにされる部分がある場合に，それらの部分に限って必要経費の額に算入されるものとされているのである。したがって，家事関連費が必要経費として控除されるためには，業務と何らかの関連があるというだけでなく，業務上の必要性及びその部分が客観的に明らかでなければならないものと解される。しかるところ，事実から総合して判断すると，請求人において，例会を中心とする各種会合に参加し，会員である関与先はもとよりA地区の各種職業の経営者と懇親を深め，社会的信用を高めることは，請求人の業務に何らかの利益をもたらすであろうことは首肯できなくはないが，請求人がAロータリークラブに入会したこと及びその例会に参加することが，主として業務上の必要性に基づくものであると客観的に認めることはできず，仮に，業務とある程度の関連性があり，業務上の必要性があったとしても，その部分が明らかではない」とし，東京高裁昭和53年4月11日判決が判示した「或る支出が必要経費として控除されうるためには，客観的にみて，それが業務と直接関係をもち，且つ，業務の

遂行上必要な支出でなければならない」とした前述の判示を引用し，家事関連費が必要経費となるには，業務上の必要性およびその部分が客観的に明らかであることが必要であるとし，客観性要件により，当該費用につき必要経費を認めなかった原処分は相当であるとした。

次に，矯正歯科を診療科目とする歯科医師が，歯科矯正料の計上時期および支出の必要経費該当性を争った結果，その収入は，矯正装置を装着した時点において，患者等と矯正治療契約を締結すると同時に一括して受領した料金の全額を矯正装置装着の日の属する年分の収入金額に計上するとされた事案である徳島地裁平成7年4月28日判決[54]を考察する。

その中で，特に必要経費と家事費および家事関連費について，「法人税も所得税も所得に対し課税するものではあるが，法人の場合と違って個人の場合には活動の全てが利益追求活動ではなく，所得獲得活動のほかにいわゆる消費生活があるので，個人の支出の中には収入を得るために支出される費用とは言い難い，むしろ所得の処分としての性質を有しているというべきものがある。例えば食費・住居費等がその代表である。所得税法はこれらを家事費と呼び必要経費に含めないことを明記している（所得税法四五条一項）。しかし，ある支出が家事上の経費であるかそれとも事業上の経費であるか明確に区分けできない場合も多く，また例えば店舗兼用住宅の減価償却費のように家事上の経費と事業上の経費とが混在している場合も少なくない。そこで，所得税法は両方の要素を有している支出を家事関連費と呼び，必要経費になる部分が明らかでないためこれを原則として必要経費に含めないとしつつ，事業の遂行上必要であることが明らかにできる一定部分に限ってこれを必要経費に算入することを認めた（所得税法四五条，所得税施行令九六条）。このように所得税法は明確に事業の経費といえないものは原則として必要経費としない」と述べ，明確に事業の経費とはいえないものは原則必要経費とせず，その例外として家事関連費に含まれるものがあると暗に示している。

また，その例として，支出された接待交際費につき，「大学医学部の関係者らを接待する費用や歯科医師会の会合費用等は，その目的や金額が相当な範囲のものである場合には必要経費にされるものの，別表五記載の接待交際費は，単なる情報交換の会食や二次会の費用，慶弔，贈答等であって，これらによっ

て患者の紹介を受けうるなど医院経営に有益なものと期待されることがあるとしても，右支出はいずれも家事関連費に該当し必要経費にならない」と述べ，当該支出を「目的や金額が相当な範囲のものでない場合」と認定し，家事関連費としている。したがって，当該判断においても，「家事関連費が必要経費となるには，業務上の必要性およびその部分が客観的に明らかである事が必要」であること，つまり，「目的や金額が相当な範囲」を別表五なる客観的証憑事実に照らし，判断しているのである。

なお，この控訴審である高松高裁平成8年3月26日判決[55]では，家事関連費部分につき，諸会費等において算入（証人による証言の追加証拠提示），交通費等について不算入の修正を加えているが，接待交際費についての判断は維持されている。

続いて，歯科医師の諸会費等の支出が家事関連費に該当しても，業務の遂行上直接必要な部分を明らかにすることができないから，必要経費の額に算入することはできないとした事例である平成13年3月30日裁決[56]では，「所得税法第37条第1項は，事業所得等の金額の計算上必要経費に算入すべき金額を，当該所得の総収入金額に係る売上原価その他当該総収入金額を得るため直接に要した費用の額及びその年における販売費，一般管理費その他これらの所得を生ずべき業務について生じた費用の額とする旨規定し，同法第45条第1項第1号において，個人の消費生活上の費用である家事上の経費（家事費）及びこれに関連する経費（家事関連費）は，原則として，必要経費に算入することはできない旨規定している。／そして，所得税法施行令第96条《家事関連費》は，（規定説明につき中略）そうすると，支出した経費が，業務の遂行上直接必要である場合はもちろんのこと，それが家事関連費であっても，その主たる部分が業務の遂行上必要であり，かつ，その必要である部分を明らかに区分できる場合，及び青色申告者であれば取引の記録等に基づき業務の遂行上直接必要な部分を明らかにすることができる場合は，その部分を必要経費の額に算入することができることとなる」[57]（括弧内—筆者）と述べた上で，請求人が必要経費に算入すべきとする諸会費等の各支出について，次のように検討している。

「請求人は，同窓会は開業医師にとって業界情報収集の場あるいは交際の場であるから，その会費は業務の遂行上必要な経費である旨主張し，同窓会に参

加することは，業界の情報収集，歯周病専門医としての広報活動であり，同僚医師から患者の紹介を受ける等の効果もあるので，その会費は，通常の高校や中学の同窓会費とは異なり，医師として活動する上で必要な費用である旨答述する。／ところで，請求人が当審判所に提出したK歯科大学同窓会Q支部連合会会則及びH会からの請求人宛の葉書には，同窓会の活動目的として，歯科医学，歯科医療の向上に関することに加え，会員相互間の連絡及び情報交換並びに福祉厚生に関することが掲げられ，また，請求人が当審判所に提出した総勘定元帳や同窓会会費内訳書によれば，大学卒業後の研修に要する研修費用が同窓会費とは別に徴収されていることや会員に対する弔慰金等が同窓会の会費から支出されている事実が認められる。／これらのことからすると，同窓会の活動が請求人の業務に直接関係するものに限定されていると認めることはできないし，その会費が所得を生ずべき業務の遂行上直接必要な経費とは認められない。／また，請求人が同窓会に参加することにより，業界の情報収集，歯周病専門医としての広報活動ができることや，同僚医師から手術等の必要な患者の紹介を受けることもあるということから，結果として請求人の歯科診療の業務に何らかの利益をもたらすであろうことはあり得るとしても，同窓会の活動目的からして，同窓生としての私的な立場で入会しているものと認めるのが相当であり，その会費について，その主たる部分が業務の遂行上必要であるともいえないし，業務の遂行上直接必要な部分を明らかにすることもできないから，これを必要経費に算入することはできない。／さらに，校友会費は，当審判所の調査の結果によれば，請求人の息子であり，請求人の勤務医であるR及びSが会員になっているM歯科大学校友会に対して支払われたものであり，請求人の業務に直接関係して支出されたものと認めることはできないから，これを必要経費に算入することはできない」[58]と述べ，請求人の支出した全ての諸会費について，いずれも業務の遂行上直接関係していない，あるいは所得を生ずべき業務上直接必要な経費としては認められないとした。また，客観性要件の採用については，「客観的」という文言を用いてはいないが，総勘定元帳等の取引の記録等から事実認定を行っていることを勘案すると，当該諸会費につき，客観性要件から判定し，必要経費該当性を否認していると解される。

しかし，所得税基本通達37-9 [59]をみると，業務上不可避的な諸会費につ

いて，必要経費に算入できると解釈できる文言がある。

　この点，および，後に検討する弁護士会役員交際費事件を引用した事例として，平成26年3月6日裁決[60]がある。当該裁決事例は，司法書士業を営む審査請求人が，個人的な立場でのロータリークラブの入会金および会費を，顧客の獲得につながるとして事業の遂行上必要な活動であるから必要経費に算入できると主張（根拠通達所得税基本通達37-9《農業協同組合等の賦課金》）し，また，事業の業務と直接の関係を持つことが必要経費算入の要件であるという解釈はできないと判示した弁護士会役員交際費事件の控訴審である東京高裁平成24年9月19日判決を参考に，必要経費算入が認められるべきと主張した事案である。

　当該裁決の法令解釈では，「事業所得の金額の計算上，必要経費が総収入金額から控除されることの趣旨は，投下資本の回収部分に課税が及ぶことを回避することにあると解されるところ，個人の事業主は，日常生活において事業による所得の獲得活動のみならず，所得の処分としての私的な消費活動も行っているのであるから，事業所得の金額の計算に当たっては，事業上の必要経費と所得の処分である家事費とを明確に区分する必要がある。このような事業所得の金額の計算上，必要経費が総収入金額から控除されることの趣旨及び個人における必要経費と家事費とを区分する必要性，並びに所得税法第37条第1項，同法第45条第1項及び所得税法施行令第96条第1号の各文言に照らすと，所得税法第37条第1項に規定する『販売費，一般管理費その他これらの所得を生ずべき業務について生じた費用』とは，当該支出が所得を生ずべき業務と直接関係し，かつ，業務の遂行上必要なものに限られると解するのが相当である。そして，かかる費用に該当するか否かの判断は，単に業務を行う者の主観的な動機・判断によるのではなく，当該業務の内容や，当該支出の趣旨・目的等の諸般の事情を総合的に考慮し，社会通念に照らして客観的に行われなければならないと解される」[61]としており，客観性要件を用いた家事関連費へのアプローチと解される。

　その上で，所得税基本通達37-9の解釈に照らし，「本件クラブの綱領は，有益な事業の基礎として奉仕の理想を鼓吹し，これを育成することにあるなどとされ，本件クラブは，当該綱領に従って，（中略）各奉仕活動をしていたものであり，具体的な活動についてみても，（中略），例会において，昼食が出され

るとともに事務連絡及び勉強会が実施されたり，親睦会が開催されたりしていたにすぎないのであるから，請求人が本件クラブの会員として行った活動を社会通念に照らして客観的にみれば，その活動は，登記又は供託に関する手続について代理することなど司法書士法第３条第１項各号に規定する業務と直接関係するものということはできず，また，例会や親睦会の活動が司法書士としての業務の遂行上必要なものということはできない」[62] と述べた上で，「所得税法第45条第１項第１号及び所得税法施行令第96条第１号の各規定によれば，家事関連費については，当該費用の主たる部分が事業所得を生ずべき業務の遂行上必要なものであり，かつ，その必要である部分を明らかに区分することができる場合に，その部分に相当する経費に限って必要経費に算入されると解される」[63] としているところをみると，引用された弁護士会役員交際費事件高裁判決の影響を排斥したものといえる[64]。

　以上を踏まえて，「請求人がロータリークラブの会員として行った活動を社会通念に照らして客観的にみれば，その活動は，登記又は供託に関する手続きについて代理するなどの司法書士の業務と直接関係するものとはいえず，司法書士としての業務の遂行上必要なものということもできないため，請求人が支出した各諸会費は，事業所得の金額の計算上，必要経費に算入することはできない」[65] と判断しており，先の平成13年３月30日裁決を踏まえ，個別具体的に士業の業法に照らして業務関連性を判断した事例として，同様の業法がある専門家の家事関連費について，弁護士会役員交際費事件高裁判決の今後の影響を推し計るための道標として有益であると考える。

　また，同様の事例として津地裁平成18年４月27日判決[66] がある。当該判決においても，「所法37条１項によれば，事業所得の金額の計算上，必要経費に算入すべき金額は，『総収入金額に係る売上原価その他当該総収入金額を得るため直接に要した費用の額及びその年における販売費，一般管理費その他これらの事業所得を生ずべき業務について生じた費用の額』とされており，同法45条１項１号においては，家事上の経費及びこれに関連する経費の額は必要経費に算入しない旨規定されている。これらの規定からすれば，ある支出が必要経費として控除されうるためには，それが事業活動と直接の関連をもち，事業の遂行上必要な費用でなければならない。そして，その必要性の認定は，関係

者の主観的判断を基準としてではなく，客観的基準に即してなされるべきものと解するのが相当」と判示している[67]。

以上のように，家事関連費と区分される必要経費には「客観的」基準，すなわち客観性要件が必要であるという判示は，裁決を含めて多数あり[68]，現在では判例通説となっていることが分かる。また，それは，家事関連費との区分についても同様であることが確認することができたであろう。

（3）　企業会計上の費用と個人所得上の必要経費を関連させた判決

企業会計上の費用と個人所得における必要経費を関連させた判決としては，外貨建て投資商品の取得に伴う為替手数料の取扱いについての事案であるさいたま地裁平成19年11月28日判決[69]がある。当該判決では，「所得税法37条1項は，不動産所得，事業所得又は雑所得の金額の計算上必要経費に算入すべき費用の範囲等について規定するところ，同項は，必要経費に算入すべき金額を，これらの所得の収入金額を得るのに直接に要した費用及びこれらの所得を生ずべき業務について生じた費用の額と定めている。そして，『費用』は，企業会計における概念として，一般的に収益を獲得するための価値犠牲分を意味するとされている」と述べ，費用を企業会計からの借用概念とした上で，所得税法固有の必要経費とは何かを判示している。つまり，収益を獲得するための価値犠牲が費用であり必要経費であるとしているのであって，これは，所得獲得に貢献しない家事費を峻別するという所得税の理念にも合致するものである。

（4）　小　　括

以上，ここまで採り上げた判例や裁決事例が指し示したものとしては，①必要経費における客観性要件とは取引の記録等のことであり，また，それは，所得稼得の客観性の裏返しでもあること。②家事関連費から必要経費を抜き出すための客観性要件とは，取引の記録等だけでなく，それに係る業務関連性の判定等の事実認定までをも含むこと[70]。③必要経費に係る費用とは企業会計からの借用概念であり，収益を獲得するための価値犠牲であること。すなわち，消極的には収益獲得に貢献しないものは必要経費ではないことを示唆するものであった。

これらの検討を踏まえて，次節からは，家事関連費としての個人事業における交際費の必要経費性について，弁護士会役員交際費事件を用い，再度考察を行ってみたい。

5 弁護士会役員交際費事件にみる家事関連費における必要経費性の判断

（1） 東京地裁平成23年8月9日判決より始まる，いわゆる「弁護士会役員交際費事件（以下，本件という）」の事実の概要および争点と判旨

① 事実の概要

仙台弁護士会会長や日弁連副会長等の役員を務めた弁護士が，役員として行った支出について，所得税法上の必要経費および消費税法上の課税仕入れに該当するとの前提で確定申告をしたが，所轄税務署長は，当該支出を必要経費および課税仕入れに非該当とし，更正処分ならびに過少申告加算税賦課決定処分を行った。

なお，問題となった当該支出の内容は，(イ)弁護士会等の役員等の懇親会等の費用，(ロ)仙台弁護士会会長・日弁連副会長立候補時の活動費用，(ハ)その他の支出であり，(ハ)以外は一般に交際費と解される費用である。

② 争 点

争点は，(i)当該支出の所得税法上の必要経費該当性と(ii)当該支出の課税仕入れ該当性である。なお，(ii)については，争点(i)に付随するため，本件の検討からは割愛する。

また，交際費までを念頭に置くと，(iii)役員活動が個人（の弁護士業）に帰属するか否かという争点が予備的にあったと考えられるため，争点(i)と(iii)について検討を行うことにしたい。

③ 第一審東京地裁平成23年8月9日判決 [71]。

争点(i)について必要経費該当性を認めず，また，(iii)においても「役員活動は

『事業所得を生ずべき業務』に該当しない」とした。

④　控訴審東京高裁平成24年9月19日判決 [72]。

　原審を破棄し，争点(i)について必要経費該当性を認め，また(iii)においても「役員活動は，第一審と同じく「事業所得を生ずべき業務」に該当しないとしながらも，当該活動が弁護士として行う事業所得を生ずべき業務に密接に関係する」とした。

⑤　本件より見出される役員活動と必要経費該当性との関係

　上記③，④を見る限り，役員活動が「事業所得を生ずべき業務」に該当する（密接に関係する）か否かが必要経費該当性と関連性がある。したがって，本件は，役員活動が「事業所得を生ずべき業務」に当てはまるか否かが問われた個別事例として整理される。ここで，（A）当該交際費が弁護士会（法人）における役員活動にも係る費用なのか，あるいは，（B）法人と個人とは別人格であるから，個人の事業所得としての支出は個人の事業所得にのみ「帰属」する費用 [73] として，必要経費を考えていく必要があろう。

　まず，（A）の費用であれば，本件高裁の判断と同じ論理となる。その論理とは，当該交際費が役員活動にも係る支出で，業務遂行上必要な経費であり，かつ，その必要である部分を明らかに区分することができたから，家事関連費ではなく必要経費となったという論理構成である。

　また，（B）の費用であれば，個人の事業所得を生ずべき業務に関する費用は，個人にのみ帰属する費用であり，法人業務（役員活動）に係る支出は当然個人には帰属しないため，個人の事業所得を生ずべき業務に関する費用にも当たらない。

　これらから，「役員活動は『事業所得を生ずべき業務』に該当する」か否かが，当該交際費の必要経費該当性判断の分水嶺であるとして理解できるであろう。この場合，交際費との兼ね合いで，「役員活動は事業に係る活動」か，それとも，「役員活動自体が事業所得を生ずべき業務としての活動」かという，いわば役員活動への積極性も問われているのではないかという気がしないでもない。この点，本件原告は，選挙活動もあり，役員活動へ積極的であったから，

当該交際費としての支出が事業所得を生ずべき業務との関連が強く意識されたのではないかという疑問もあるが，この点については，前掲での判例研究を見る限り，家事関連費についての必要経費性の判断として，事実認定を含めた客観性要件により判断されることになろう。なお，この場合，課税要件事実の立証の巧拙で主観的に税負担が変わるのは公平でない[74]という立場と，私的自治の原則の下，私法関係準拠主義に基づいた自由な経済活動を反映する所得計算は本来的に主観的である[75]という立場とで，求められる客観性に差異があることにも留意しなければならない。前者は給与所得者の必要経費の要件事実であり，概算控除に何が該当するのかという明文にはない事実認定にあたり，立証の巧拙があるとした。他方，後者は，明文に照らし課税要件事実の認定を納税者有利に運ぶためにはどうすれば良いかについて要件事実の立証の巧拙があるとしている点に鑑みると，後者のような場面では，特に立証の巧拙で主観的に税負担が変わる不公平があるといえるため，それこそ客観性要件の採用の根拠となるであろう。

　本件控訴審は，上記後者の立場から，所令96条１項の規定を根拠として，「業務の遂行上必要」であれば「業務への直接関連性」は不要としているが，業務に密接に関係すれば足りるとするのは，個人における交際費において，その使途を拡張することに他ならないのではなかろうか。そして，個人における交際費とは，家事関連費であり，原則的には，必要経費の通則的規定である所法37条の別段の定めである所法45条により，必要経費への算入が否定された上で，同法施行令96条に委任される[76]ものではなかろうか。この辺りを疑問点として以下整理していきたい。

（2）　先行研究の整理

①　交際費の性質に着目した研究

　末永英男氏は，本件を題材にし，所得税法上の交際費等の性質に着目した上で，以下のように述べる[77]。

　（「弁護士会等の役員が提供する人的役務等の性質に鑑みると，弁護士会等の役員が提供する人的役務等は，自己の計算と危険において独立して提供されるものには該当せず，他人の指揮監督（弁護士会等が機関決定した方針など）の下に提供され

るものであるから，そのような活動は継続的に行われていたとしても，事業所得を生ずべき『事業』には該当しないというべきである」という課税庁側の主張を踏まえた上で，）「弁護士個人と弁護士会等とが異なる人格であるから，弁護士会役員等としての活動は，社会通念上，『事業所得を生ずべき業務』に該当しないというのであれば，一般対応の必要経費に該当するのではなく，家事費となるのが論理であろう。（中略）つまり，一般対応の必要経費である業務関連費について法規定は，『所得を生ずべき業務について生じた費用の額』としていることから，『所得を生ずべき業務』とは，事業活動を意味し，ボランティア活動は含まないのであって，『自己の計算と危険において営利を目的として対価を得て継続的に行う事業』（最高裁昭和56年4月24日判決（昭和52年（行ツ）第12号）ということになる」。

　したがって，「弁護士会の会務の遂行において会よりの支援では足りず，『自腹を切って支出』するとあるが，この自腹の部分はまさしくボランティアであり，必要経費になるものではない。むしろ，会もしくは他の会員に請求すべきもの（弁護士会等に費用償還請求すべき費用）で，必要経費に算入されることで発生する税の減少で補填すべきではない」とし，「そもそも，本件支出はボランティアの性質が強いものであり，本件のような交際費の必要経費の該当性を争う裁判においては，所得税法37条1項の必要経費に該当するかではなく，本件支出は当然，家事関連費に属する支出であると前提した上で，『所得を生ずべき業務』について生じた費用ではなく，所得税法45条1項および所得税法施行令96条1項に該当する直接関係する経費であるとする観点から，（家事関連費の）『主たる部分』の必要経費該当性を立証することができるかどうかが焦点であった」（傍点および括弧内―筆者）とまとめている。

　この点，所論の大筋については，筆者も首肯するところではあるが，「『所得を生ずべき業務』について生じた費用ではなく，所法45条1項および所令96条1項に該当する直接関係する経費」について，若干の考察が必要であろう。

　「直接関係する経費」とは，先に紹介した末永氏の論文によれば，家事関連費の判定において，業務の遂行上必要であり，かつ，その必要である部分を明らかに区分することができる場合の経費（所令96条1項1号）を指す。したがって，一度，家事費と混在するとして，「所得を生ずべき業務について生じた費

用ではない」とされたが，業務の遂行上「必要」であるとして復活した部分の
みを指している。つまり，家事関連費の埒外としての必要経費である。

これを，判例の争点（5(1)②(i)）と照らし合わせてみると，確かに，本来必
要経費該当性の判定と，家事関連費における業務の遂行上「必要」とされる部
分については，所得税の性質上，峻別して考えなければならないはずのものが
混在している。つまり，争点（5(1)②(i)）において，個別対応・直接対応と総
体対応・期間対応（一般対応）という類別を持つ必要経費と，業務の遂行上必
要な費用であり，かつ，その必要である部分を明らかに区分することができる
場合という単一の要件しか持たない家事関連費が混同して用いられているとい
うことである。

したがって，この争点（5(1)②(i)）からは，必要経費と家事費の積極的な峻
別によって，「投下資本回収余剰計算としての会計の機能を為し得ているとい
う税務会計の視点」は完全に無視されており，必要経費を「必要だから控除す
る」経費としかみていないということが明らかになるのである。

また，以上より，他の先行研究において，この必要経費と家事費の積極的な
峻別によって，「投下資本回収余剰計算としての会計の機能を為し得ていると
いう税務会計の視点」は採用されているのかという疑問が惹起されるため，以
下，他の先行研究を若干考察する。

② 所法37条1項と所令96条の規定の解釈からの研究

この種類の研究が一番多いと思われる。例えば，酒井克彦氏は，高裁判決に
ついて，「Ｘの弁護士会活動がＸの『事業所得を生ずべき業務』に該当しなく
ても，そこでの費用がＸの『事業所得を生ずべき業務の遂行上必要な支出』で
あれば，必要経費に該当するとの考え方は理論的でもある。平たく言えば，か
かる役員活動が弁護士業務ではなくとも，その活動において支出したものが弁
護士業務の遂行上必要な費用であればよいとしているのである」(78) とし，
「ここでのロジックは，①所得税法37条1項には『直接』業務関連費であるこ
とを要求する直接の記載振りはないこと，②所得税法施行令96条の記載振りか
ら，『業務に関連』していれば必要経費算入が許容されると解釈できることに
基づいていると思われる。すなわち，所得税法37条1項の要件を同法45条の委

任規定である所得税法施行令96条（家事関連費）の反対解釈から導出しているようである」[79]と述べているが，所令96条は，そもそも，所法37条の例外規定である所法45条の委任を受けたものであり，例外規定の反対解釈を必要経費の通則的規定に持ち込むのは，創設的解釈といわざるを得ない。つまり，当該解釈は明文にない解釈である「直接業務関連費であること」を通則的規定に持ち込んでいると解されるため，明らかに拡張解釈であろう。

また高裁判決が，「平たく言えば，かかる役員活動が弁護士業務ではなくとも，その活動において支出したものが弁護士業務の遂行上必要な費用であればよいとしている」[80]というロジックを用いているというのは，5の(1)の⑤で述べた，高裁判決の「当該交際費が役員活動にも係る支出で，業務遂行上必要な経費であり，かつ，その必要である部分を明らかに区分することができたから，家事関連費ではなく必要経費となったという論理構成」と，一見似通っているが，交際費の性質を無視している点で差異がある。また，役員活動において支出したもの全てが交際費ではないことも，本件の事実の概要を見れば明らかであろう。少なくとも，この文献においては，必要経費と家事費の積極的な峻別によって，「投下資本回収余剰計算としての会計の機能を為し得ているという税務会計の視点」は採用されていないことは明白である。他にも，直接関連性が明文にないという理由から，直接性は家事関連費の必要経費計上要件とはならないとする論文が多数ある[81]。

③ 「役員活動は『事業所得を生ずべき業務』に該当する」か否かに着目した研究[82]

例えば，岡村忠生氏は，「控訴審において，弁護士会の会員として行った会務活動に伴う支出は必要経費に該当すると課税庁が認めていることを，Xは主張として追加しています。本件（弁護士会役員交際費事件）の必要経費控除に関するひとつの考え方は，このXの主張に現れているように，弁護士会等が存続し，活動するための経費は，構成員が会費として弁護士会等に支払えば必要経費となるのだから，それ以外の形態で弁護士会等のために提供しても，必要経費として認められるべきである」[83]（括弧内―筆者）と述べている。

また，弁護士会の存在意義やその活動の社会的有用性といった公益性は，必

要経費控除は寄附金控除ではないために関係なく，総収入金額との対応によって画される。したがって，吟味すべき問題は，弁護士活動から得られる事業所得の総収入金額との対応のはずである[84]と述べている。この点について筆者も首肯する。

岡村氏は，続けて，「弁護士として活動し，総収入金額を得るためには弁護士会に所属しなければなりませんから，弁護士会費は必要経費になると考えられます。弁護士個人として会務を行う費用についても，会合出席のための交通費や研修費用などは弁護士としての総収入金額を得るために必要な経費であると考えられます。ただし，弁護士会員であることを前提に弁護士会から何らかの報酬を得ており，それが事業所得に該当しない場合は吟味が必要」[85]とし，以下，吟味の内容として，「本判決は，(a) このような活動は，弁護士個人とは異なる人格である弁護士会等の機関としての行為であるから，その効果は弁護士会等に帰属し，事業所得を生ずべき業務には該当しないとしながら，(b) 弁護士会等の活動が弁護士の事業所得を生ずべき業務に密接に関係し，弁護士の義務的経済負担により成り立っていることから，弁護士会等の役員等の業務の遂行上必要な支出であれば必要経費に該当する」[86]とした上で，「しかし，(a) を前提にすると (b) は成り立たない」とし，その理由を「37条1項の規定は，必要経費控除を総収入金額との関連において認めているから」であるとして，投下資本回収余剰計算の観点から，「最初から収入金額が生じないと分かっている行為については，費用が生じる余地は無い」[87]とする。

岡村氏の論文をその後の重要部分のみ要約すると，「確かに，弁護士会とその活動がなければ総収入金額が得られず，また，会の活動のためには誰かが役員を務めなければならず，その活動には費用が伴うため，役員活動の費用は役員たる弁護士の事業からの総収入金額との間にある程度の関連は認められるが，選挙活動費や家事費の性質を持つものも含まれ，全てが会務的な支出とはいえない。また，(投下資本回収余剰計算を意識した) 所得税法上の費用控除の仕組みの下では，(a) はいうべきではなく，むしろ，たとえ法人格の異なる弁護士の機関としての行為であっても，個人としての弁護士に経済的な利益が生じると認定する必要があったと考えられるが，これは法人に帰属する所得は，その法人格によって構成員から遮蔽されるという原則を破るため，採用できない。

また，役員に対して報酬が支払われれば給与所得であり，役員活動の費用は給与所得控除に含まれるため，事業活動の費用として当該費用を計上すると二重の控除になる。必要経費控除はこのような隣接費用の二重の控除に何らかの制限が必要であり，その制限が『直接の関連』であると考えられる。この制限により，事業所得以外の収入金額との対応が強い領域で生じた費用は，事業所得の必要経費とは認められないことになる。なお，役員が無報酬であっても，収入金額が得られない活動の費用を事業所得の経費にすることになるから，37条1項の規定に反することになる」[88]（括弧内—筆者）と述べている。

つまり，「役員活動は『事業所得を生ずべき業務』に該当する」か否かという点において，総収入金額との対応，個人と法人格間での所得帰属の遮蔽から，「該当しない」と結論づけており，本件交際費は，「役員活動上の費用」として，本来であれば給与所得控除の内に含まれるとし，たとえそれが無報酬で行われたとしても所得税法の理念から無関係とする。

この点，必要経費と家事費の積極的な峻別によって，「投下資本回収余剰計算としての会計の機能を為し得ているという税務会計の視点」が採用されているか否かについては，「必要経費と家事費の積極的な峻別」が「所得税法上の費用控除の仕組み」に置き換えられてはいるが，「投下資本回収余剰計算としての会計の機能」には着目しており，採用されているということができよう。

（3）小　括

本件控訴審判決は，所令96条1項の規定を根拠として，「業務の遂行上必要」であれば「業務への直接関連性」は不要とするが，業務に密接に関係すれば足りるとするのは，個人における交際費において，やはり，その使途を拡張することに他ならない。

また，「投下資本回収余剰計算としての会計の機能を為し得ているという税務会計の視点」については，必要経費と家事費との峻別の問題から交際費の性質について勘案した研究，および，「役員活動は『事業所得を生ずべき業務』に該当する」か否かについて検討を行った研究については採用されている。また，これらの共通点は，役員活動（法人）と事業活動（個人）とを完全に遮断している点にあるといえる。しかし，条文解釈へのアプローチでは，所得計算

上の費用控除にもかかわらず，投下資本回収余剰計算としての税務会計の視点は採用されていないようである。この差異が，本件控訴審判決に表れ，必要経費控除における「直接関連性」についての乖離を生んだと考えられる。

　なお，本件控訴審の影響を受けた判決として，原告個人の業務を原告が経営する同族会社に業務委託し，その外注費を個人の必要経費としたものの，課税庁にその経費は「自己の労務への対価」と認定され，否認された事案である大阪地裁平成30年4月19日判決[89]および大阪高裁平成30年11月2日判決（控訴審）[90]が挙げられる。

　その地裁判旨では，「所得税法45条および所得税法施行令96条1項・2項のような関係規定の文言及びその趣旨を踏まえると，ある支出が事業所得の金額の計算上必要経費として控除されるためには，当該支出が事業所得を生ずべき業務と合理的な関連性を有し（関連性要件），かつ，当該業務の遂行上必要であること（必要性要件）を要すると解するのが相当である。そして，必要経費該当性（関連性要件及び必要性要件）の判断に当たっては，投下資本の回収部分に課税が及ぶことを避けるという必要経費の控除の趣旨に加え，家事上の経費との区別や恣意的な必要経費の計上防止の要請等の観点も踏まえると，関係者の主観的判断を基準とするのではなく，客観的な見地から判断すべきであり，また，当該支出の外形や名目等から形式的類型的に判断するのではなく，当該業務の内容，当該支出及びその原因となった契約の内容，支出先と納税者との関係など個別具体的な諸事情に即し，社会通念に従って実質的に判断すべき」とし，原告の主張を退けている。

　必要経費の判断にもかかわらず，所法37条以外に別段の定めとその委任規定からの判断を加えており，さらに，所令96条1項にある「業務の遂行上必要であり，かつ，その必要である部分を明らかに区分することができる場合」という，本来は単一である要件を，「必要性要件」と「関連性要件」とに分けている点に留意する必要がある。この点において，当該事案からも，本件控訴審からの影響が観察されるため，今後もその影響について注視していかなければならないと考えている。

6 おわりに

　家事関連費に客観性からの判定を持ち込むことへの理解への視座として，特に士業等や医師等の個人事業主が，交際費等における必要経費と家事関連費との区分について争った判例や裁決事例の中で一部を採り上げたが，これらの事例が指し示したものとして特徴的なものを挙げると，

・必要経費における客観性要件とは取引の記録等のことであり，それは所得稼得の客観性の裏返しでもある

・家事関連費から必要経費を抜き出すための客観性要件とは，取引の記録等だけでなく，それに係る業務関連性の判定等の事実認定までをも含む

・必要経費に係る費用とは企業会計からの借用概念であり，収益を獲得するための価値犠牲であって，消極的には収益獲得に貢献しないものは必要経費ではないことを示唆する

ということであった。家事関連費から必要経費が抜き出される時の要件として，事業や業務との「直接関連性」が問われるのであり，そこには事実認定，つまり，納税者の示す主観的事実が課税要件事実となるかについて，課税当局の価値判断が行われる。そして，その判断についての齟齬が行政不服審判や裁判を生じさせるということになる。

　ここで，事業や業務との「直接関連性」が客観性要件により問われるということは，納税者の主観が証憑等の取引の記録等を通じて客観化されたものであることと，事業や業務との「直接関連性」が客観的に明らかであることを同時に要求するということである。つまり，個人が行う必要経費の支出については，arm's length transactionを要求するということでもあろう。家事費や家事関連費を，市場を前提としない世帯内の内部取引，事業や業務に関連する支出を，市場を前提とする外部取引であるとするならば，上記の要求は当然であり，また，それは，包括的所得概念を基礎とする所得税の理念とも合致する。

　したがって，くり返しにはなるが，事業関連性が明らかであれば足りると解される所令96条1項は，家事関連費に含まれる必要経費性の判定という，所得税法の理念でもある必要経費と家事費との峻別が要求する厳格さに比して，や

はり条文の規定が抽象的に過ぎるのではなかろうか。参考までに、IRC§274では、飲食費および交際費等の控除において形式的に50％を算入するとするのみであり、必要経費と家事費との峻別を放棄しているようにも見える[91]。もっとも、IRCでは個人と法人を区別しないため、この指摘は直接当てはまらない。しかし、家事関連費に客観性要件における判定を持ち込むことによって、ある程度家事費と必要経費との峻別を可能としている点はわが国と同様といえる。

　この点、弁護士会役員交際費事件控訴審判決は、所令96条1項の規定を根拠として、「業務の遂行上必要」であれば「業務への直接関連性」は不要としたが、業務に密接に関係すれば足りるとするのは納税者の主観であり、客観性要件を具備しておらず、個人における交際費において、その使途を拡張することに他ならない。所令96条は、そもそも所法37条の例外規定である所法45条の委任を受けたものであり、例外規定の反対解釈を必要経費の通則的規定に持ち込んだのは、創設的解釈といわざるを得ない。これは、本件控訴審の判断において、明文にない解釈である「直接業務関連費」を通則的規定に持ち込み明らかな拡張解釈をしている点にも見て取れる。

　結局、弁護士会役員交際費事件控訴審判決では、「役員活動は、『事業所得を生ずべき業務』に該当しないとしながらも、当該活動が弁護士として行う事業所得を生ずべき業務に密接に関係する」としたが、それは一体どのような関係を指しているのか全く判然としない。しかし、役員活動が「事業所得を生ずべき業務」に密接に関係していると述べていることから、役員活動への積極性を認定し、当該交際費としての支出が事業所得を生ずべき業務との関連が強く意識されたのではないかと考えられる。

　しかも、その判断基準において、個人の積極性という主観が含まれ得ることについても、家事関連費から必要経費を抜き出すために客観性要件を必要とするという、これまでの裁判所や国税不服審判所の判断の積み重ねを無視しており、本件控訴審が何故このような判断を下したのか甚だ疑問である。この判断枠組みについては、本件は個別事案とされたが、所令96条の解釈問題として大きな影響を残している。交際費は、家事関連費である以上、原則は家事費であることを忘れてはならない。

第8章　弁護士会役員交際費事件　199

[注]

（1）所得税法第37条（必要経費）。

その年分の不動産所得の金額，事業所得の金額又は雑所得の金額（事業所得の金額及び雑所得の金額のうち山林の伐採又は譲渡に係るもの並びに雑所得の金額のうち第35条第3項（公的年金等の定義）に規定する公的年金等に係るものを除く。）の計算上必要経費に算入すべき金額は，別段の定めがあるものを除き，これらの所得の総収入金額に係る売上原価その他当該総収入金額を得るため直接に要した費用の額及びその年における販売費，一般管理費その他これらの所得を生ずべき業務について生じた費用（償却費以外の費用でその年において債務の確定しないものを除く。）の額とする。

（2）水野忠恒氏は，家事関連費を必要経費に算入できない理由を「家族の消費支出としての性格と，事業上の必要経費としての性格とを併せもつが，原則として必要経費に算入できない。消費支出の面と事業上の必要経費の性格との区別が難しいからである」（水野忠恒『租税法（第5版）』（有斐閣，2013年），255頁）と述べている。

（3）宮崎裕士「資産損失と雑損控除—事業活動と消費活動との区分要件—」『熊本学園商学論集』第20巻第2号，82頁。

（4）同上，89頁。

（5）政府税制調査会「所得税法及び法人税法の整備に関する答申」（税制調査会，1963年），15頁。

（6）同上，15頁。

（7）同上，16頁。

（8）同上，17頁。

（9）同上，17頁。

（10）同上，43頁。

（11）同上，46頁。なお，この書きぶりからは，原則として家事関連費は必要経費と認めないとしているようである。

（12）同上，46頁。

（13）碓井光明「必要経費の意義と範囲」『日税研論集』31号，16頁。

（14）事業の損益を一体として観念していることより，総体対応とは企業会計に基づく対応，つまり，権利確定主義に基づく費用収益の対応を指していることが分かる。

（15）「その収入の生じた行為または原因ごと」という文言より，相当因果関係に基づく費用収益の対応を指していることがわかる。

（16）政府税制調査会，前掲注（5），42-43頁。

（17）同上，43頁。

（18）注解所得税法研究会編『注解所得税法（六訂版）』（大蔵財務協会，2019年），1093-1094頁。

（19）同上，968頁。

（20）同上，968頁。

（21）所得税法第45条（家事関連費等の必要経費不算入等）。

居住者が支出し又は納付する次に掲げるものの額は，その者の不動産所得の金額，事業所得の金額，山林所得の金額又は雑所得の金額の計算上，必要経費に算入しない。

一　家事上の経費及びこれに関連する経費で政令で定めるもの

二　所得税（不動産所得，事業所得又は山林所得を生ずべき事業を行う居住者が納付する第131条第3項（確定申告税額の延納に係る利子税），第136条（延払条件付譲渡に係る所得税額の延納に係る利子税），第137条の2第12項（国外転出をする場合の譲渡所得等の特例の適用がある場合の納税猶予に係る利子税）又は第137条の3第14項（贈与等により非居住者に資産が移転した場合の譲渡所得等の特例の適用がある場合の納税猶予に係る利子税）の規定による利子税で，その事業についてのこれらの所得に係る所得税の額に対応するものとして政令で定めるものを除く。）

三　所得税以外の国税に係る延滞税，過少申告加算税，無申告加算税，不納付加算税及び重加算税並びに印紙税法（昭和42年法律第23号）の規定による過怠税

四　地方税法（昭和25年法律第226号）の規定による道府県民税及び市町村民税（都民税及び特別区民税を含む。）

五　地方税法の規定による延滞金，過少申告加算金，不申告加算金及び重加算金

六　罰金及び科料（通告処分による罰金又は科料に相当するもの及び外国又はその地方公共団体が課する罰金又は科料に相当するものを含む。）並びに過料

七　損害賠償金（これに類するものを含む。）で政令で定めるもの

八　国民生活安定緊急措置法（昭和48年法律第121号）の規定による課徴金及び延滞金

九　私的独占の禁止及び公正取引の確保に関する法律（昭和22年法律第54号）の規定による課徴金及び延滞金（外国若しくはその地方公共団体又は国際機関が納付を命ずるこれらに類するものを含む。）

十　金融商品取引法第6章の2（課徴金）の規定による課徴金及び延滞金

十一　公認会計士法（昭和23年法律第103号）の規定による課徴金及び延滞金

2　居住者が供与をする刑法（明治40年法律第45号）第198条（贈賄）に規定する賄賂又は不正競争防止法（平成5年法律第47号）第18条第1項（外国公務員等に対する不正の利益の供与等の禁止）に規定する金銭その他の利益に当たるべき金銭の額及び金銭以外の物又は権利その他経済的な利益の価額（その供与に要する費用の額がある場合には，その費用の額を加算した金額）は，その者の不動産所得の金額，事業所得の金額，山林所得の金額又は雑所得の金額の計算上，必要経費に算入しない。

3　第1項第2号から第7号までに掲げるものの額又は前項に規定する金銭の額及び金銭以外の物若しくは権利その他経済的な利益の価額は，<u>第1項又は前項の居住者の一時所得の金額の計算上</u>，支出した金額に算入しない（下線―筆者）。

　なお，45条3項については，下線部からは，第1項8号から11号までは一時所得の金額の計算上家事費も控除されるとする解釈もある。確かに単純な文理上はそうかもしれないが，次の理由によりそのような解釈はできないと考える。なぜなら，課徴金および延滞金が一時所得の金額の計算上，その収入を得るために支出した金額ではなく，そもそも課徴金は行政罰であり，延滞金は債務履行遅滞によるものであるから，それらによって一時的，偶発的な収入を得る場合とはどのようなものかおよそ想像がつかないためである。思うに上記8号から11号まではそれが収入に結びつくことがないために，その創設時にあえて付す必要を感じなかったということなのかもしれない。

(22)　岡村忠生「弁護士会役員活動費用と消費税(2)」『税研』第176号（2014年），74頁。

(23)　同上，74頁。

(24)　同上，74頁。

(25) 同上，74頁。

(26) 初出，明治32年所得税法（明治32年2月13日法律第17号）第5条1項5号。

(27) 明治32年所得税法第4条「総収入金額ヨリ必要ノ経費ヲ控除シタル予算年額ニ拠ル」および，同施行令1条「総収入金額ヨリ控除スヘキモノハ…其ノ収入ヲ得ルニ必要ナル経費ニ限ル」を指す。

(28) 明治32年所得税法の「必要ノ経費」とは，武本宗重郎氏によれば，「（施行規則に例示のあるような）収入を得るために必要な経費に限り，家事上の費用およびこれと関連する費用はその収入を得るために必要なものとはいいがたく，その性質上，（稼得した）所得によって支払われるものであるため，これらは控除しないこととした。したがって，必要経費であるか否かは，実際上において種々の疑問を生ずるものではあるが，要するに所得を得るために必要な経費は，所得と直接因果関係を有するもので，さらに義務の確定したもの」（括弧内筆者）と解されている（武本宗重郎『改正所得税法釈義』（同文舘，1913年），132-133頁）。

(29) 武田昌輔・神谷修・横江義一監修『DHC所得税務釈義』（第一法規，加除式），1803頁。

(30) 田中治「家事関連費の必要経費該当性」『税務事例研究』vol.143（2015年），42頁。

(31) 同旨を，長島弘氏も「租税法律主義が，すなわち『議会のみが課税権を有する，課税権は立法権である』と書いたが，このことからは当然他の法令における政令委任のあり方と同様またはそれ以上に厳格でなければならない事となる。」と述べている（長島弘「租税法律主義と租税法における政令委任の範囲—法人税法施行令72条の3に関する合憲性の問題に着目して—」『税法学』571号（清文社，2014年），103頁）。

(32) 政府税制調査会，前掲注（5），46頁。

(33) 所得税法施行令第96条（家事関連費）。

　　法第45条第1項第1号（必要経費とされない家事関連費）に規定する政令で定める経費は，次に掲げる経費以外の経費とする。

　一　家事上の経費に関連する経費の主たる部分が不動産所得，事業所得，山林所得又は雑所得を生ずべき業務の遂行上必要であり，かつ，その必要である部分を明らかに区分することができる場合における当該部分に相当する経費

　二　前号に掲げるもののほか，青色申告書を提出することにつき税務署長の承認を受けている居住者に係る家事上の経費に関連する経費のうち，取引の記録等に基づいて，不動産所得，事業所得又は山林所得を生ずべき業務の遂行上直接必要であつたことが明らかにされる部分の金額に相当する経費

(34) 田中治，前掲注（30），43頁。

(35) 山田二郎「必要経費論」金子宏編著『所得税の理論と課題』（税務経理協会，1999年）86頁。

(36) 植松守雄「所得税法における『必要経費』と『家事費』」『一橋論叢』第80巻第5号，599-600頁。

　　なお，同旨の判例として，神戸地裁昭和35年6月6日判決，『行政裁判例集』11月6日1749頁（寄附金），大阪地裁昭和48年8月7日判決，『税務資料』70巻，782頁（交際費）が挙げられている。

(37) 山田二郎，前掲注（35），86頁。

(38) ①通常必要と認められる通勤費，②転任に伴う通常必要な転居費用，③職務の遂行に

直接必要な技術又は知識を習得することを目的として受講する研修（人の資格を取得するためのものを除く）費用，④資格を取得するための支出で，その支出がその者の職務の遂行に直接必要なもの，⑤単身赴任に伴う，生計を一にする配偶者その他の親族が居住する場所との間の旅行に通常要する支出の5種である。

(39) 植松守雄，前掲注（36），600頁。なお，同様の事例として，アメリカの所得税法に"Hill v. Commissioner"判決がある。この判例は，必要経費性を「（被用者において）雇用者の命令との関係を前提にせず，経費性を納税者の営業又は事業の内容との関係で捉える」とした判例であり，その後の個人所得の必要経費概念に，通達の変更等の大きな変化をもたらしたものである。

(40) 同上，600頁参照。しかしこの方法によるならば，一度支出未費用項目として，支出の年度に全部資産計上する必要がある。なぜなら，わが国の所得税法は，過年度発生の所得の修正として増加修正については納税者側の修正を認めるが，減額修正は，更正の請求により税務署長からの更正決定を待たねばならないからである。もっとも，平成23年度税制改正によって，更正の請求が過去5年分認められるようになったため，上記の方法によらずとも，過去に支出した費用を一応は，将来の収益に対応させることが可能にはなると解されよう。

(41) 通常性の判断においては，支出の継続性よりもその事業における慣行的な様式（a way of life）を重視するとされている（Welch v. Commissioner of Internal Revenue, 290 U.S (1933).）。

(42) IRC § 162 (a)(1).

(43) 伊川正樹氏は "reasonable allowance" を「金額の相当性」として，「金額の相当性についても，独立の要件とまでは言えないが，必要経費該当性の判断における事実認定の考慮要素として機能するものであると解するのが妥当」とほぼ同旨を述べている（伊川正樹「一般対応の必要経費該当性にかかる要件」『税法学』569号（日本税法学会，2013年），28頁）。

(44) 岡村忠生，前掲注（22），77頁。

(45) 平成26年1月1日より，全ての白色申告者において記帳義務が課された。したがって，白色申告者についても当てはまらなくなったといわざるを得ないが，所得税施行令96条の規定には影響がないため，課税庁の態度として，白色申告者に家事関連費の区別が期待されていない点についてはそのまま維持されていると推察できる。

(46) 東京地裁昭和52年7月27日判決（昭和50年（行ウ）第97号）『税務訴訟資料』95号，222頁。もっとも，帳簿記録等の有無が客観性のある証拠として採用されたものである。他にも，裁決事例含め多数ある。

(47) LEX/DBにて，検索条件をand：所得税，必要経費，要件，合理性，not：源泉所得税，推計として検索した結果得た300件の事案を見渡したが，合理性を必要経費の要件とするものは存在しなかった。

(48) 東京地裁平成25年10月17日判決（平成24年（行ウ）第638号）『税務訴訟資料』263号順号12310。

(49) 東京地裁昭和44年12月25日判決（昭和42年（行ウ）第183号）『税務訴訟資料』57号，833頁。

(50) 東京高裁昭和53年4月11日判決（昭和52年（行コ）第49号）『税務訴訟資料』101号，

第8章　弁護士会役員交際費事件　203

99頁。
(51)　東京地裁昭和52年7月27日判決（昭和50年（行ウ）第97号）『税務訴訟資料』95号，222頁。
(52)　最高裁昭和56年4月24日判決（昭和53年（行ツ）第90号）『税務訴訟資料』117号，316頁。
(53)　国税不服審判所昭和58年1月27日裁決（『裁決事例集』25集，42頁）。
(54)　徳島地裁平成7年4月28日判決（平成3年（行ウ）第6号）『税務訴訟資料』209号，471頁。
(55)　高松高裁平成8年3月26日判決（平成7年（行コ）第8号）『税務訴訟資料』215号，1121頁。
(56)　国税不服審判所平成13年3月30日裁決（『裁決事例集』61集，129頁）。
(57)　同上。
(58)　同上。
(59)　所得税基本通達37-9《農業協同組合等の賦課金》。
　　農業協同組合，水産加工業協同組合，中小企業協同組合，商工会議所，医師会等の組合員又は会員が法令又は定款その他これに類するものの規定に基づき業務に関連して賦課される費用は，繰延資産に該当する部分の金額を除き，その支出の日の属する年分の当該業務に係る所得の金額の計算上必要経費に算入する。（下線―筆者）。
(60)　国税不服審判所平成26年3月6日裁決（『裁決事例集』94集，63頁）。
(61)　同上。
(62)　同上。
(63)　同上。
(64)　実際に，弁護士会役員交際費事件高裁判決については，「弁護士が弁護士会等の役員としての活動に伴い支出した懇親会費等の一部が，その事業所得の金額の計算上，必要経費に算入することができるか否かが争われた事案につき，弁護士については，弁護士会等へのいわゆる強制入会制度が採られており，弁護士会等の活動は，弁護士として行う事業所得を生ずべき業務に密接に関係するとともに，会員である弁護士がいわば義務的に多くの経済的負担を負うことにより成り立っているものであることなどを理由として，当該懇親会費等の一定の範囲について，必要経費に算入することができると判断した事例であり，本件とは事案を異にする」と述べている（同上）。
(65)　同上。
(66)　津地裁平成18年4月27日判決（平成17年（行ウ）第24号）『税務訴訟資料』256号順号10380。
(67)　他にも広島地裁平成11年5月18日判決（平成10年（行ウ）第26号）『税務訴訟資料』242号，651頁）も同旨を述べている。
(68)　例えば，岡山地裁平成23年8月10日判決（『税務訴訟資料』261号順号11731），国税不服審判所平成25年7月9日裁決（『裁決事例集』92集，150頁），国税不服審判所平成26年5月22日裁決（『裁決事例集』95集，122頁），国税不服審判所平成28年3月3日裁決（『裁決事例集』102集，41頁）等がある。
(69)　さいたま地裁平成19年11月28日判決（平成19年（行ウ）第15号）『税務訴訟資料』257号順号10833。

(70) 山田二郎氏は，後掲する弁護士会役員交際費事件の第一審判決を受けて「弁護士Ｘが弁護士会の会務としての活動費が，事業所得を生ずべき業務の対価そのものや，当該業務と直接関係のある支出といえないとしても，弁護士業については，商品の対価とは異なり，調査費や資料収集費，事務費，補助経費，事務所経費などの一般管理費が必要となり，直接関係を広く考えるべき場合が多いので，直接関係を厳格に考えるのは相当でない（山田二郎「弁護士会の会務と弁護士業務の必要経費の範囲」『税法学』566号（2011年），474-475頁）と述べるが，これは山田氏の主観的な所見でしかない。納税者（の利害関係者）の主観のみでは，客観的立証が何らされていないものを基礎として直接関連性を広げる解釈を可能とし，それがあたかも当然であるかのようなすり替えが起きるということからしても，納税者の主観による事実を課税要件事実として認定するためには客観性要件が必要であるという証左であろう。

(71) 東京地裁平成23年8月9日判決（平成21年（行ウ）第454号）『税務訴訟資料』261号順号11730。

(72) 東京高裁平成24年9月19日判決（平成23年（行コ）第298号）『税務訴訟資料』262号順号12040。

(73) 酒井克彦氏も，「租税法が自然人あるいは法人という法人格を課税単位としていることから，自然人においては，個人事業主と個人事業を別個に認識するような手法は採用していない」として，ほぼ同旨を述べている（酒井克彦『所得税法の論点研究―裁判例・学説・実務の総合的検討―』（財経詳報社，2011年），353頁）。

(74) 例えば，大島訴訟最高裁判決（最高裁昭和60年3月27日判決（昭和55年（行ツ）第15号）『税務訴訟資料』144号，936頁）では，「各自の主観的事情や立証技術の巧拙によってかえって租税負担の不公平をもたらすおそれもなしとしない」と述べている。

(75) 小関健三「医師の接待交際費等の必要経費該当性の判断」増田英敏『租税法の解釈と適用』（中央経済社，2018年），61頁。

(76) 奥谷健氏も「家事関連費は原則として控除できないもの」と述べている（奥谷健「必要経費控除の意義と範囲」『税法学』575号，2016年，253頁）。

(77) 末永英男「所得税法上の必要経費―弁護士会役員の交際費等の必要経費該当性の判例を題材として―」（『熊本学園会計専門職紀要』第4号（2013年），3-12頁）。

(78) 酒井克彦『裁判例からみる所得税法』（大蔵財務協会，2016年），447頁。

(79) 同上，448頁。

(80) 同上，448頁。

(81) 例えば，伊川正樹「一般対応の必要経費該当性にかかる要件」『税法学』569号（2013年），小関健三「医師の接待交際費等の必要経費該当性の判断」『税務弘報』第61巻第6号（2013年），橋本守次「弁護士会役員の業務に係る交際費等の必要経費の該当性」『税務事例』第44巻第12号（2012年），三木義一「判決の論理を読む」『税務弘報』第61巻第10号（2013年），三木義一「必要経費概念における『事業直接関連性』」『青山法学論集』第54巻第4号（2016年），前掲した山田二郎「弁護士会の会務と弁護士業務の必要経費の範囲」『税法学』566号（2011年），等がある。

(82) 今回は岡村忠生氏の論文を採りあげているが，他にも，山田麻未「弁護士会等の役員等として行う活動と事業所得における『事業』との関係」『税法学』175号（2014年）があった。

(83) 岡村忠生「弁護士会役員活動費用と消費税(1)」『税研』第175号（2014年），73頁。

(84) 同上，76頁。

(85) 同上，76頁。

(86) 同上，77頁。

(87) 同上，77頁。

(88) 同上，77頁。

(89) 大阪地裁平成30年4月19日判決（平成27年（行ウ）第393号）【LEX/DB】文献番号25561472。

(90) 大阪高裁平成30年11月2日判決（平成30年（行コ）第59号）【LEX/DB】文献番号25562049。

(91) IRC§274（n）参照。なお，飲食費および交際費等の控除にあたっては，適切な記録（相手方，場所，日時，理由）を保存する必要がある。その上で，Reg§1.274-2に定める直接関連性要件（directly related test）を充たすための以下の3要件全てを充たす必要，あるいは準関連性要件（associated test）を充たす必要がある。

⑴ 飲食または交際費等の支出により，将来的に収益の増加，あるいはその他何らかの事業場の便益が期待されること（なお，結果についての証明は不要）（Reg§1.274-2(c)(3)(i)）。

⑵ 飲食または接待提供の主目的が事業活動であること。

⑶ 飲食または接待提供時に事業活動を行っていること。

準関連性の要件については，飲食または交際費の支出について事業目的が明確であり，また事業活動として行われる会議や視察，見学会等の前後に提供される飲食または接待である場合に充たされる（伊藤公哉『アメリカ連邦税法（第6版）』（中央経済社，2017年），198頁参照）。

参考判例としてSee, Lennon v. Commissioner, T.C. Memo 1978-176.

［付記］ 本論文は，宮崎裕士「家事関連費における必要経費との区分要件（上）―交際費等を中心として―」『大阪経大論集』69巻3号（2018年），87-109頁，および，宮崎裕士「家事関連費における必要経費との区分要件（下）―交際費等を中心として―」『大阪経大論集』69巻4号（2018年），69-89頁を，加筆修正し，再構成したものである。

第**9**章

法人所得課税と減価償却(1)
―日本郵船株式会社を中心として

1 はじめに

　本章では，法人所得課税における減価償却の取扱いについて争われた日本郵船株式会社対東京税務監督局長「所得金額決定不服ノ訴」事件[1]（以下「本件」という）を取り上げて，当時の法人所得課税が依っていた会計処理の基準について，検討を試みる。当該検討にあたっては，日本郵船株式会社における減価償却に係る会計処理の変遷，本件が起きた当時の企業会計および商法における減価償却の取扱い，そして，法人所得課税における減価償却の取扱いを明らかにすることが肝要であると考えられる。したがって，まず本章では，日本郵船株式会社における減価償却に係る会計処理の変遷，本件が起きた当時の企業会計および商法における減価償却の取扱いについて考究し，法人所得課税における減価償却の取扱いおよび本件についての検討は次章で行うこととする。

2 日本郵船株式会社創設期からの船舶減価引除金の取扱い[2]

(1)　創設期における船舶減価引除金の取扱い

　「日本郵船会社」は，明治18（1885）年9月29日に，「郵便汽船三菱会社」（三菱商会が明治8（1875）年5月1日に「三菱汽船会社」，明治9（1876）年9月18日に「郵便汽船三菱会社」と改称した個人企業）と「共同運輸会社」（政府が「郵便汽船三菱会社」の海運界独占に対抗するための新会社の設立を目論み，その主導の下で明治15（1882）年7月26日に「東京風帆船会社」，「越中風帆船会社」

および「北海道運輸会社」を合併して設立し，明治16（1883）年1月1日に開業した海運会社）との合併により，新設され，同年10月1日から創業した会社である(3)。

この合併の背景には，明治16年1月1日に共同運輸会社が開業して以来，郵便汽船三菱会社，共同運輸会社ともに激烈な海運競争を行い，年々その競争は激しさを増し，両者共倒れの危険性が高まっていた。そこで，両者は政府も従来の政策を転換し妥協を命じたこともあって，合意のうえ合併に至ったという経緯がある(4)。

日本郵船会社の前身の郵便汽船三菱会社では，明治10（1877）年7月26日に制定された「郵便汽船三菱會社簿記法」に簿記法ないし固定資産についての会計処理が規定されており，当該簿記規定は，「定率法による減価償却，保険・大修繕積立金の設立が規定されたことと，各船・財産勘定で資産の『現価』に加えて収益と費用が集められ，利益が算出される構造になっていた」(5)。一方，もう1つの前身である共同運輸会社では，明治15（1882）年7月26日に政府から命令された「共同運輸会社御達書御命令書定款創立規約」「第九章　計算」に簿記法ないし固定資産についての会計処理が規定されていたが，第一種積金（船舶自家保険積立金），第二種積金（船舶大修繕積立金）の積立て，そして，「多分ノ利益」があるときは，「株主ノ衆議ニ依リ」「第三種ノ積金」を為すことが規定されていたものの，減価償却に相当する明確な規定はみられなかった(6)。

日本郵船会社創立委員は，明治18年9月25日に「日本郵船会社創立規約」が付された「創立願書」を農商務卿西郷従道氏に提出した。これに対して，政府は，「英米獨等ニ於ケル滊船會社ノ成規ヲ参酌シ三菱共同兩會社ノ定則ヲモ取捨シ我カ航運事業ノ實際ニ適スル様政府ノ保護ニ怙レテ航業ノ本務ヲ怠ラサル様全業抗敵ノアラサル爲ニ專横ノ弊ヲ起サ，ル様其他正副社長ヨリ取締役理事等ノ役員ヲ命任シ監督官ヲ置ク等諸般嚴密ノ法規」(7)，すなわち「條例ヲ編製」し(8)，同年9月29日に「命令書」を日本郵船会社に下付した。当該「命令書」は，先の「日本郵船会社創立規約」の「第六條　日本郵船會社ハ總収入金ノ内ヨリ通常海陸ノ經費ヲ仕佛成規ノ積立金等ヲ爲シタル上自餘ノ純益ｖ金ヲ以テ年々負債元利償還ノ額ヲ仕佛然ル後利益金ヲ株主ニ配當スルモノトス」(9)という規定に対し，下記のように，配当金の算出についての定めのと

ころで，船舶の保険積立金，大修繕積立金の他に，「減価引除金」という名称
ではじめて船舶の減価償却を強制した。

「第二十八條　其會社ハ収入金ノ内ヨリ通常海陸ノ經費幷ニ左記ノ金額及ヒ
　　　　毎年負債元利償還ノ額ヲ引去リ自餘ノ純益金ヲ以テ各株主ニ配當スヘシ
　　　　但負債元利ヲ償還シ了ル迄配當金ハ八歩ヲ以テ限リトナスヘシ
　　　　　　第一　保險積立金
　　　　船舶保險準備トシテ一ヶ年ニ付各船總代價ノ百分ノ七ヲ積立ヘシ
　　　　　　第二　大修繕積立金
　　　　當分ノ内船舶大修繕及ヒ新船購入ノ準備トシテ一ヶ年ニ付各船總代價
　　　　ノ百分ノ十ヲ積立ヘシ
　　　　　　第三　減價引除金
　　　　船價年ヲ逐テ遞減スルカ故ニ一ヶ年ニ付各船總代價ノ百分ノ五ヲ引除
　　　　ヘシ」(10)

　そして，「命令書」が下付された明治18年9月29日に当該「命令書」に従い
創立委員において協議決定され，同年11月7日付をもって農商務卿西郷従道氏
の認可を得た「日本郵船会社定款」の「第八章　計算」において，下記のよう
に，「命令書」第28条とわずかに語句が異なるものの，実質的には同様の減価
引除金規定が設けられた。しかし，その費用性は不確定なものであった(11)。

「第四十九條　當會社ハ毎年九月三十日限リ其損益ヲ計算シ總収入金ノ内ヨ
　　　　リ通常海陸ノ經費幷ニ左記ノ金額及毎年負債元利償還ノ額ヲ引去リ自餘
　　　　ノ純益金ヲ以テ各株主ニ配當スヘシ但負債元利ヲ償還シ了ル迄配當金ハ
　　　　八歩ヲ以テ限リトナスヘシ
　　　　　　第一　保險積立金
　　　　瀛船帆船トモ船体保險準備トシテ一箇年ニ付各船代價ノ百分ノ七ヲ積
　　　　立ヘシ
　　　　　　第二　大修繕積立金
　　　　當分船舶大修繕及ヒ新船購入ノ準備トシテ一箇年ニ付各船總代價ノ百

　　　　　分ノ十ヲ積立ヘシ
　　　　第三　減價引除金
　　船價年ヲ逐テ遞減スルカ故ニ各船總代價ノ百分ノ五ヲ引除ヘシ」[12]

　日本郵船会社は，当該定款第49条に従って，明治19（1886）年９月30日の第
１期決算から船舶の減価償却を実施し[13]，「減價引除金」との名称をもって，
400,460円36銭２厘を「損益勘定表」の「支出之部」の末尾に「利益処分済項
目」として計上し，「資産負債勘定表」の「資産ノ部」における「船舶代價」
および「小蒸氣倉庫船及艀下船代價」からそれぞれ375,035円44銭９厘および
25,424円91銭３厘を直接控除している[14]。

　明治20（1887）年11月７日に遞信大臣榎本武揚氏より「命令書」第28条の改
正案「明治十八年九月二十九日其會社ヘ下付シタル命令書中第二十八條第三項
ノ次ヘ左ノ一項ヲ加フ　其會社ノ収入金少ナキカ爲メ以上ノ割合ニ從ヒ積立金
ヲ爲シ得サル場合ニ於テハ通常海陸ノ經費及ヒ負債利子ヲ引去リ其殘額ヲ以テ
各項ニ割合積立スヘシ」[15]が日本郵船会社に達せられたが，日本郵船会社は，
当該命令書変更に対して，「右積立金は，内外同業者多年の經驗と當社の實驗
に徴して，保險及び大修繕の兩積立金は必要以上に過大にして，却て社業の活
動を妨ぐるの結果となり營業の實情に副はざるものあるを以て，命令書中の三
種積立金（保險積立金，大修繕積立金および減價引除金）が總船価の二割二分に
相当するを一割三分程度に低下し，毎年積立つべき金額を凡そ九拾萬円と定め，
假令船價に減少ありとも猶ほ九拾萬圓は必ず之を積立つるの目途を以て改正の
案を立て，明治二十年十二月十五日臨時株主總會の決議を以て命令書變更を遞
信大臣に請願し其認可を得，更改命令書の交附を受けた」[16]（傍点および括
弧一筆者）のであった。そして，下記のように，「命令書」および定款が変更
された。

　命　令　書
「第廿八條　其會社ハ収入金ノ内ヨリ通常海陸ノ經費役員賞與並ニ左記ノ金
　　　　額及ヒ毎年負債元利償還ノ額ヲ引去リ自餘ノ純益金ニ政府補給金額ヲ併
　　　　セ株主ニ配當スヘシ但株主配當金ハ負債元利ヲ償還シ了ル迄年八歩ヲ以

テ限リトシ役員賞與ハ毎年収入金ノ内ヨリ通常海陸ノ經費ヲ引去リタル
殘額即チ營業益金貳拾分ノ壹以上拾分ノ壹以下ヲ以テ定限ト爲スヘシ

　　　　第一　保險積立金
　　船舶保險準備トシテ一ヶ年ニ付各船總代價ノ百分ノ五ヲ積立ヘシ
　　　　第二　大修繕積立金
　　當分ノ内船舶大修繕及ヒ新船増加ノ準備トシテ一ヶ年ニ付各船總代價
　　ノ百分ノ三ヲ積立ヘシ
　　　　第三　減價引除金
　　船價年ヲ逐テ遞減スルカ故ニ一ヶ年ニ付各船總代價ノ百分ノ五ヲ引除
　　ヘシ
　　船價ノ減少ニ依リ第一項乃至第三項ノ金員ヲ通計シテ年額九拾萬圓ニ達
　　セサル時ハ臨時第二項ノ歩合ヲ増加シテ此年額ニ充タシムヘシ
　　収入金少ナキカ爲メ以上ノ割合ニ從ヒ積立金ヲ爲シ得サル場合ニ於テハ
　　通常海陸ノ經費役員賞與負債利子等其年度ニ於テ必要缺クヘカラサル支
　　出及ヒ第三項減價引除金ヲ引去リ其殘額ヲ以テ第一項第二項ニ割合積立
　　置キ其缺額ハ翌年度以後ニ於テ之ヲ補塡スヘシ」[17]

定　　款

「第四十九條　當會社ハ毎年九月三十日限リ其損益ヲ計算シ収入金ノ内ヨリ
　　通常海陸ノ經費役員賞與幷ニ左記ノ金額及ヒ毎年負債元利償還ノ額ヲ引
　　去リ自餘ノ純益金ニ政府補給金額ヲ併セ各株主ニ配當スヘシ但株主配當
　　金ハ負債元利ヲ償還シ了ル迄年八歩ヲ以テ限リトシ役員賞與ハ毎年収入
　　金ノ内ヨリ通常海陸ノ經費ヲ引去リタル殘額即チ營業益金貳拾分ノ壹以
　　上拾分ノ壹以下ヲ以テ定限ト爲スヘシ
　　　　　第一　保險積立金
　　　瀛船帆船トモ船体保險準備トシテ一箇年ニ付各船總代價ノ百分ノ五ヲ
　　　積立ヘシ
　　　　　第二　大修繕積立金
　　　當分船舶大修繕及ヒ新船増加ノ準備トシテ一箇年ニ付各船總代價ノ百
　　　分ノ三ヲ積立ヘシ

第三　減價引除金

　船價年ヲ逐テ遞減スルカ故ニ一箇年ニ付各船總代價ノ百分ノ五ヲ引除ヘシ

　船價ノ減少ニ依リ第一項乃至第三項ノ金員ヲ通計シテ年額九拾萬圓ニ達セサル時ハ臨時第二項ノ歩合ヲ增加シテ此年額ニ充タシムヘシ

　收入金少ナキカ爲メ以上ノ割合ニ從ヒ積立金ヲ爲シ得サル場合ニ於テハ通常海陸ノ經費役員賞與負債利子等其年度ニ於テ必要缺クヘカラサル支出及ヒ第三項減價引除金ヲ引去リ其殘額ヲ以テ第一項第二項ニ割合積立置キ其缺額ハ翌年度以後ニ於テ之ヲ補塡スヘシ」[18]

　上記「更改命令書」は，日本郵船会社が遞信大臣に対して「命令変更の請願」を行って交付されたものであるが，その「請願（日本郵船會社臨時總會第二號議案　各種積立金等ノ儀ニ付請願ノ件）」における「説明」の中で，日本郵船会社は，各種積立金等について，「命令書追加ノ旨趣ニ依レハ收入少ナキ時ハ有ル丈ケヲ積ムニ止マリ缺額補塡ノ道モ之レナク又過當ナル二割二分ノ歩合依然トシテ存スルカ故ニ收入多キ時ト雖モ當ニ不足ヲ感シ之ヲ要スルニ足ラサレハ足ラサル儘餘レハ餘ル儘ト云フカ如キ事實ニ陷リ殆ント緩嚴其度ヲ制セサルト一般ノ觀ヲ實際ニ呈シ社業ノ其礎之レカ爲メニ確立スルヲ得ス殊ニ第三項減價引除金ニ至テハ他ノ積金ト其性質ヲ異ニシテ全ク實費同樣減スルコトヲ得サルモノナルニ有リ丈ケノ殘金ヲ各項ニ割合積立ルトキハ百分ノ五ニ達セサルコトアリテ船價一定ノ遞減法ヲ行フコト能ハス從テ翌年度ヨリ積金標準ノ定率ヲ失フニ至ルヘシ是ヲ以テ新案ノ如ク之ヲ改ムルノ必要アルニ由ル」[19]（傍点一筆者）との意見を示し，「從來の船舶保險積立金の割合を百分の五に・大修繕積立金を百分の三に引下げ，減價引除金は從來の通り百分の五と爲せしも，但書を改正して，收入金少なき爲め以上の割合に從ひ積立金を爲し得ざる場合は，通常海陸の經費・役員賞與・負債利子等必要缺くべからざる支出及び減價引除金を控除し，其殘額を保險及び大修繕の兩積立金に割合積立置き，其缺額は翌年度以後に於て之を補塡することとなり，之に準據して定款改正を行」[20]（傍点一筆者）ったと説明している[21]。ここで特筆すべきは，「減價引除金」は他の船舶保險積立金および大修繕積立金と同様に「積立金」と呼称され

ていたが，全くその性質が他の２つの積立金とは異なり，実費同様減少させる
ことができないものと考えられ，先に述べたように，その費用性は不確定なも
のであったにしろ，その性質上，実費，すなわち費用に相似的なものとして観
念されていた点である。

（２） 商法制定後における船舶減価引除金の取扱い

その後，「(明治23（1890）年）商法施行前にありては，命令書の外循由すべ
き一定の準縄なきを以て姑く舊に依れるも，其後商法中會社篇が明治二十六年
七月一日より實施となるや，當社（日本郵船会社）は（政府から補助金を受ける
代わりに命令書によって制約を受けていた）役員の選任・業務の監督・會計の監
査・及び株主の會社に對する權利義務等總て商法に從ひ會社の自治制に改正す
るを至當と爲し，二十六年十二月一日臨時株主總會を開催して定款の根本的改
正案を決議し」[22]（括弧―筆者），「第五章 會計」において，「第四十三條
會社ハ船舶維持ノ爲メ毎事業年度収益ノ内ヨリ左ノ金額ヲ控取スヘシ」と定め，
「左の金額」として，「第一 船舶保險積立金 總船價百分ノ五」，「第二 船舶
大修繕積立金 總船價百分ノ三」，「第三 船舶減價引除金 總船價百分ノ五」
と規定した[23]。この定款の改正案は，臨時総会において異議なく可決され，
即日，遞信大臣黒田清隆氏に「改正定款認可願書」として提出され，同日認可
された[24]。

ところで，明治23年商法（以下「旧商法」という）の一部実施時と重なった
日本郵船会社の第８回営業報告書（自明治25（1892）年10月１日 至明治26
（1893）年９月30日）では[25]，その「第一項 業務概況」で，「商法第三十二
條ノ結果トシテ貸借對照表ヲ作ルニ當リ財産ノ價格高キニ過クルモノハ之ヲ減
シ低キニ失スルモノハ之ヲ増シ辨償ヲ得ルコトノ確カナラサル債權ニ付テハ其
推知シ得ヘキ損失額ヲ控除シ又到底損失ニ歸スヘキ債權ハ全ク之ヲ除キ以テ財
産ノ整理ヲ爲サザルヘカラス即チ此規定ニ準據シ相當ト認ムル所ヲ以テ夫々之
カ整理ヲ遂ケ資産整理臨時損益勘定表ヲ製シテ會計ノ部ニ載ス」[26]と記述
されており，日本郵船会社は旧商法実施時に一部資産の評価替えと不良債權の
切捨てを行った。

上記改正定款に従って作成された第９回営業報告書（自明治26（1893）年10

月1日　至明治27（1894）年9月30日）における損益勘定表では，「従来利益処分項目に計上されていた項目の中から『減価引除金』・『保険積立金繰入』・『大修繕積立金繰入』を新たに損費項目に繰り替え」(27)られた(28)。すなわち，当該営業報告書における「損益勘定表は従来必ずしも明確ではなかった船舶『減価引除金』の費用性認識が明示されたものということができ」(29)ると解される(30)。

　なお，「建物減価引除金」については，旧商法第32条第2項が資産の時価評価を規定していたが，毎期時価で評価することは実際繁雑なうえ，時価が建物の帳簿価額を大きく超えるときは財産の根拠を危うくする一方，大きく下回るときは年度損益勘定に多大な影響を及ぼし，一時に財政が著しく乱されることから，第9回営業報告より毎年建物総代価の2％以上の定率法による減価償却を行う方法がとられた。当該処理方法は，当初，利益金分配案における利益処分によって実施されていたが，第13期前半年度（自明治30（1897）年10月1日至明治31（1898）年3月31日）から船舶減価引除金等と同様に損益勘定表における「支出の部」に経常的費用として費用計上されることとなった(31)。

　日本郵船株式会社は(32)，明治27年11月28日に定款改正の儀を逓信大臣黒田清隆氏に請願し，同年12月6日にその認可を得て，定款を改正し，「株主の便利を謀りて従来の利益金配当期，年一回を改めて二回と爲さんが爲め，事業年度を前後二期に区分し，即ち毎年度十月一日より翌年三月三十一日迄を前半期とし，四月一日より九月三十日迄を後半期と定め，通常總會は毎年五月及び十一月に開會することに改め，更に船舶保険積立金を總船價百分の二・五（舊率は百分の五）・船舶大修繕積立金を總船價百分の一・五（舊率は百分の三）・及び船舶減價引除金を總船價百分の二・五（舊率は百分の五）と改め，各〻半減せり」(33)とした。その後，日本郵船株式会社は，明治32（1889）年6月1日に同年6月16日より施行される修正商法（以下「新商法」，または単に「商法」という）の規定に適合させるために定款の改正を行ったが，その多くは字句の修正に止まった(34)。そして，明治34（1901）年6月1日に，日本郵船株式会社は，定款規定第43条の「（一）船舶保険積立金を總船價百分の二・五（如故），（二）船舶大修繕積立金を製造船價百分の一・二五（舊總船價百分の一・五），（三）船舶減價引除金を製造船價百分の二（舊總船價百分の二・五）と改め，更

第9章　法人所得課税と減価償却⑴　215

に（四）船舶が製造後満二十五年に達したるときは右三種の積立金を要せざる旨の一項を加へ」[35]た。その際，船舶減価引除金について，創立以降第16期前半年度（明治34年3月）まで，残存価格ゼロとした定率法（無期償却法）による現在総船価（逓減する船価）の半期2分5厘（年率5分）に相当する船価償却を実施していたのを第16期後半年度（明治34年4月）より船舶の耐用年数を25年と定め，残存価格ゼロとした定額法（有期償却法）による製造船価の半期2分（年率4分）に相当する船価償却に切り替えた[36]。

　第16期前半年度営業報告書（自明治33（1900）年10月1日　至明治34（1901）年3月31日）において，定率法（無期償却法）から定額法（有期償却法）への改正理由について，日本郵船株式会社は，「利益金分配案中船價整理金ノ一項ヲ設ケタル所以ノモノハ抑モ當會社ノ事業近來順當ノ進歩ヲ爲シ營業諸般ノ機關健全缺クル所ナキニ似タリト雖モ其基本財産タル船舶永遠維持ノ方法ニ至リテハ未タ不備ノ點アルヲ免レス即チ現行定欵ノ船舶減價引除金ハ逓減償價ヲ標準トスルカ故ニ一定ノ年限内ニ之ヲ償却スル能ハス依テ茲ニ其不備ヲ補ヒ有期償却ノ方法ヲ立ツルト同時ニ現在船價ヲ整理スルノ必要アルニ由ル盖シ現行定欵ノ規定スル所ハ無期償却法ニシテ所有船舶老朽用ニ適セサルニ至リタルトキ其減價引除金積立高ヲ以テ代船新造ノ資ヲ支フルニ足ラス換言スレハ現在船舶二十萬噸ハ新舊代謝ノ方法不備ナルカ爲メ漸次其數ヲ減シ竟ニ資産ノ缺損ヲ免レ難シ是ヲ以テ改正ノ必要ヲ感スルコト久シト雖モ之ヲ改正セムニハ先ツ現在船價ヲ整理セサルヘカラス之ヲ整理セムニハ之ニ應スル會計上ノ餘裕ナカルヘカラス是レ今日マテ之ヲ改正スルコト能ハサリシ所以ナリ然ルニ今ヤ會計上幸ニ多少ノ餘裕アリ仍テ營業上既往及將來ノ利害得失ヲ較量シ各國諸會社ノ實例ヲ參酌シ現行ノ無期償却法ヲ二十五年間ニ全ク償却シ了ルヘキ有期償却法ニ改メ」[37]（傍点一筆者）たと述べている。すなわち，その改正理由としては，所有する老朽化した船舶の代船新造にあたって，その新造資金を捻出するため，換言すれば，投下資本の回収による再調達資金の確保（利益の留保）のためであったということである[38]。そして，そのために当該改正にあたっては，各国諸会社の実例を参酌して，無期償却法から25年の有期償却法に改めたのである。また，その期に改正した理由としては，日本郵船株式会社は，【表1】で示したように，第11期（明治29（1896）年）（差引利益1,681,194円83銭2厘），第

【表1】

	総収入	総支出	船舶減価引除金	建物減価引除金	差引利益（損失）
第11期（明治28年10月1日～明治29年9月30日）	11,243,604円66銭9厘	9,562,409円83銭7厘	417,789円77銭8厘	19,402円6銭6厘	1,681,194円83銭2厘
第12期（明治29年10月1日～明治30年9月30日）	10,600,874円22銭6厘	10,708,117円4厘	553,437円73銭9厘	19,862円31銭5厘	△107,242円77銭8厘
第13期（明治30年10月1日～明治31年9月30日）	14,846,336円24銭2厘	12,545,829円78銭6厘	815,114円88銭	21,007円32銭	2,300,506円45銭6厘
第14期（明治31年10月1日～明治32年9月30日）	16,675,584円40銭9厘	13,958,110円92銭1厘	1,009,767円26銭	21,857円84銭	2,717,473円48銭8厘
第15期（明治32年10月1日～明治33年9月30日）	21,116,182円50銭7厘	16,360,759円61銭3厘	1,064,703円41銭	25,776円55銭	4,755,422円89銭4厘
第16期（明治33年10月1日～明治34年9月30日）	23,281,416円76銭8厘	17,837,254円38銭7厘	1,133,719円70銭2厘	27,563円65銭	5,444,162円38銭1厘
第17期（明治34年10月1日～明治35年9月30日）	22,615,415円67銭8厘	18,044,939円67銭	1,281,563円61銭3厘	28,852円80銭	4,570,476円8厘

(注)　各年度は毎年9月に終わる1ヶ年である。また，差引利益（損失）は，「総収入」－「総支出（船舶減価引除金，船舶保険積立金，船舶大修繕積立金，明治31年3月以降は建物減価引除金も含む。）」で求めた値である。

(出典)　第十一期前半後半年度，第十二期前半後半年度，第十三期前半後半年度，第十四期前半後半年度，第十五期前半後半年度，第十六期前半後半年度，第十七期前半後半年度日本郵船株式會社営業報告書『企業史料統合データベース（J-DAC）』企業ID2541701。
　日本郵船株式会社編『日本郵船株式会社五十年史』（日本郵船株式会社，1935年），525頁-526頁，530頁-531頁，534頁-535頁。

12期（明治30（1897）年）（差引損失△107,242円77銭8厘），第13期（明治31（1898）年）（差引利益2,300,506円45銭6厘），第14期（明治32（1899）年）（差引利益2,717,473円48銭8厘）はあまり収益が上がらなかったが，第15期（明治33（1901）年）（差引利益4,755,422円89銭4厘），第16期（明治34（1902）年）（差引利益5,444,162円38銭1厘）は好況に転じており[39]，減価償却方法の変更に伴う遡及適用による巨額の償却不足額を補うに足る積立金を得たので改めたということである[40]。

なお，差引損失を被った第12期において，差引利益を得た第11期よりも船舶減価引除金および建物減価引除金の計上金額が多く計上されていたことは，とりわけ留意すべき事実であると考えられる。

3 明治35年頃までの企業会計および商法における減価償却の取扱い

（1）　企業会計における減価償却の取扱い

明治23（1890）年にわが国初の商法（「旧商法」）（明治23（1890）年4月26日法律第32号）が制定され，明治26（1893）年3月6日法律第9号をもって，同年7月1日よりその一部である第1編第6章「商事会社」，第12章「手形」，第3編「破産」ならびに商事会社に関して第1編第2章「商業帳簿」および第4章「商業登記」のみが施行された[41]。旧商法については，「我商法（旧商法）ハ獨逸人ヘルマン．ロエスレル氏ノ起稿ニ成ル随テ其規定スル所主トシテ獨逸法ヲ模範トシ且ツ他ノ外國法ヲ参酌シタルニ過キス而シテ本邦従來ノ習慣ノ如キハ殆ト措テ論セサリシモノ、如シ」[42]（括弧―筆者）であり，特に，「商業帳簿規定に関する限りドイツ法の影響が強い」[43]ものであった。旧商法の導入について，久野秀男氏は，「明治二十三年原始商法の制定は，大陸商法の影響下に，大陸系の会計体系をわが国に導入する契機となり，明治初年以来，英米系の会計体系の導入によって会計の近代化をはかってきたわが国の会計実践のうえに，大きな影響を与えることになった」[44]と評されている。

かくして，英米系の会計体系に基づき，会計の近代化が図られてきたわが国

会計実践の下では，「旧商法制定以前に全面的に時価評価をしていた企業は日本中どこを探してもなかったのである。このような状態のところへ，それを無視して，時価評価規定をもった（旧）商法（第32条第2項『財産目録及ヒ貸借對照表ヲ作ルニハ總テノ商品，債権及ヒ其他總テノ財産ニ當時ノ相場又ハ市場價値ヲ附ス』）がもちこまれたのであるから，そこに混乱が生ずるのはけだし当然の結果であった」[45]（括弧—筆者）と考えられる。したがって，「明治初年以来，すでに会計の実務上で次第に整備されてきた英米の会計体系のもとにおいては，時価を付した財産目録・貸借対照表は存在しなったことはいうまでもなく，財務諸表の調製に先立って作られる『部分的な財産目録』としての『棚卸表』の場合においても，取得原価を基準にして作成されており」[46]，「従来からの会計実務を新しい法の要求に従属さすべく，強力な行政指導がおこなわれた銀行業ではともかくとして，一般産業部門では，（旧）商法の時価評価規定やそれに影響されて時価評価の原則をとりいれた簿記書の出現にもかかわらず，会計実務はいぜんとして原価基準を放棄せず，それを執拗に守り続け」[47]（括弧—筆者）てきた。このことから理解されるように，「旧商法の時価評価規定はほとんど会計実務に侵（浸）透しなかった」[48]（括弧—筆者）のである[49]。

その後，明治32（1899）年に新商法（明治32年3月9日法律第48号）が施行されるも[50]，「（新）商法第二十六條第二項（『財産目録ニハ動産，不動産，債権其他ノ財産ニ其目録調製ノ時ニ於ケル價格ヲ附スルコトヲ要ス』）に曰く，財産目録には動産，不動産，債権，其他の財産に其目録調製の時に於ける價格を附することを要すとあり，然るに現今簿記學者の教授する所又實業家の報告する所を見るに，一も（新）商法に準據し時價を附したるものを見ず」[51]（括弧—筆者）の状態であった。財産の評価に関しては，むしろ，「現今我一個商人が一般に決算を爲す場合に於ては，其残品（棚卸）に對して價格を附するには，必ず該商品の買入れたる時の價格より，二割乃至三割以下の價格に見積り決算を爲すを以て普通と爲す，是れ古來よりの習慣にして，今日に於ては嚴として一の商習慣となるに至れり」[52]との指摘から，新商法施行後における時価評価規定の会計実務への浸透性については，「新商法が旧商法にとってかわっても，基本的には少しも変化をみせなかった」[53]ことが窺える。

わが国における減価償却会計の淵源は，西欧から複式簿記法が移入された時

期と概ね同時期の明治初期まで遡ることができる⁽⁵⁴⁾。明治9（1876）年9月に文部省から出版された小林儀秀訳『馬耳蘇氏複式記簿法巻之上』では，「見世置附道具（店置附道具）ハ我商社ヲシテ三百圓ヲ費サシムルヲ以テ即チ我借主ナリ」⁽⁵⁵⁾（括弧一筆者），「見世置附道具ノ勘定ハ此品物ノ我商社ヲシテ三百圓ヲ費ヤサシムルコトヲ示ス今此金高ヨリ其損料一割ヲ減キ其残金二百七十圓ヲ本財并ニ借財ノ條下借ノ部ニ認メ而シテ損料三十圓ハ之ヲ利潤并ニ損耗ノ條下借ノ部ニ記載スベシ」⁽⁵⁶⁾とし，例解の「正算表」における「本財并借財残金」の借方に，「見世置附道具」300円から「見世置附道具　元價一割ノ損耗」30円を控除して「見世置附道具　價　270圓」を計上し，「見世置附道具　元價一割ノ損耗　30圓」を「利潤損耗残金」の借方に計上していた⁽⁵⁷⁾。

　また，明治10（1877）年4月に出版された加藤斌訳『商家必用』の第二編上では，「家藏器械店具等ノ如キ不動財産ノ高モ仕切帳中各々ノ勘定ヨリ夫々ノ價位ヲ斟酌シテ品價ヲ立テ之ヲ財本帳ニ記入スヘシ尤モ此勘定ハ毎年原價ヨリ一割或ハ五分ヲ減却シ其品ノ使用セシ毀損（イタミ）ヲ埋合ハスヘキナリ」⁽⁵⁸⁾としている。版行「器械ノ直價五千圓トス而シテ年々原價ノ五歩二百五拾圓ヲ減却シ之ヲ版行科勘定ノ借方ニ算入シテ年々器械ノ價ヲ減消スルナリ」⁽⁵⁹⁾と説明されている。

　なお，両翻訳書における減価償却は，「償却基準価格を推定耐用年数で割って償却額を算出する定額法ではなく，取得原価に年々一定率を乗じて償却額を算出する」「定率減価償却」⁽⁶⁰⁾であることには留意が必要である。

　しかしながら，会計実践の面では，「当時としては，時代の先端を切っていた銀行業のような場合を除けば，減価償却会計の実践にはほとんどみるべきものがなく」，「僅かに，……『郵便汽船三菱会社簿記法』に，その先駆的な実況をみるくらいであり」，「明治初年のこれらの実例は，まったく例外であった」⁽⁶¹⁾。その理由としては，「営業収益があまりあがらない企業化の初期（開発段階）には，企業化のために必要な資本を醸出した株主を満足させうる配当を支払おうとすると，（収益の一部を現金支出をともなわない費用として確保し，それを再投資または借入金返済に当てるために）減価償却を実施する余地はないか，あっても，わずかしか残らないのが普通であった。つまり，減価償却を正規におこなうのに必要な財務的条件がととのっていない企業が多かった」⁽⁶²⁾

からだと解される。

　わが国における減価償却会計の導入（移植）・定着（普及）過程について，高寺貞男氏は，「(a) 商業銀行を先頭とする各種金融機関では，明治８年（1875）から明治18年（1885）頃までに，(b) 政府から補助金を交付された海運会社では，明治10年（1877）から明治21年（1888）頃までに，(c) 紡績会社を中心とする（製造）工業会社では，明治23年（1890）前後から明治36年（1903）までにわたって，一般的にいうと，工業化のための補助的分野から本来的分野へという順序で，展開した」[63]と考えられている。そして，同氏は，その理由として，「(a) 金融機関への減価償却会計の導入・定着過程では，主として行政指導（法的強制力をともなわない勧告ないし指図）によって，つぎに，(b) 補助金を給付した海運会社への導入・定着過程では，下命または付款（義務づけ）によって，最後に，(c)（製造）工業会社への導入・定着過程では，特にその最終段階では，企業会計における減価償却を一定限度内では税務会計においても『損金』に算入することを認め，もし企業会計であらかじめそれ相応の減価償却を費用として計上していれば，節税ができるようにした税務上の利益誘導を通じて，育成がおこなわれた」[64]と評されている。

　明治34年当時の商業簿記における減価償却方法について，森源次郎氏は，「(不動産勘定の）借方ニハ（不動産の）買入原價ヲ……記載ス可シ，……不動産ハ，一般ニ年處ヲ經ルニ從テ，毎ニ其價額ヲ低減ス可ク，又市場ノ景況ニ由リ，其價額ノ高低增減スルコトアル可シ，故ニ豫メ是等ノ減價ヲ保證スルガ爲メニ，年々不動産償却金ヲ準備セザル可カラズ，之レヲ不動産ノ償却積立金ト云フ」（括弧─筆者）と説明し，「元帳決算ノ際，不動産ノ價額ヲ算定スル方法ニツキ，前説ノ如ク之レニ對スル，積立金ヲ設備スル方法ノ外ニ，尚時價ヲ以テ評定シ，差アレバ之レヲ損益勘定ニ運ブノ法アリ，則チ後者ハ商法ノ命スル處ニシテ，年々ノ低減價額ヲ差引キ，其殘餘ヲ以テ，時價ト看做スヲ可トス」[65]と述べられている。この記述の中には特質すべき点が２つあると考えられる。まずその１点は，当時，会計実務における減価償却の方法には，「原價ヲ据ヘ置キ，其價額ノ減少ヲ補フガ爲メニ，之ニ對スル積立金ヲ設クル」方法（間接法）と「一定ノ標準ヲ以テ，總額ノ上ニ於テ其原價ヲ減却スル」[66]方法（直接法）の２つの方法が存していたことである。しかしながら，両方法が一様に広く当

時の会社で用いられていたわけではない。「今従来の慣習を見るに財産は總て原價を以て定め其價格の減少を補ふが爲め利益金の一部を割きて以て積立金を設くるを通例と」[67]し,「多クノ會社ハ其器械ガ全然減リ, 其建物ガ全然減ルニモ拘ラス, 矢張元(原價)ノ三十万圓デ出シテ置ク會社ガ, 大分アルヤウデアル, サウシテ一方ニ積立ヲスル」[68](括弧—筆者)方法, つまり,「已に所有の家屋, 什器等は歳月の經過と俱に, 必ずその價格を減却するものなるを以て, この減却高を補充せん」[69]という考えに基づき, 間接法が当時一般的だったと考えられる。

明治32年に出版された高橋邦次郎著『通俗會社簿記』は,「諸種會社の浩瀚なる會計一般を明らかに」[70]したものであり,「汽船會社の會計帳簿」についての記述がみられる。そこでは,「損益勘定」における「支出」の部のところに「船舶減價引除金」および「建物減價引除金」[71]の記載があり,「資産」勘定である「船舶代價」については,「各船の新造, 改造, 及購入代價を借方に記入し, 破船又, 沈没船の船價, 及老船賣却代價其他各年度の減價引除金等を貸方に記入す」[72]るとともに,「資産」勘定である「地所建物」に関しても,「土地の購入代價, 建物の新築, 改築, 及購入代價等を借方に記入し, 賣却代價, 流燒失原價, 及各年度の建物減價引除金を貸方に記入す」[73]と記述してある。このことから,「汽船會社」については, 減価償却の方法として他の会社とは異なり, 直接法が一般的だったと考えられる。

他の1点は,「一定ノ標準ヲ以テ, 總額ノ上ニ於テ其原價ヲ減却」し,「年々ノ低減價額ヲ差引キ, 其殘餘」額をもって, 商法第26条第2項「財産目録ニハ動産, 不動産, 債權其他ノ財産ニ其目録調製ノ時ニ於ケル價格ヲ附スルコトヲ要ス」における「目録調製ノ時ニ於ケル價格」と見なしていたことである。このような解釈は, 旧商法時代の簿記書にもみられる。勝村榮之助氏は,「器具ハ……其計算ヲナスニ二様ノ方法アリ其一ハ結算ヲナス當時ノ相場即チ時價ヲ以テ記入ス可ク他ノ一法ハ然ラス例令ハ價金三百六十五圓ニテ一器具ヲ購ヒタリトセンカ此器具ノ使用ニ堪フルノ年月ヲ十ヶ年ト豫定スルトキハ一日ニ使用スル價ハ金拾錢ニ相當ス故ニ一ヶ年間使用ノ後ヲ此器具ノ價ヲ見積ルトキハ購求價格金三百六十五圓ノ内金三十六圓五拾錢ヲ消費シ全ク殘リノ價ハ金三百貳十八圓五十錢ノ時價ヲ存スルノ理ナリ依テ其價ヲ記入ス可シ」とし,「機械モ

亦器具卜等シク二様ノ方法ヲ執ラサル可ラス」[74]と述べられている。

　では，なぜこのような解釈になったのであろうか。この点について，東奭五郎氏は，「商法の規定第廿六條第二項に曰く『財産目録ニハ動産，不動産，債権，其他ノ財産ニ其目録調製ノ時ニ於ケル價格ヲ附スル「ヲ要ス』と蓋しその意は商人の損益決算時期に於ける棚卸品は決算當時に於ける實際の價格にて見積るべしとにあり」[75]。「財産目録に記載すべき各種財産に『目録調製當時ニ於ケル價格ヲ附スヘシ』との一句はその實行上至つて容易なるが如くにして實際には最も困難を極むるものなり何となれは最も嚴正に論するときは現金を除く以外の財産にはその時價には多少たりとも時々刻々の變動は免れ能はざる所にして而も之か評價は人に依りてその金額を異にすることあり又物に依りては單にその概算額に留めてその眞實の價格は到底知ること能はざるものあれはなり……財産の内商品，公債，株券等の如き世間に公表さるゝ毎日の相場あるものを除きてその他の財産就中家屋，土地，器械，什器その他特種の物品にありてはこれか時價を見積ることは到底不能の業たるを如何せん」[76]。「家屋その他の建物（更に什器・器械等）の時價はその概算額の外，到底知ること能はざるを以て」[77]（括弧一筆者），時の経過および使用によって，「家屋ナドハ特別ノ事情ガナケレバ，古クナレバ廉クナル，器械モサウデアル」[78]とも斟酌すれば，「先つその原價を標準として毎決算期にその内，或る割合を減却して之見積るの外に道なきなり」[79]と説明されている。つまり，商法第26条第2項の規定に従えば，「元來，所有物の價格は，毎決算期にその實價を見積りて，その減却高は之を損失として直に損益勘定の借方に運ぶを以て正當と」[80]考えられるが，財産，特に固定資産については，通常相場がなく，その時価（実価）を見積もることはおよそ不可能に近く，実務的には普通の決算期は常に営業継続の場合であることを考慮し[81]，取得原価または帳簿価額（取得原価マイナス減価）を付すため，その価額を時価と見なし，会計処理方法は直接法によることで，商法第26条第2項に適う会計処理と見なしていたと考えられる。

　このことから，当時の企業会計における減価償却の特徴としては，減価償却を固定資産の廃棄時における取替えのための財務的手段と観念するとともに，さらに直接法では，固定資産における「減価」を「価値の減少」と観念し，減

価償却を価値測定のプロセスとみていたことに求めることができると解される[82]。

　なお，当時における減価償却の実態について，吉田良三氏が次に指摘するように，「我國ノ會社會計部内ニ於テハ……減價ニ對スル年々ノ償却高ヲ大體ニ於テ利益高ニ比例セシメ，其利益額ノ大ナリシ營業繁盛期ニハ減價償却ヲ行フモ一旦營業不振ニ陥レバ之ヲ度外視シテ利益ナキ或ハ利益尠キ年度ニハ全然之ヲナサザルナリ。尚ホ甚ダシキハ減價償却ニ對スル準備金ヲ以テ恰モ法定準備金，配當平均準備金等ト同一視シテ利益ノ積立留保ト看做スノ觀」[83]が存していたことには留意すべきである。

（2）　商法における減価償却の取扱い

　翻って，明治32（1899）年商法改正の立案起草に従事した岡野敬次郎氏によれば[84]，商法第26条第2項にいう「価格」とは，「實際會社デハ此現行法（旧商法）第三十二條ニ言フガ如ク法律ノ必要トスル價格ヲ附シテ居ルカドウカ實際ニ於テハ多少會社ニ依テ違ヒガアラウト思フノデス」[85]（括弧―筆者）。「價格ノ見積方ニ依ッテ其標準ハ會社ニ依テ異ッテ居ル所ガアルカモ知レマセヌガ」[86]，「現行ノ（明治32年）商法（第26条第2項）ノ解釋ニスレバ，時價ガ標準價格ニナッテ居ル，ソレデアリマスカラ，其時價ガ其當時ニ於ケル交換價格」[87]（括弧―筆者）であると当時考えられていた。この考え方は，明治35（1902）年に争われた「商法違反抗告事件ノ決定ニ対スル再抗告ノ件」において，「抗告人（東京株式取引所理事長　中野武営　外6名）ハ財産目録ニハ」（括弧―筆者），「商人ノ営業ノ存在及継続ヲ基礎トシテ計算シタル営業的価格ニシテ語ヲ換ヘテ之ヲ言ヘハ其商人ノ営業ヲ一ノ経済上ノ独立主体ト看做シ此主体ヨリ観察シタル主観的ノ価格」，すなわち「使用価格又ハ取得価格ヲ記載スヘキモノ」と主張するも，大審院はこれを退け，「按スルニ商法第二十六条第一項ニ於テ商人又ハ会社ニ対シ定時ニ財産目録ヲ調製スルノ義務アルコトヲ規定シタルハ他人ヲシテ其時ニ於ケル資産ノ情態ヲ知悉セシムルノ趣旨ニ外ナラス故ニ其第二項ニ於テ其目録調製ノ時ニ於ケル価格ヲ附スルコトヲ要スト定メタルハ転換ヲ目的トセサル財産ナルト否トヲ問ハス客観的ノ価格即チ其際ニ於ケル交換価格ヲ附スヘキコトヲ指スモノナルコト法文上明カナルノミナラス財産目録

ノ調製ヲ命シタル律意ニ照シ毫モ疑ヲ容ルヘキ余地ナキモノトス」[88]（傍点
一筆者）と判示しており，判決においても支持されていた。

ところで，岡野敬次郎氏は，明治35年1月25日発行の『法學新報』において，
商法第26条第2項の解釈について，「元來財産目録，貸借對照表を作くらしむ
るの趣意は，商人，會社等の財産の現況如何及ひ前年度に於ける營業の成蹟如
何を表するに在るのてあるか，其他商事會社に在つては社員又は株主に利益の
配當を爲すの基礎となるのてある」[89]。したがって，一般の原則として，多
くの学者が論じているように，財産目録に記載すべき価格は交換価格でなけれ
ばならない。しかしながら，如何なる場合においても，必ず交換価格に依るべ
きとすることは不公平な結果を生ずると考えられる。例えば，家屋や土地，鉄
橋やトンネル等については，商人が営業をなしているが故に特に価格があるこ
とは珍しくなく，当該価格は交換価格と比べれば，比較的廉価なものである。
これらについては，「彼の絶對的の交換價格に依るへきものてあるか，余輩は，
營業の存在を條件として有する價格即ち營業價格に依るへきものてあらうと信
するのてある」[90]と述べられている。そして，同氏は，法律上，会社の憲
法たる定款をもって，配当率の低下，あるいは，無配当とする定めを置くこと
は差支えなく，また定款に如何なる規定が定められようが社員または株主はそ
の決議をもって変更することが可能であること，また，上述した財産目録調製
の趣意および家屋等の例に鑑みるに，会社財産の価格についても定款をもって，
時価（実価）以下に見積もるべきことを定めることを禁ずる理由は少しもない。
一方，会社の経済的側面からいえば，会社の財産は時価より以下に見積もるこ
とによって，会社の実際上の財産が帳簿価額より大きいのであるから，会社の
基礎の鞏固が図られ，これは同時に会社の資本が唯一の信用の基礎である会社
の債権者の保護も図られる。このことから，会社の経済的側面からいっても，
法律において之を禁ずるいわれは少しもない[91]。したがって，「商法に財産
目録には其之を調製する當時の價格を附することを要すとあるは，實價以上に
見積るは固より法律の禁する所不法てあるけれとも，其以下に見積るは法律上
差支ないのてある，即ち商法規定の半面は命令的てあつて，半面は任意的てあ
る，所謂貸借對照表の眞實（Bilanz wahrheit）の原則は法律の嚴命する所に非
すと確信する」[92]という私見を述べられている。つまり，商法第26条第2

項の趣旨によれば，同条項にいう財産目録に記載すべき価格については，元より時価（交換価格）を付すべきであって，時価を超えた価格を付すことは許されぬが，例えば，「買入價格か交換價額より少きときは其少き方に見積るへしとするか如き」[93]，時価以下の価格を付すことは差支えないということである。

　なお，上記の岡野敬次郎氏の解釈論は，当時，あくまで個人的見解の域に止まるものであったと考えられる。なぜならば，同氏は，先に示したように，明治35年2月17日に開議された第16回帝国議会衆議院商法中改正法律案委員会会議において，「今日ノ商法ノ規程ハ時價ニ見積ル」[94]とし，「現行商法ノ解釋トシテハ，買入値段ト云フモノ，價格ノ如何ハ問ハズ，總テ時價ニ見積ルベキモノデアルト云フコトヲ規定シテ居リマス」[95]と断じていたからである。同氏の解釈論は，明治44（1911）年の商法第26条第2項の修正にあたって，当時政府委員であった齋藤十一郎氏の「第二十六條第二項ノ修正理由ヲ申上ゲマス，……現行法ノ立法ノ趣意ヲ明カニ致シマシテ，財産目録ノ目的性質カラ見マシテ財産目録ノ財産ノ價額ハ時價ヲ最高度トスル趣意デアルカ，其以下ニ下リマシテモ差支ハナイノデアルト云フ意味ヲ明カニスルコトニ努メタ趣意デゴザイマス」[96]という発言から理解されるように，後の通説となっており，特質すべきものであったと思われる。

　この点についてさらに付言すれば，旧商法は，「（明治）十四年四月太政官ニ於テ法律顧問獨人ロエスレルニ命ジテ商法草案ヲ起稿シ」[97]（括弧─筆者），「（明治）十七年ニ至リ稿成リ進達シ爾後各種委員ノ手ニ依リ審議セラレ（明治）二十三年元老院ノ議決ヲ經同年法律三十二號ヲ以テ公布セラレタルモノ」[98]（括弧─筆者）であった[99]。

　ロエスレル起稿商法草案第33条は，「各商人ハ開業ノ時及ヒ爾後毎翌年三月以内ニ動産不動産ノ總目録并ニ貸方借方ノ比較表ヲ製シ兩ナカラ別冊ノ帳簿ニ記入シテ署名スヘシ財産目録及ヒ比較表ヲ製スル時ハ總テノ商品及要求權利并ニ其他總テノ財産物件ニ當時ノ相塲又ハ時價ヲ附スヘシ辨償ヲ得ル丁ノ慥カナラサル要求權利ニ在テハ其推知シ得ヘキ損失額ヲ控除シテ之ヲ記シ又到底損失ニ歸スヘキ要求權利ハ全ク記スヘカラス」[100]と定めており，旧商法第32条第2項の基になった規定である。当該草案第33条の逐条理由では，「當時ノ相

塲又ハ時價ヲ附スヘシ」という文言について，「商人ニシテ其目録書及比較表ニ記載スルニ方リ不實ナル價位殊ニ之ヨリ多キ價位ヲ付セン歟是レ自カラ欺クモノナリ故ニ此ノ如キ虛構詐欺ノ作爲ハ法律ノ明文ヲ以テ之ヲ禁スルヲ良シトス況ンヤ此ノ如キ事商業上ニ生スル頻々ナルニ於テヲヤ此規則ハ獨逸商法ヨリ抄出スル處ニシテ虛欺ノ價殊ニ實價ヨリ高キ價ヲ付スルヲ禁スル者ナリ」[101]と説明されている。当該草案第33条ハ，時価主義に基づくものであるが，「虛欺ノ價殊ニ實價ヨリ高キ價ヲ付スルヲ禁スル」という文言から理解されるように，当該逐条理由の説明の中では，法律で明文をもって禁ずべき虚構詐欺の作爲として，会社財産を実価（時価）を超えて見積もることのみに付言し，実価（時価）を下回る見積りについては特に言及されていない。また，当該草案第270条「株式會社ニ於テハ會社資本ノ四分ノ一ニ滿ル準備金ヲ蓄積スル爲メニ毎年ノ利益額ノ二十分一以上ヲ引去ルヘシ然後ニアラサレハ利足又ハ利益配當ヲ爲ス了ヲ得ス」[102]は法定準備金を定めたものであるが，当該逐条理由の中で，その必要性について，「豫備資本ハ將來損失ニ罹ルトキ之ヲ補充スル爲メノ効用アル者ナルカ故ニ會社資本ノ存續ヲ永遠不變ニ維持シ且株主純益分配ヲ受クルニ異同ナキヲ保護スル者ナリ……之ヲ積立ルハ普通ノ慣例ニ適スル者ニシテ之ヲ守ラサル會社ハ公共ノ信用ヲ失フハ必然ナルヘシ故ニ豫備資本積立ヲ義務ト爲スヲ得ヘキハ敢テ疑ヲ容ル可カラス」[103]と説明されており，会社債権者保護を目的ないしは重視していることが窺える。あくまで推論の域に止まるのであるが，上述したこれらのことを合わせ考えるに，当該商法草案第33条の規定は，上記で示した岡野敬次郎氏の見解のように，その解釈として「半面は命令的てあつて，半面は任用的てある」[104]と観念されなくもない。

　結局のところ当時の商法における減価償却の取扱いについては，上記大審院の考え方によれば，商法第26条第2項にいう価格とは，客観価格である交換価格，すなわち時価であり[105]，取得原価または帳簿価額は時価ではないことから，商法においては，減価償却は認められなかったと考えられ，この考え方が当時通説的な考え方であったと解される。

　他方，岡野敬次郎氏の解釈論は，上述したように明治35年1月にはじめて発表され，松本烝治氏および青木徹二氏もこれに同調した[106]。松本烝治氏は，「營業價格」について，「營業價格ハ之ヲ主觀的價格ト混同スヘカラス營業價格

トハ商人カ一個ノ脳裡ニ於テ自己ノ財産上ニ有スル價格（主観的價格）ヲ謂フ
ニ非ス營業財産ヲ組成スル各個ノ財産カ其營業ノ存續ヲ条件トシテ有スル客觀
的ノ價格」[107]（括弧―筆者）であるとし，商法第26条第2項にいう「價格ト
ハ客觀的價格即チ交換價格ヲ謂フ故ニ商人カ自己ノ財産上ニ有スル主観的價格
ト区別セサルヘカラス」[108]。したがって，「獨商法ニ於テハ株式會社ノ貸借
對照表ニ付テ特別規定ヲ爲シ營業ニ供用セラルル固定財産ハ相當ノ減價基金ノ
定アルトキハ時價ニ依ラス其買入價格ニ基テ之ヲ評價スルコトヲ得ヘキモノト
セルヲ以テ學者或ハ營業ニ供用セラルル固定財産ニハ使用價格ヲ附スヘシト謂
フモノアレトモ我商法ノ解釋トシテハ此説ヲ採ルコトヲ得ス」[109]と述べら
れている。すなわち，当時のドイツ商法では，第40条が財産評価の原則を規定
し，貸借対照表に付す価格は「時価」と定め，その例外として第261条第1号
および第2号が[110]，「譲渡ヲ目的トセス繼續シテ會社營業ニ供用セラルル
財産（工場機械ノ類）ニハ減損ニ該當スル金額ヲ控除スルカ又ハ別ニ相當ノ償
却積立金ヲ設クルトキハ時價ニ従ハスシテ取得價額又ハ製作價額ヲ附スルコト
ヲ得セシム」[111]ことを定めていた。他方，わが国においては，明治33
（1900）年3月16日法律第64号「私設鐵道法」第20条（「主務大臣ハ會社ノ會計ニ
關スル準則ヲ設クルコトヲ得」）[112]に基づき発せられた明治33年8月10日逓信
省令第32号「私設鐵道株式會社會計準則」は[113]，その第9条で「財産目録
ニ記入スル價格ハ左ノ標準ニ依ル」とし，「一　有價證券ハ財産調製ノ現時ニ
於ケル價格カ其ノ買入代價又ハ拂込金額ヲ超過スルトキハ買入代價又ハ拂込金
額ヲ以テ記入スヘシ」，「二　其ノ他財産ハ實費決算額ヲ以テ記入スヘシ」と
規定していた。当該「私設鐵道株式會社會計準則」は，「私設鐵道法」第20条
の委任命令として，「商法ノ規定ヲ變更シ之ニ例外ヲ設クルノ効力」[114]があり，
「我國法ニ於テハ此例外以外ニ何等ノ例外規定ヲ存セサルモノノ如シ」[115]で
あった。このことから，わが国においては，商法の特別法と考えられる「私設
鐵道法」およびその委任命令である「私設鐵道株式會社會計準則」の適用会社
以外の会社は，すべて商法第26条第2項が適用され，その財産評価は「時価」
のみであったと考えられる[116]。

　このように，わが国においては，明治初年以来，英米系の会計体系の導入に
よって会計の近代化が図られ[117]，明治34年頃，実務においては，従来から

続く英米系の会計体系に依拠する会計慣習に則り取得原価主義に基づくとともに，固定資産については減価償却が行われていた。その一方で，わが国の商法は，大陸商法（ドイツ商法）を規範としたものであり，大陸系の会計体系に依拠するものであることから，時価主義に基づくものであって，減価償却は認められていなかったと考えられる。

4 おわりに

　日本郵船会社は，明治18年9月29日に，「郵便汽船三菱会社」と「共同運輸会社」との合併により，新設され，同年10月1日から創業した会社である。当社における「減価引除金」については，従来利益処分項目に計上されていたが，第9回営業報告書（自明治26年10月1日　至明治27年9月30日）における損益勘定表から，「船舶減価引除金」として新たに損費項目に繰り替えられた。また，「建物減価引除金」は，従前利益金分配案における利益処分によって実施されていたが，第13期前半年度（自明治30年10月1日　至明治31年3月31日）から船舶減価引除金等と同様に損益勘定表における「支出の部」に経常的費用として費用計上されることとなった。

　わが国においては，明治初年以来，英米系の会計体系の導入によって会計の近代化が図られ，明治34年頃，実務においては，従来から続く慣習に則り取得原価主義に基づくとともに，固定資産については減価償却が行われていた。当時，減価償却の記帳方法には，「原價ヲ据ヘ置キ，其價額ノ減少ヲ補フガ爲メニ，之ニ對スル積立金ヲ設クル」方法（間接法）と「一定ノ標準ヲ以テ，總額ノ上ニ於テ其原價ヲ減却スル」方法（直接法）の2方法が存していたが，当該2方法が一様に広く当時の会社で用いられていたわけではなく，間接法が一般的だった。当時の会計実務においては，年々の減価償却における減価を利益に比例せしめて算出し，利益の有無に従って減価償却を行うか否かを判断していた会社や減価償却積立金（準備金）を減らして配当金を増加させるといった当該積立金（準備金）をもって，あたかも法定準備金，配当平均準備金等と同一視して利益の積立留保と見なす会社も少なくなかった。

　また，当時の企業会計（実務）においては，直接法による減価償却は，明治

32年商法第26条第2項「財産目録ニハ動産，不動産，債権其他ノ財産ニ其目録調製ノ時ニ於ケル價格ヲ附スルコトヲ要ス」の規定に適う会計処理であると考えられていた。そして，固定資産については，その時価を見積もることは最も困難を極めることであるとともに，当該条項にいう「価格」は，結局商人の営業の存在および継続を基礎として計算する営業的価格，すなわち主観的価格であり，また会社財政基盤強化の立場から時価以下に見積もることは当然であるという理解の下に，直接法による帳簿価額（原価マイナス減価）は，同条項にいう「価格」，すなわち時価と見なすことができると考えられていた。

　このことから，当時の企業会計における減価償却の特徴としては，減価償却を固定資産の廃棄時における取替えのための財務的手段と観念するとともに，さらに直接法では，減価償却における「減価」を「価値の減少」と観念し，減価償却をその価値測定のプロセスとみていたことに求めることができると考えられた。

　他方，わが国の商法は，大陸商法（ドイツ商法）を規範としたものであり，大陸系の会計体系に依拠するものであった。したがって，明治32年商法第26条第2項にいう「価格」とは，時価以下の評価は債権者保護および会社財政基盤強化の見地より法律の禁ずるところではないと唱道する法律学者および実務家がいたものの，財産目録調製当時の時価であって，時価がその標準価格になっており，その時価はその当時における客観的価格，すなわち交換価格とする考え方が通説とされており，転換を目的としない財産であると否とを問わず必ず時価に見積もらなければならないという時価主義がとられていた。一方，減価償却における帳簿価額（取得原価マイナス減価）は，主観的価格であると観念されていた。したがって，商法学者の間でも，財産，特に固定資産の時価評価の困難性が当時すでに指摘されていたものの，商法においては，同条項の解釈上，減価償却は認められていなかったと考えられる。

[注]

（1）行政裁判所明治36（1906）年7月10日判決（明治36年第51号）『LEX/DBインターネット TKC法律情報データベース』文献番号20000881。

（2）本件は，日本郵船株式会社が第17期前半年度（明治34（1901）年10月より同35（1902）年3月）および第17期後半年度（明治35年4月より同年9月）に損金として計上した船舶減価引除金，建物減価引除金，船舶保険積立金および船舶大修繕積立金について，その損金性について争われた事案である。そこで，本章では明治35年までの日本郵船株式会社における減価償却の取扱いを考察することとする。

　　なお，本章では，船舶保険積立金および船舶大修繕積立金の取扱いについては割愛する。

（3）高寺貞男『明治減価償却史の研究』（未来社，1974年），91頁，135-141頁，163頁。

　　山口不二夫『日本郵船会計史［財務会計篇］―個別企業会計史の研究―』（白桃書房，1998年），9-11頁，39頁。

（4）高寺貞男，前掲注（3），146-147頁。

　　山口不二夫，前掲注（3），10-11頁。

（5）山口不二夫，前掲注（3），15頁。

　　高寺貞男，前掲注（3），91-106頁参照。

（6）小篠清根編纂「海運史料　附録」『海運史料　下』（二松堂，1886年），22-23頁。

　　高寺貞男，前掲注（3），138-141頁，163頁。

　　山口不二夫，前掲注（3），16-17頁。

　　高寺貞男氏は，当該第三種積金について，「第三種積金が船舶減価補填積立金であるとは断定できないが，それに相当するものとみなして恐らく間違いでないであろう」との意見を述べられている（高寺貞男，前掲注（3），140-141頁）。

（7）小篠清根編纂「中外物価新報　明治十八年九月十七日」，前掲注（6），620頁。

（8）同上，619頁。

（9）小篠清根編纂，前掲注（6），33頁。

（10）同上，44頁。

　　高寺貞男，前掲注（3），163-165頁。

　　山口不二夫，前掲注（3），40頁。

（11）渋沢青淵記念財団竜門社編『渋沢栄一伝記資料　第8巻』（渋沢栄一伝記資料刊行会，1956年），126-137頁参照。

　　高寺貞男，前掲注（3），170頁。

（12）小篠清根編纂，前掲注（6），60-61頁。

（13）高寺貞男，前掲注（3），165頁。

（14）明治二十年十二月日本郵船會社第一回報告，第二回報告『企業史料統合データベース（J-DAC）』企業ID2541701。

　　片野一郎『日本財務諸表制度の展開』（同文館，1968年），82頁。

　　片野一郎氏は，当時の日本郵船会社の財務諸表について，「日本郵船会社のそれは『損益及び利益処分結合計算書』と『利益処分後貸借対照表』とを中核とする完全体系をなしている。……典型的な配当宣言財務諸表であり，これは，イギリス株式会社の株主報告財務諸表にみられる伝統的体系である」と述べられている（同，83頁）。

（15）内閣記録局編『法規分類大全第一編　運輸門十』（内閣記録局，1891年），118頁。

第9章　法人所得課税と減価償却(1)　231

　　当該改正理由について，明治20年10月11日付大蔵逓信両省稟議によれば，「日本郵船會
社現行命令書ニ從ヘハ政府ハ該社ニ對シ損益上無限ノ責任ヲ有スルモノノ如ク其解釋ヲ
誤ルモノナシトセス其言ニ云ク命令書第七條（「政府ハ其會社ノ株金全額ニ對シ開業ノ日
ヨリ十五ヶ年間其利益率八歩ニ達セサル時ハ之ヲ補給スヘシ」）ニ依リ其收入金八歩ノ配
當ヲナスニ足ラサルトキハ之ヲ補給スルノ責ニ當ルヘキハ勿論其第二十八條各種積立金
合計二割二歩ニ達セサル場合ニ於テモ亦政府之ヲ補給スルモノトナセリ若シ果シテ彼ノ
云フ如クナランニハ第一通常海陸ノ經費第二各種積立金第三負債元利第四株主配當金等
其序ヲ追テ溯リ總テ其不足ヲ補給スルカ如キ無限ノ責任ヲ有スルノ地位ニ立ツモノト云
フヘシ然リト雖モ政府ハ決シテ斯ノ如キ有（無）限責任ヲ有スルモノニアラサルナリ何
トナレハ現行命令書ノ全條ヲ通讀スルモ此責任ヲ有スルノ明文アルコトナシ加之當初創
立ノ際該社ノ總資産一千二百餘萬圓ノ内一千一百萬圓ヲ株金トシ其一百餘萬圓ヲ負債ト
シ其株金ニハ政府ヨリ八歩ヲ補給スルノ特典ヲ與ヘ其負債額ニハ該社自營ノ利益ヲ以テ
年七朱ノ利子ヲ附シ償却セシムルコトヽ定メタルモノニシテ政府ハ此負債額以上ニ位ス
ル積立金幷ニ通常經費ニ對シテハ毫モ補給ノ責任ヲ有セサルハ舊共同三菱兩會社ト政府
ノ間ニ授受シタル公文及ヒ該社ヨリ發シタル負債券ニ徵スルモ甚タ明瞭ナリ」としてい
る（括弧―筆者）（同，119頁）。
　　なお，日本郵船会社に対する政府補助金について定めた命令書第7条は，明治20年11
月30日に逓信大臣より日本郵船会社へ達せられた命令書の改正によって，「命令書第七條
補給金ハ其社資本ノ増減收入ノ多少ニ拘ハラス同條ニ記載セル年限中毎年金八十八萬圓
宛下付スヘシ」に変更された（同，120頁）。その理由としては，「（改正前）補給法ニ從
ヘハ會社ノ收入少キ年ニ於テハ政府ハ補給ノ全額即チ八十八萬圓ヲ上付シ其收入多キ年
ニ在テハ補給ノ幾分ヲ減却スルコトヲ得ルノ制ナルヲ以テ社員ノ勤儉増利ハ偶偶政府ノ
補給ヲ減スルノ資タルニ過キス故ニ社員ハ寧ロ勤儉ノ難キヲ捨テ偸安ノ易キニ就クハ人
情ノ常ナリ何ソ勤儉以テ積立金以上ノ餘裕ヲ謀ルヲ之レ勉メンヤ」としている（括弧―
筆者）（同，120-121頁，明治廿一年十二月日本郵船會社第三回報告『企業史料統合データ
ベース（J-DAC）』企業ID2541701参照）。

(16)　日本郵船株式会社編『日本郵船株式会社五十年史』（日本郵船株式会社，1935年），
　　　95-96頁。
(17)　日本郵船會社第三回報告，前掲注（15）。
(18)　同上。
(19)　内閣記録局編，前掲注（15），129頁。
(20)　日本郵船株式会社編，前掲注（16），96頁。
(21)　高寺貞男，前掲注（3），170-171頁参照。
　　　第1期決算は，明治20年12月に公表されたのであるが，当該定款改正後に遡及して行っ
　　　たからである（同，171頁）。
(22)　日本郵船株式会社編，前掲注（16），104頁。
　　　山口不二夫，前掲注（3），81頁。
(23)　日本郵船株式会社編，前掲注（16），109頁。
(24)　同上，110-111頁。
(25)　明治23（1890）年にわが国初の商法（明治23年4月26日法律第32号）が制定され，明
　　　治26（1893）年3月6日法律第9号をもって，同年7月1日よりその一部のみが実施さ

れた。当該実施の詳細については，後述する（内閣官報局「官報　號外（明治二十三年
四月二十六日）」（1890年），１頁。内閣官報局「官報（明治二十六年三月六日）」第2902
號（1893年），１頁。松本烝治『商法原論　第１巻（総則）』（東京法学院大学，1905年），
38-39頁）。

(26) 明治二十六年十二月日本郵船會社第八回報告『企業史料統合データベース（J-DAC）』
企業ID2541701。

　　久野秀男『新版　財務諸表制度論—制度の沿革・現状・課題—』（同文館，1975年），
146頁参照。

　　商法第32条は以下のように規定されていた。

　　　第三十二條　各商人ハ開業ノ時及ヒ爾後毎年初ノ三个月内ニ又合資會社及ヒ株式會
　　　社ハ開業ノ時及ヒ毎事業年度ノ終ニ於テ動産，不動産ノ總目録及ヒ貸方借方ノ對
　　　照表ヲ作リ特ニ設ケタル帳簿ニ記入シテ署名スル責アリ
　　　財産目録及ヒ貸借對照表ヲ作ルニハ總テノ商品，債權及ヒ其他總テノ財産ニ當時
　　　ノ相場又ハ市場價値ヲ附ス辨償ヲ得ルコトノ確ナラサル債權ニ付テハ其推知シ得
　　　ヘキ損失額ヲ扣除シテ之ヲ記載シ又到底損失ニ歸ス可キ債權ハ全ク之ヲ記載セス

　　なお，以下においても，複数の日本郵船（株式）会社の営業報告書を用いるのだが，
年々の営業報告書における表紙の営業報告書を示す文言が異なるため，引用に当たって
は，先と同様に各々の文言に従うことにする。

(27) 片野一郎，前掲注（14），120頁。

(28) 日本郵船會社第八回報告，前掲注（26）。

　　明治二十七年十一月日本郵船株式會社第九回年度事業報告書，計算書，貸借對照表，
財産目録，利益金分配案『企業史料統合データベース（J-DAC）』企業ID2541701。

　　久野秀男「わが国財務諸表の生成に関する事例研究（承前）—先駆的な諸株式会社の
『考課状』による実証—」『学習院大学経済論集』第22巻第３号（1986年），32頁。

(29) 高寺貞男，前掲注（３），171頁。

(30) 久野秀男，前掲注（28），32頁。

(31) 第十三期前半年度（自明治三十年十月一日　至明治三十一年三月三十一日）日本郵船
株式會社事業報告書，計算書，貸借對照表，財産目録，利益金分配案『企業史料統合デー
タベース（J-DAC）』企業ID2541701。

　　久野秀男，前掲注（28），32頁，35頁，39-40頁。

　　山口不二夫，前掲注（３），223-226頁。

　　なお，旧商法第32条第２項は，先に示したように，「財産目録及ヒ貸借對照表ヲ作ルニ
ハ總テノ商品，債權及ヒ其他總テノ財産ニ當時ノ相場又ハ市場價値ヲ附ス」と規定してい
た。当該条項に関しては，後に詳述する。

(32) 第９回年度営業報告書から上記改正定款「第一條　會社ノ社名ハ日本郵船株式會社ト
稱ス」に従い，社名が「日本郵船会社」から「日本郵船株式会社」に改められた（久野
秀男，前掲注（28），30頁）。日本郵船株式会社編，前掲注（16），105頁。

(33) 日本郵船株式会社編，前掲注（16），687頁。

　　なお，第10期前半年度（自明治27（1894）年10月１日　至明治28（1895）年３月31日）
より，前・後二期を区別する制度が採用された（久野秀男，前掲注（28），35頁）。その
理由としては，「株主ノ便利ヲ謀リ本社利益金ノ配當期年一回ヲ更メテ二回ト爲サンカ爲

メ事業年度ヲ前後二期ニ區分シ而シテ前半期ハ概シテ後半期ニ比シ収入少ナキヲ以テ兩期決算ノ平準ヲ保ツカ爲メ」とされている（明治二十八年五月日本郵船株式會社第十期前半年度事業報告書，計算書，貸借對照表，財産目録，利益金分配案『企業史料統合データベース（J-DAC)』企業ID2541701)。

当該定款改正によって，定款第18条，第42条，第43条および第45条は下記のように改められた。

　　　第十八條　　　通常總會ハ毎年五月及十一月ニ於テ之ヲ開キ臨時總會ハ必要ノ場合ニ於テ之ヲ開ク

　　　第四十二條　會社ハ毎年十月一日ヨリ翌年三月三十一日マテヲ前半期トシ四月一日ヨリ九月三十日マテヲ後半期トシ毎半箇年ヲ以事業年度トス

　　　第四十三條　會社ハ船舶維持ノ爲メ毎事業年度収益ノ内ヨリ左ノ金額ヲ控取スヘシ

　　　　　　第一　　船舶保險積立金　　總船價百分ノ二分五厘
　　　　　　第二　　船舶大修繕積立金　總船價百分ノ一分五厘
　　　　　　第三　　船舶減價引除金　　總船價百分ノ二分五厘

　　　第四十五條　配當金ハ毎年二回通常總會ノ後ニ於テ前半期ハ其年四月三十日午後第四時後半期ハ十月三十一日午後第四時株主名簿閉鎖ノ時現在ノ株主ニ拂渡スヘシ

　　　　　　株主ハ配當金ノ利息ヲ請求スルコトヲ得ス

(34)　日本郵船株式会社編，前掲注 (16)，689頁。

　　　なお，この改正により各支店および出張所を定款中に列記するに至った。

(35)　日本郵船株式会社編，前掲注 (16)，689頁。

　　　当該改正後の定款第43条は下記のとおりである。

　　　第四十三條　會社ハ船舶維持ノ爲メ毎營業年度収入ノ内ヨリ左ノ金額ヲ控取スヘシ但シ時宜ニ依リ船舶ノ保險ヲ他ニ契約スルコトヲ得此場合ニ於テハ其船舶ニ限リ第一號積立金ヲ要セス

　　　　　　第一　　船舶保險積立金　　總船價百分ノ二箇半
　　　　　　第二　　船舶大修繕積立金　製造船價百分ノ一箇二分五厘
　　　　　　第三　　船舶減價引除金　　製造船價百分ノ二箇

　　　　　　船舶製造後滿二十五年ニ達シタルトキハ前項各號ノ積立金ヲ要セス

(36)　山口不二夫，前掲注 (3)，74頁，154-155頁。

　　　高寺貞男，前掲注 (3)，290-291頁。

　　　高寺貞男「明治三十二年所得税法と減価償却会計（その二)」『経済論叢』第92巻第5号（1963年)，69頁。

　　　日本郵船株式会社編，前掲注 (16)，578頁。

　　　久野秀男，前掲注 (28)，41-42頁。

(37)　第十六期前半年度（自明治三十三年十月一日　至明治三十四年三月三十一日）日本郵船株式會社營業報告書，計算書，貸借對照表，財産目録，利益金分配案『企業史料統合データベース（J-DAC)』企業ID2541701。

　　　久野秀男，前掲注 (28)，41頁。

　　　久野秀男「わが国財務諸表の生成に関する事例研究（補遺・完)—先駆的な諸株式会社の『考課状』による実証—」『学習院大学経済論集』第23巻第1，2合併号（1986年)，

234

67頁。
(38) 白石雅也「税法上の減価償却制度の沿革―耐用年数を中心とした一考察―」『税大論叢』
　　　第15号（1982年），109頁。
(39) 日本郵船株式会社編，前掲注（16），525-526頁，530-531頁，534-535頁参照。
　　　山口不二夫，前掲注（3），70-74頁。
(40) 山口不二夫，前掲注（3），73-74頁，155-156頁参照。
(41) 内閣官報局「官報　號外（明治二十三年四月二十六日）」，前掲注（25），1頁。
　　　内閣官報局「官報（明治二十六年三月六日）」，前掲注（25），1頁。
　　　松本烝治，前掲注（25），38-39頁。
(42) 梅謙次郎『日本商法講義』（和仏法律学校，1896年），21-22頁。
　　　旧商法について，松本烝治氏は，「舊商法ハ商ノ通則，海商及ヒ破産ノ三編千六十四條
　　　ヨリ成リ會社及ヒ手形ニ關スル規定ハ第一編商ノ通則中ニ包含セラル是レ大體ニ於テ佛
　　　商法ノ編別ニ傚ヒタルモノニシテ其規定ノ實質ヨリ觀察スルモ舊商法ハ寧ロ佛獨折衷法
　　　系ニ屬セル商法ト稱シテ可ナリ但其獨法ヲ模範トセル部分ハ佛法ヲ模範トセル部分ヨリ
　　　モ多ク且多少ノ英法主義ヲ交ヘタルモノナリ」と述べられている（松本烝治『商法總論』
　　　（中央大學，1929年），41-42頁）。
(43) 安藤英義「商法・会社法会計の展開」安藤英義・古賀智敏・田中建二責任編集『体系
　　　現代会計学 第5巻　企業会計と法制度』（中央経済社，2011年），12頁。
(44) 久野秀男，前掲注（26），44頁。
(45) 高寺貞男「明治三十二年商法と評価損益論争(1)」『経済論叢』第94巻第3号（1964年），
　　　3頁。
(46) 久野秀男，前掲注（26），149-150頁。
(47) 高寺貞男，前掲注（45），4頁。
(48) 同上，6頁。
(49) 久野秀男氏は，明治初期におけるわが国会計制度の発展について，「明治六年末頃から，
　　　西欧の複式簿記を基調とするわが国会計制度の近代化は，主として官省および銀行を先
　　　駆として強力かつ迅速に推し進められていったが，わが国で最初の完備した株式会社で
　　　ある国立銀行の会計がイギリス銀行会計の直輸入であったという事実がまさに象徴して
　　　いるように，英米系の会計体系の圧倒的な影響下におかれ」，「会計の実践の面で，財産
　　　目録の認識と制度の運営とに，最も大きな実践的な影響力をもったものは，明治初年以来，
　　　一貫して企業会計制度に指導的な役割を果たしてきた銀行の会計実践であった」と評さ
　　　ている（久野秀男，前掲注（26），29頁，44頁）。
(50) 印刷局「官報　號外（明治三十二年三月九日）」（1899年），1頁。
　　　新商法について，松本烝治氏は，「新商法ハ総則，會社，商行爲，手形及ヒ海商ノ五編
　　　六百八十九條ヨリ成リ其編別方法ハ大體ニ於テ獨商法ニ類セリ但獨逸ニ於テハ手形法ハ
　　　沿革上特別ノ單行法トシテ定メラルルモ我新商法ハ之ヲ商法中ノ一編トセル結果獨商法
　　　ニ比シ一編ヲ加ヘタリ又其規定ノ實質ヨリ之ヲ觀察スルモ新商法ハ舊商法中佛法主義ヲ
　　　採レル點ヲ殆ト驅除シ去リタルモノニシテ即チ之ヲ獨法系ノ商法ト稱スルヲ當レリトス
　　　ヘシ」と述べられている（松本烝治，前掲注（42），42頁）。
　　　なお，旧商法第32条第2項の「當時ノ相場又ハ市場價値」という文言は，新商法第26
　　　条第2項では，「其目録調製ノ時ニ於ケル價格」という文言に改められているが，「これ

第9章　法人所得課税と減価償却(1)　235

は従来どおり時価を意味している」と解される（安藤英義，前掲注（43），16頁）。

(51)　加藤吉松「財産目録に就いて（簿記法改正の急務）」『東京経済雑誌』第40巻第990号（1899年），298頁。

(52)　大原信久「財産目録調製に就いて商法修正意見」『東京経済雑誌』第46巻第1154号（1902年），16頁。

(53)　高寺貞男，前掲注（45），6頁。

(54)　久野秀男「日本減価償却生成史の実証研究(1)」『学習院大学経済論集』第7巻第2号（1971年），183頁参照。

(55)　Marsh, C .C. *The Science of Double-entry Book-keeping, simplified by the application* of *an infallible rule for journalizing : calculated to insure a complete knowledge of the theory and practice of accounts.* New York : D. Appleton and Company, 1871. （小林儀秀訳『馬耳蘇氏複式記簿法　上』（文部省，1876年），12丁）。
　　なお，同書は，アメリカの簿記書の翻訳書である。

(56)　同上，65丁。

(57)　同上，67丁-68丁。

(58)　Inglis, W. *Book-keeping by single and double-entry : with an appendix containing explanations of mercantile terms and transactions.* London: W. & R. Chambers, 1872. （加藤斌訳『商家必用　記簿教則　二編複認』（新民社，1877年），23丁）。
　　なお，同書は，イギリスの簿記書の翻訳書である。

(59)　Inglis, W. (1872). （加藤斌訳『商家必用　記簿教則　附録』（新民社，1877年），3丁）。
　　久野秀男氏は，同書について，「減価償却を投下原価の期間的費用化のプロセスとして明確にとらえている」と評されている（久野秀男，前掲注（54），183頁）。

(60)　高寺貞男「日本海運業における減価償却の生成過程（その二）」『経済論叢』第89巻第5号（1962年），26頁。

(61)　久野秀男，前掲注（54），184頁。

(62)　高寺貞男「減価償却会計の導入と定着」『経済論叢』第117巻第4号（1976年），4頁。

(63)　同上，3頁。

(64)　同上，4頁。

(65)　森源次郎『最新商業簿記學』（大倉書店，1901年），127頁。

(66)　同上，202頁。

(67)　商業學専攻會編『商業簿記講義』（興學書院，1902年），72頁。

(68)　「第十五回帝國議會衆議院議事速記録第十四號（官報號外）」（明治34（1901）年3月19日），217頁（加藤六藏氏　發言）。

(69)　東奭五郎『商業會計　第壹輯』（大倉書店，1908年），46頁。

(70)　高橋邦次郎『通俗百科全書第拾四編　通俗會社簿記』（博文館，1899年），序。

(71)　同上，108-109頁。

(72)　同上，117頁，157-158頁参照。

(73)　同上，118頁，158頁参照。
　　なお，高橋邦次郎氏は，当時の一般的な商業簿記について記した著書『通俗商業簿記』において，「不動産の評價に付ては，…其原價の儘に据置くと共に，其價の減少を償はんか爲め別に積立金を備ふるか，若くは時價によりて其價格を定め，原價との差は之を損

益勘定に運ぶかの二法は最も普通に行はるゝ所なり，殊に後者は我（旧）商法の規定に據る方法なり」（括弧─筆者）と説明されている（高橋邦次郎『通俗百科全書第八編　通俗商業簿記』（博文館，1898年），101頁）。

(74) 勝村榮之助『商用簿記學原論』（八尾書店，1896年），137-138頁。

(75) 東奭五郎『新案詳解　商業簿記』（大倉書店，1903年），572頁。

(76) 同上，560頁。

(77) 同上，577頁。

(78) 「第十六回帝國議會　衆議院商法中改正法律案委員會會議録（速記）第二回」（明治35（1902）年２月17日），８頁（梅謙次郎氏　発言）。

(79) 東奭五郎，前掲注（75），577頁。

(80) 東奭五郎，前掲注（69），46頁。

(81) 吉田良三『會計學』（同文館，1910年），68-72頁参照。

(82) 久野秀男，前掲注（54），187頁。

(83) 吉田良三，前掲注（81），149-150頁。

(84) 高寺貞男，前掲注（３），378頁参照。

(85) 「第十三回帝國議會　貴族院商法修正案委員會速記録第二號」（明治32（1899）年１月20日），３頁（岡野敬次郎氏　発言）。

(86) 同上，３頁（岡野敬次郎氏　発言）。

(87) 「第十六回帝國議會　衆議院商法中改正法律案委員會會議録（速記）第二回」前掲注（78），７頁（岡野敬次郎氏　発言）。

(88) 大審院明治35（1902）年５月14日第二民事部判決（明治35年（ク）第72号）『LEX/DBインターネット　TKC法律情報データベース』文献番号27520334）。
　　　　「株式取引所商法違事件決定書」『法律新聞』第70號（1902年），17-20頁参照。

(89) 岡野敬次郎「財産目録貸借對照表に就て」『法學新報』第12巻第１號（1902年），９頁。

(90) 同上，６頁-7頁。

(91) 同上，12-16頁参照。

(92) 同上，13頁。

(93) 同上，16頁。

(94) 「第十六回帝國議會　衆議院商法中改正法律案委員會會議録（速記）第二回」前掲注（78），６頁（岡野敬次郎氏　発言）。

(95) 同上，７頁（岡野敬次郎氏　発言）。

(96) 「第二十七回帝國議會　貴族院商法中改正法律案外三件特別委員會議事速記録第一號」（明治44（1911）年１月23日），３頁（齋藤十一郎氏　発言）。

(97) 伊藤博文編，尾佐竹猛・平塚篤校訂『秘書類纂　法制關係資料　上巻』（秘書類纂刊行會，1934年），282頁。

(98) 松本烝治，前掲注（42），39頁。

(99) 伊藤博文編，尾佐竹猛・平塚篤校訂，前掲注（97），282-290頁参照。
　　　青木徹二氏は，当該ロエスレル起稿商法草案と旧商法の関係性について，旧商法は，「當時の法律取調委員之（ロエスレル起稿商法草案）レニ多少ノ修正ヲ加ヘ」（括弧─筆者）たものとの見解を示されている（青木徹二『商法全書第一編　商法總論　全』（有斐閣，1907年），38頁）。

第9章　法人所得課税と減価償却(1)　237

(100) 『ロエスレル氏起稿　商法草案　上巻』（司法省，1884年），126頁。

(101) 同上，128頁。

(102) 同上，440頁。

(103) 同上，440-441頁。

(104) 岡野敬次郎，前掲注（89），13頁。

(105) 松本烝治『私法論文集』（巌松堂，1916年），491頁。

(106) 松本烝治「財産目録ニ記載スヘキ財産及ヒ其評價ヲ論ス」『法學志林』第61号（1904年），26-27頁。

　　　青木徹二『商法總論　全』（金港堂書籍，1903年），157頁。

(107) 松本烝治『再販　商法原論』（有斐閣，1906年），225-226頁。

(108) 同上，224頁。

(109) 松本烝治，前掲注（106），22頁。

(110) ドイツ商法

　　　第四十條　貸借對照表ハ帝國ノ相場ヲ以テ調製スルコトヲ要ス

　　　財産目録及ヒ貸借對照表ヲ調製スルトキハ調製スル時期ニ於テ有スル價格ヲ以テ總財産及ヒ債務ヲ記入スルコトヲ要ス

　　　不確實ナル債權ハ其概算ノ價格ヲ以テ之ヲ記入シ取立テ難キ債權ハ之ヲ記入スルコトヲ得ス

　　　第二百六十一條　貸借對照表ヲ調製スルニハ第四十條ノ規定ヲ左ノ標準ヲ以テ之ヲ適用ス

　　　　　一，取引所又ハ市場價格ヲ有スル有價證券及ヒ貨物ハ貸借對照表ヲ調製スル時期ノ取引所又ハ市場價格ヲ超ユルコトヲ得ス但此相場カ買入價格又ハ製造價格ヲ超過シタルトキハ其價格ヲ越ユルコトヲ得ス

　　　　　二，其他ノ財産ハ高クトモ買入價格又ハ製造價格以内ニ定ムルコトヲ要ス

　　　　　三，資本又ハ處分ヲ禁シ特ニ繼續的ニ會社營業ノ爲メニ定メタル其他ノ物件ハ價格カ低廉ナルニ係ラス買入價格又ハ製造價格ヲ以テ確定スヘシ但使耗ニ同様ナル額ヲ引去リ又ハ之ニ相當スル新調準備金ヲ計算シタルトキニ限ル

　　　　　四，設立及ヒ管理ノ費用ハ貸方トシテ貸借對照表ニ記載スルコトヲ得ス

　　　　　五，資本額及ヒ準備資本並ニ新調準備金ノ額ハ借方ニ記載スルコトヲ要ス

　　　　　六，貸方及ヒ借方ノ全部ヲ比較シテ生スル利益又ハ損失ハ特ニ之ヲ貸借對照表ノ末尾ニ記載スルコトヲ要ス

　　　古川五郎譯「獨逸商法」古川五郎，山口弘一共譯『獨逸新民法商法正文』（東京專門學校，1900年），14-15頁，61-62頁。

(111) 松本烝治『法學論叢　商法改正法評價論』（巌松堂，1911年），83頁。

(112) 印刷局「官報（明治三十三年三月十六日）」第5009號（1900年），2頁。

(113) 印刷局「官報（明治三十三年八月十日）」第5132號（1900年），14頁。

(114) 松本烝治，前掲注（105），482頁。

(115) 同上，482-483頁。

(116) 松本烝治氏は，ドイツ商法および私設鐵道株式會社會計準則における財産の時価評価の例外規定を踏まえ，明治32年商法における立法論に言及し，「余ハ立法論トシテ獨商法ノ如ク株式會社ノ財産目録ニ付テハ商法中ニ例外規定ヲ設ケ營業ニ供用スル固定財産ト

其他ノ財産トヲ分チテ規定ヲ爲シ固定財産ニハ時價ニ關係ナク之カ價価ヲ附スルコトヲ
得ヘキモノトシ其他ノ財産ニハ時價ノ外尚ホ買入價格ヲ最高限度トシテ之カ價格ヲ附ス
ヘキモノトセンコトヲ主張スルモノナリ純然タル交換價格ノミヲ基礎トシテ財産ノ評價
ヲ爲スヘキモノトスルハ英佛ノ實際ニ於テモ亦之ヲ認メサル所ナリ」との提言をされて
いる（松本烝治，前掲注（106），29-30頁）。

(117) 久野秀男，前掲注（26），28頁。

第10章

法人所得課税と減価償却(2)
―日本郵船株式会社を中心として

1　はじめに

　前章では，法人所得課税における減価償却の取扱いについて争われた日本郵船株式会社対東京税務監督局長「所得金額決定不服ノ訴」事件[1]（以下「本件」という）で問題となった日本郵船株式会社第17期前半年度（明治34（1901）年10月より同35（1902）年3月）および第17期後半年度（明治35年4月より同年9月）までの減価償却に係る会計処理の変遷をその創設期から考察しつつ，明治初期から本件までの当時の企業会計および商法における減価償却の取扱いについても考究した。そこで，本章では，本件当時までの法人所得課税における減価償却の取扱いを論考し，前章までの内容を交えながら，本件の検討をすることによって，当時の法人所得課税が依っていた会計処理の基準について考察する。

2　明治35年頃までの法人所得課税における減価償却の取扱い

（1）　法人所得課税創設期における「所得」（「総益金」および「総損金」）の意義

　明治32（1899）年にわが国では，明治20（1887）年に創設された所得税法（明治20年3月23日勅令第5号）の改正が実施され[2]，所得の種類を3種類に分類し，第一種を法人所得，第二種を公社債の利子としていずれも比例税率を適用し，第三種を個人所得と定め，12段階に分けた累進税率を適用することとなった[3]。ここに，はじめてわが国では法人に所得税を課すことになったが，現

在のように所得税とは別個独立の税目である法人税を設けることなく，所得税中の第一種の所得とした。

第一種所得における計算方法は，明治32年の所得税法第4条第1項第1号において，「第一種ノ所得ハ各事業年度總益金ヨリ同年度總損金，前年度繰越金及保險責任準備金ヲ控除シタルモノニ依ル」（明治32年2月13日法律第17号）と規定されていた[4]。また，同所得税法第4条第2項は，「第一號ノ場合ニ於テ益金中此ノ法律ニ依リ所得税ヲ課セラレタル法人ヨリ受ケタル配當金及此ノ法律施行地ニ於テ支拂ヲ受ケタル公債社債ノ利子アルトキハ之ヲ控除ス」と定めていた。したがって，法人所得課税における所得算定方式を簡単に示すと，「總益金」－「總損金」－「前年度繰越金」－「課税済み受取配当金」－「公債，社債の利子」＝「第一種の所得」となっていたことが窺える[5]。

明治32年所得税法は，はじめて法人の所得を課税対象とし，その法人所得算定方式について，「總益金」から「總損金」を控除する方式を採用するに至った。それにもかかわらず，明治32年所得税法には，「總益金」および「總損金」については何らの規定も設けられていなかった。そのため，「會社ノ損益計算書中ニ於テ往往見ル所ノ役員賞與金及ヒ器械，建物，船舶等ノ償却金ナルモノハ之ヲ（（總）損金として總益金中より）控除スヘキモノナルヤ否ヤニ關シテ世間種種ノ議論」[6]（括弧—筆者）が起こった。

その一例を挙げれば，明治32年9月2日『東京経済雑誌』によると，「法人の所得金」算定について，「總収入より營業費前季繰越金を控除するのみならず，……建物及器械代消却金……をも控除するものなるや否やに付き，目下其筋と會社との間所得税法の解釋を異にせる」[7]結果が生じ，当時問題となっていたことが示されている。これに対する当時の大蔵省の見解としては，「素より直接に會社を監督せるものにもあらざれば，實際會社の定款に於て前記の如き費目を損金の一部と見做して計算すべきものとなし，其計算方に基きて會社の純益金なるものを算出し，之を届出でたるときは其届書に從つて所得金を決定すべく，若し又前記の費目を損金とせず利益分配の如く純益金の一部と爲すの定款ありて，其計算法に從ひ會社の所得金を決定して届出を爲したるときは，強いて之を訂正して損金中に入れしむるの必要之なきに依り，此場合には亦其届出に基きて課税すべきものと爲す，之を要するに前記の各費目は會社の

第10章　法人所得課税と減価償却(2)　241

定款と及び其定款に従つて編製し（た）る計算書の如何に由て決定する筈なり
といふ．尤も税務管理局長の見解は或は之と異なりて一概に是等の諸損金にも
課税するとなきやを保せずと雖も，大蔵省の見解は兎に角以上の如きものなり
と云ふ」[8]（傍点および括弧―筆者）としていた．したがって，法人の課税所
得計算は，「会社の定款に従って編製される計算書」，すなわち「損益計算書」
のみならず，「会社の定款」も斟酌して行われていたことが理解される[9]。
また，ここで留意すべきは，税務管理局およびその下部組織である税務署は，
大蔵省の管轄下に置かれていたものの，必ずしも「建物及器械代消却金」の課
税上の取扱いについて，大蔵省の見解と同様の見解を示さない可能性があった
ことを示唆している点である。中央と地方との税務行政執行面における不統一
性が窺える。

　明治32年所得税法が意企する「損益計算書」に基づく所得計算，すなわち
「総益金」および「総損金」の意義について，明治32年当時「主税局内国税課
長として所得税法の改正過程において中心的役割をはたした」[10]若槻禮次
郎氏は，「總益金トハ法人ノ受領シタル一切ノ収入ハ勿論其所有財産ノ價格増
加ニ因リテ生シタル利益（財産評価益）モ亦之ヲ包含スルモノニシテ總損金ト
ハ其支出シタル一切ノ經費ハ勿論所有財産ノ價格減少ニ因リテ生シタル損失
（財産評価損）モ亦之ヲ包含スルモノナリ」[11]（括弧―筆者）との見解を示さ
れていた。

　他方，第一種の法人所得算定における減価償却の取扱いについて，同氏は，
「將來ニ於テ減價又ハ滅失ヲ生スルコトアルヘキヲ豫想シ其場合ニ應スル準備
トシテ利益金中ヨリ別途ノ計算ニ移シタル金額ハ會社ニ於テ現ニ支出シタルニ
アラス又之ヲ支出スヘキ義務アルニモアラサルカ故ニ名ケテ償却金ト稱スト雖
モ其實一種ノ積立金ニシテ損金ニアラス故ニ此ノ如キ金額ハ總益金中ヨリ控除
スルコトヲ得サルモノナリ」[12]と解され，さらに，「法人ノ所得ニ付テハ法
律（所得税法第4条第1項第1号）ノ意ハ一ニ其各事業年度ニ於ケル損益計算ノ
結果ニ依ルニ在ルコト是ナリ故ニ法人ニ於テ現ニ費用ヲ支出スルコトアルモ損
益計算ニ何等ノ影響ヲ及ホサザル場合ニ在リテハ其費用ハ之ヲ見スシテ所得税
ノ賦課ヲ爲スヘキモノナリ」[13]（括弧―筆者）と述べられていた。

　この見解については，既に第13回帝国議会貴族院所得税法中改正法律案特別

委員会で審議されている。明治32年1月12日の特別委員会における男爵尾崎三良氏の「(当該審議中の所得税法改正案)第四條ノ『第一種ノ所得ハ各事業年度總益金ヨリ同年度總損金ヲ控除シタルモノニ依ル』斯ウアリマス,是ハ餘程疑ガ有ルノデス,郵船會社ナドハ總益金ガ五百萬圓,總損金ガ四百萬圓,殘リ百萬圓,其中カラ海上保險積立金ナドヲ控除シ配當準備金ヲ積立テ定例商法(明治23年4月26日法律第32号)ニ從ヒ積立金ヲ引クノデスガ,是デ見ルト損金ヲ引イタモノナラ(当審議中の所得税法改正案における第一種法人の所得に対する税率)二分五厘取ッテ仕舞ッテ其跡ノ殘デ減價積立金ヲシナケレバナラヌノデアリマスカ」(14)(括弧—筆者)という問いに対して,当該特別委員会の政府委員であった若槻禮次郎氏は,「所得ヲ出スニハ總益金ノ中カラ經費ヲ引キマシタモノカラ出ス積リデゴザイマスカラ配當ノモトニナル金ハ或ハ違フカモ知ラヌガ積立テタ金ダケハ丁度所得ノ方ニ加ハルノデゴザイマス」。「商法デ積立テマスノハ卽チ二十分ノ一ト云フモノ又ハ配當ヲ平均スルタメニ積立テルモノハ所得ニ見ル心得デゴザイマス」(15)と答弁している。また,同特別委員会の同年1月16日の審議では,男爵尾崎三良氏は,減価積立金は,「所得ニハナラヌ,船ガ段々イケナクナルカラ」(16)という考えに基づき,再び「通常ノ會社ト違ッテ郵船會社ノ如キハ船ノ減價ノ積立金卽チ船ガ段ミ減ルニ就テ之ヲ何年目ニハ新規ニ拵ヘネバナラヌト云フノデ,其爲ニ積立ヲスル,ソレカラ又保險ノタメニ積立ヲスル,是等ハ法律デ義務ヲ負ハセテアルノデスガ是モ矢張リ純益ト見テ課スルノデアリマスカ」(17)と質問している。これに対して,当該政府委員であった若槻禮次郎氏は,「會社ノ損益勘定ノトキニ(総益金から総損金を控除した)純益ト云フモノヲ出シテ其中カラ色ミナ準備金ヲ取リマス,建物トカ物件ノ減價補塡準備金ト云フモノモアル,……或ハ銀行ナラバ滯貸準備金又配當平均ノタメノ準備金ト云フモノモアッテ色ミナモノヲ立テヽサウシテ株主ニ配當スルト云フコトハ如何ニモ其通リデアリマスガ,今年課税スルト次ノ決算ノトキニハ前年ノ準備金ト云フモノハ利益ノ所ヘ現ハレテ來マセヌカラ重複ノ課税ニハナリマセヌ」(18)と言承されている。つまり,課税当局の見解としては,総益金から総損金を控除して算出された純益金中より別途積立てる「減価の準備金または積立金」は,「利益処分」であるから当然「所得」と考えるということであったのである。

第10章　法人所得課税と減価償却(2)　243

　そして，かかる解釈に沿って，明治32年10月2日に大蔵省主税局から全国の各税務管理局長に宛てて発せられた通牒（明治32年10月2日主税局長通牒（各税務管理局長））は[19]，第一種所得の算定における「器械器具償却積立金に所得税課否の件」につき，「一，總益金中ヨリ總損金ヲ控除シタル純益金ノ内ヨリ器械器具代償却準備金若クハ器械器具償却積立金ノ名稱ヲ以テ積立ルモノ」，「二，前項ノ同名稱ノモノヲ損金トシテ計算シ其ノ實定款ニハ利益ノ内ヨリ償却又ハ積立ルコトニ定メアルモノ」について，「右器械器具償却積立金ハ一，二ノ場合共積立金ハ所得ト見ルヘキモノトス」[20]（傍点—筆者）としている。また，「固定資本有價證券の時價増減は損益計算に算入する件」につき，「一，土地建物器械器具等固定資本ハ商法ノ規定ニ依リ其ノ決算期ニ於テ時價ヲ付スルモノナレハ其ノ時價ヲ前期決算期ノ時價ニ對比シ増差額ハ固定資本増價益金トシテ總益金ニ計算シ減差額ハ減價損金トシテ總損金ニ計算スルモノ」，「二，有價證券又ハ商品等ニシテ翌期ニ繰越スモノモ亦前項同樣前期決算期ノ時價又ハ原價ニ對スル増減差額ヲ總益金總損金ニ計算スルモノ」について，「右固定資本並商品等ノ減價損金ハ一，二ノ場合共ニ其ノ損金ハ總損金中ニ計算スヘキモノトス」[21]（傍点—筆者）と規定し，先に示した「建物及器械代消却金」に関する法人所得課税上における取扱いの疑義を含め，大蔵省の統一的な見解を示したのであった。これらのことから，總益金より總損金を控除して導出された純益金から積み立てられる減価償却の減価に係る準備金または積立金は，「所得」として課税し，また所得の計算上，それらを損金として計算しているが，その実定款には純益金から償却または積み立てる定めがある場合においても，先の場合と同様に「所得」として課税するという見解であったと解される。その一方で，所得の計算上，「時価評価」を強制した明治32年商法第26条第2項「財産目録ニハ動産，不動産，債權其他ノ財産ニ其目録調製ノ時ニ於ケル價格ヲ附スルコトヲ要ス」（明治32年3月9日法律第48号）の規定に基づき算出された時価評価益および時価評価損は，それぞれ總益金および總損金に包含するという方針であったことが理解される。

　しかしながら，明治32年所得税法第36条（「納税義務者政府ノ通知シタル所得金額ニ對シテ異議アルトキハ通知ヲ受ケタル日ヨリ二十日以内ニ不服ノ事由ヲ具シ政府ニ申出テ審査ヲ求ムルコトヲ得」），明治32年所得税法施行規則第14条（「所得

税法第三十六條ニ依リ審査ヲ求メムトスル者ハ事由ヲ具シ證憑書類ヲ添ヘ税務管理局長ニ申出ツヘシ」）および同施行規則第15条（「各税務管理局所轄内ニ審査委員會ヲ置ク」）（明治32年3月30日勅令第78号）に基づき東京税務管理局内に設置された所得税審査委員会は，法人所得課税における減価償却に関する東京税務管理局の決定に対して異議申立てを為した諸会社に対して，「（二）器具器械建物等の消却積立金は商法第二十六條に依り會社が財産目録を作りたる時の財産に對し實際缺損のありたる場合に消却積立金と爲したるものに付ては控除すべきものとす」[22]といった決定を与えている。これは，すなわち商法第26条第2項の時価評価の規定に基づき実際に固定資産に時価評価損が存しており，当該時価評価損の金額の範囲内に限り，消却積立金は所得から控除すべきもの，つまり，（総）損金と見なすという見解であったと考えられる。また同時に，当該審査委員会は先に示した大蔵省の見解とは異なり，定款如何にかかわらず，一般市況の変動，その他偶発的な経済事象の発生によって生じる固定資産の価値の減少（時価評価損）に着目することで，理論上，固定資産の利用または時の経過によって生じる固定資産の給付能力の減少（減価現象）を捉え，それに応じた固定資産の原価（費用）配分の手続きである減価償却に関して[23]，その所得計算における損金性の可否の判断を行っており，時価評価と減価償却とは，その性質等を全く異にするのであるが，減価償却を時価評価の便法と位置付けていたことが推察される[24]。

　ここで留意すべき点は，「各税務署或ハ管理局ノ審査會ニ至リマシテハ區々ニナッテ税務署ノ取扱方ニ至ッテモナカミ一定シテ居ラナイ，或ハ賞與金ヲ取ラズシテ課税ノ金高ニ組込マズシテ，機械建物償却金ダケヲ組込ンデ居ル所モアリ，又機械償却金ヲ組込マズシテ賞與金ダケ組込ンデ居ルコトヲ認メテ居ルノデゴザイマス」[25]という当時の現状，また先に示した大蔵省と東京税務管理局内に設置された所得税審査委員会との減価償却の取扱いの相違から理解されるように，当時の課税当局における減価償却の取扱いは統一されておらず，区々になっていた。

（2）「総損金」に係る解釈の深化：減価償却に係る損金性を中心に

　上述したように，「會社ニ於キマシテ，機械建物償却金或ハ賞與金交際費ト

云フモノニ附キマシテ，或ハ訴願ト爲リ或ハ大藏大臣ニ意見書ヲ呈シタモノモ
アリマス，種々雑多ノ紛擾ガ起リマシテ，卽チ其起リト云フモノハ，何カト云
フニ，唯今申上ゲマシタモノハ税ヲ課ケルノガ至當デアル，課ケヌノガ至當デ
アルト云フ疑點デ，各會社ニ於テモ又管理局税務署ニ於テモ，種々ナ考ヲ
懷」[26]いていた状況の中で，機械建物償却金，賞与金および交際費の法人
所得計算上の取扱いに対して，「大阪ノ管理局部内ニ於ケル審査會，又名古屋
管理局ニ於ケル部内ノ審査會ニ於テハ，此賞與金抔ハ取ルベキモノデナイト云
フコトニ決シテ居ル」一方で，「横濱ノ管理局部内カラト，新潟ノ管理局部内
カラ行政裁判所ヘ之ヲ持出シマシテ，行政裁判所デハ是ハ控除スベキモノデナ
イ，矢張是モ籠メテ課税スルト云フコトノ判決例ヲ拵ヘマシタ，其ノ如キ判決
例ガ出來」[27]てしまった。

　上記の横浜税務管理局部内での行政訴訟事件は，「機械建物消却金並ニ役員
賞与金ハ所得税法第四条第一項第一号ニ所謂総損金ノ中ニ包含スヘキモノナリ
ヤ否ヤ」について，日本絹綿紡績株式会社（原告）と横浜税務管理局長（被告）
との間で争われた事案である。行政裁判所は，原告の「機械建物消却金ハ一種
ノ積立金ニシテ原告会社カ定款ノ規定ニ従ヒ計算期毎ニ機械建物減損ノ消却ニ
充ツルモノナリ而シテ機械建物ナルモノハ永久同一ノ状態ヲ保続スヘキモノニ
アラス日ヲ逐ヒ時ヲ経ルニ従ヒ漸次磨耗腐朽シ年々歳々其価額逓減シ遂ニ何等
ノ価値ナキニ至ルモノニシテ殊ニ原告会社ノ如キ製造事業ノ機械建物ニ在リテ
ハ最モ然リトス此磨耗腐朽ハ会社財産ノ欠損ニシテ即チ会社ノ損失ナルヲ以テ
之カ消却ニ充ントスル積立金ハ取モ直サス会社ノ損金タルニ外ナラス又役員賞
与金ハ諸官庁カ其官吏ノ功労ニ対シ臨時給与スル賞与金ト異リ一種ノ俸給ナリ
商事会社ニ於テ役員ヲ任命スルニ当リ賞与金ヲ給与スヘキコトハ双方間暗黙ニ
契約セル所ニシテ何レノ会社ニ在テモ定款中賞与金ニ関スル規定ヲ設ケサルモ
ノナシ是ヲ以テ役員賞与金ハ俸給ト敢テ異ナル所ナク随テ会社ニ於テ当然負担
スヘキ損金ナリトス」との主張を退け，被告の「機械建物消却金ハ現実本事業
年度ニ費消シタルモノニ非スシテ単ニ未来ノ用度ヲ予定シテ為シタル積立金ニ
外ナラス又役員賞与金ハ俸給給料ト異ナリ会社ニ利益アル場合ニ非サレハ給与
セサルモノナリ要スルニ右両項目ハ何レモ本事業年度ニ於ケル益金ノ処分タル
ニ過キ（ない）」（括弧―筆者）という先に示した明治32年10月2日主税局長通

牒の趣意を踏襲した主張を採用し，「機械建物消却金ハ現実事業年度内ニ於テ費消シタルモノニ非スシテ原告会社カ将来ノ用途ヲ予期シ之カ為メ会社ノ利益金ノ中ヨリ積立タル金額ニ外ナラス又役員賞与金ハ俸給又ハ給料ノ如キ会社損益ノ有無如何ニ拘ハラス会社ノ義務トシテ支給スヘキモノト其性質ヲ異ニシ純ラ会社ニ利益金アル場合ニ限リ給与スヘキモノナリ故ニ本件ノ如キ金題ハ孰レモ会社ノ利益金ニ就テノ処分タルニ外ナラサルヲ以テ前顕法条（所得税法第4条第1項第1号）ニ所謂総損金ノ中ニ包含スヘキモノニ非ス」[28]（括弧―筆者）との判決を下した。

　しかしながら，このような判決が下されたものの，「現在ノ税率ニ依ッテモ總益金ノ中カラシテ總損金ヲ引去ル，卽チ總損金ト云フモノニ……賞與金等ハ無論含蓄スベキモノ解釋ガ出來ル」[29]（傍点―筆者）ことから，当時衆議院議員であった木村誓太郎他2名は，明治34年1月29日に開議された第15回帝国議会衆議院において，所得税法第4条第1項第1号（「第一種ノ所得ハ各事業年度總益金ヨリ同年度總損金，前年度繰越金及保險責任準備金ヲ控除シタルモノニ依ル」）の文言を「第一種ノ所得ハ各事業年度總益金ヨリ同年度損金，機械建物償却金，賞與金，交際費，保險責任準備金及前年度繰越金ヲ控除シタルモノニ依ル」[30]とし，「総」損金の「総」を除き，「機械建物償却金，賞与金，交際費」の文言を付け加えた所得税法中改正法律案を提出した。

　この改正法律案に対して，所得税法中改正法律案委員会が組織され，その審議にあたっている。明治34年2月22日に開議した当該委員会において，委員の1人であった鈴木摠兵衛氏は，当該政府委員であった若槻禮次郎氏に対し，所得計算における「機械建物償却金」について，「此（現行）第四條ノ法人ノ所得金ト云フニ附イテ，是迄各地共ニ種々議論ガアリ，此（現行）四條ニ於テ其解釋ガ，始メヨリ一定セザルタメニ，或ハ定款ニ依ッテ賞與金トモ利益トモ見，又經費トモ見テ，後ニハ定款ノ如何ニ拘ハラス，大躰其性質ニ依ッテ論ズベキモノニ，解釋ガナッテ居リマスガ，随分之ニ就イテハ各地共ニ，色々紛議等モアルコトデアリマスガ」[31]（括弧―筆者），「例ヘバ原價ガ二十萬圓ノモノヲ償却スルト見テ，二十箇年ニ償却スルト見レバ，毎年値打ノ減ズルモノニ對シテ，サウ云フ場合ニハ，是迄政府ハ利益金ト看做サズ，物ガ減ッテ價格ガ減ジテ往クノデアリマスカラ，其通ノ計算ヲ以テ，所得税ヲ賦課セヌト云フ解釋ニ

ナッテ居ルト，心得テ居リマスガ，ドウデアリマスカ」⁽³²⁾（傍点—筆者）と質問し，さらに文言を替えて，「例ヘバ財産目録ニ於テ，二十万圓ノ償却ヲ二十箇年ニスルト云フトキニ，最初ノ年ハ一万圓償却シテ十九万圓トシ，二年目ニハ又一万圓償却シテ十八万圓トスル，サウ云フヤウニシテ二十年スレバ，機械ナドガ磨損シテ用ヲ爲サヌ，古金ノ値打ニナッテシマウカラト云フノデ償却スル，サウシテ之ヲ積立テヽ置クモノニハ，税ヲ課スルカト云フノデス」⁽³³⁾と質疑している。これに対して，若槻禮次郎氏は，鈴木摠兵衛氏の質問の意図を「詰リ斯ウ云フ御問ノヤウデス，二十万圓ノ價アルモノヲ，事實價ガ減ジヤウガ減ジマイガ，ソレニ拘ハラズ，或時ハ價ノ増シテアルモノモ，毎年一万圓ヅヽ減ジテ，建物ナリ機械ナリノ價ヲ減ジテ，サウシテ財産目録ヲ作リ，ソレニ依ッテ損益計算ヲシタ場合ニ，大藏省ハ事實減ジテ居ナイカラ，其減ジタ金ヲ所得ト云フカ否ヤト云フ御問ト思ヒマスガ，サウデスカ」⁽³⁴⁾（傍点—筆者）と再度確認し，当該若槻禮次郎氏の発言から理解されるように，鈴木摠兵衛氏の質問が直接法による減価償却についての質問であることの同氏の同意を得て，直接法による減価償却について，次のような答弁をしている。若槻禮次郎氏は，「ソレハ事實減ジテ居ッテ，サウシテソレガ大藏省ニ於テ，サウ云フ計算ノ遣リ方デ減ジテアルノカ，或ハ実際價格ガ減ジタタメニ，減ジテ居ルカノ調査ガ付カヌトキハ，其儘認メタ場合ガアルカ知リマセヌガ，今日ノ商法ニ於テハ，價ノ減ゼヌノニ減ズル價ヲ出スコトハ出來ヌ，又價ガ増サヌノニ増シタモノヲ出スコトハ出來ヌ，財産ニハ時價ヲ附ケテ出サナケレバナラヌト云フ規定デアリマスカラ，今ノ如キ計算ヲスル所ハ，計算ヲ間違ヘテ居ルカ，殊更計算ヲ作ル會社ト云フヨリ外仕方ガナイカラ，ソレハ正シク税ヲ取ッテ往キマスカ，又ハ氣ガ付カナケレバ，其儘認メテアッタカモ知レマセヌガ，併ナガラ商法ノ表カラハ，サウ云フコトハアルベカラザル道理デアルト考ヘテ居リマス」（傍点—筆者）。「家屋ニ付イテモ，器械ニ付イテモ，有價證券ニ付イテモ，總テ同様デ，漸次此物ヲ減ジテ價ヲ出スト云フヤリ方ガ，宜イカ悪ルイカト云ヘバ，私一個ノ議論トシテハ至テ宜イト思ヒマスガ，商法ガソレヲ認メテ宜イカ認メルカト云フコトニナルト，立法論ノ批評ニナリマスカラ申シマセヌガ，今日ノ商法デハ兎ニ角増シタ明カニ増シタヤウニ出シ，減ッタトキニ減ッタヤウニ出スト云フヤウニ，必ズ時價トナッテ居リマスカラ，此商法ノ下ニ於テハ，

先程申シタ通ニナルノデアリマス」[35]（傍点—筆者）とその見解を示されている。そして，同氏は，間接法による減価償却について，「本来如何ナルモノニ課税シ如何ナルモノニ課税セサルヤノ標準ハ……法人ノ義務ニ屬スルヤ否ヤニ依テ甄別スルノ外ナキナリ故ニ機械建物償却金トシテ積立金ヲナスモ未タ其ノ支拂ヲ要求スル者ナキ間ハ以テ法人ハ義務ヲ負擔シ居ルモノト云フヘカラス之レニ反シテ現實ニ修繕又ハ修築改築ヲナシタルトキハ法人ハ必スヤ之レカ對價ヲ支拂ハサルヘカラサルノ義務ヲ負擔スルモノナリ是レ其ノ積立金ニ課税シテ現實ニ支拂フヘキモノニ課税セサル區別ノ生スル所以ナリ」[36]。「所得税法ノ第四條ニハ，積立金ヲ控除スルト云フコトハナイ，唯ダ獨リ控除スルノハ，保險會社ノ責任積立金ノミデ，其外ノハ控除スベキ限リデナイト云フコトニ，現行法デハナッテ居リマス，立法ノ當時，貴族院デ随分議論モアッタコトデ，……其精神デ押通シテアリマス」[37]と述べられている。また，同氏は，「総損金」の中に属すべきものに関して，「此所デ私ノ述ベマス所ヲ，政府ノ解釋デアルト云フヤウニ御覧ヲ願ヒタイノデ，……當初カラ大藏省ノ解釋ハ極マッテ居ルノデ」[38]，「何レニシテモ（社員または株主）總會ノ決議ナリ，定款ノ規定ナリデ，定メタ所ニ依リマシテ，利益ノ分配ナラバ，ソレハ經費ト見ナイ，會社ノ義務ニ屬シタモノデアッテ，必ズ利益ノ有無ニ拘ラズヤラナケレバ，ナラヌモノデアルナラバ，義務デアルカラ之ハ控除スル，斯ウ云フコトニ今日ナッテ居ル」[39]（括弧—筆者）。「卽チ會社ノ義務ガ初メニハ義務デハナイガ，利益ガ生ジタ所デ，義務デナイカ義務デアルカト云フコトガ歧レルコトガ要點デアル，其見方ハ初メカラ違ッテ居ナイノデアリマスガ，併シ地方ノ一税務署ナリ一管理局ノ管内ニ於テ，其見様ヲ一ニ定款ニ依ッテ居ッテ，總會ノ決議ハチットモ見ナイガ，或ハ一ノ總會ノ決議ニ依テ，定款ハ見ナンダト云フコトガアリマシタカアリマセヌカ，何ウモ全國悉ク大藏省デ目ヲ通シテ，見テ居ルト云フコトハ申シ上ゲカネマスガ，或ハ一局部ニハアッタカモ知ラヌ，左様ナ場合ニ於テ，更ニ大藏省ノ方針，更ニ政府ノ解釋ノ一變シタヤウニ，御覧ニナッタカ知レマセヌガ，當初カラモウ極ッテ居リマス，今日モ先刻申上ゲタ通デアル，利益ノ分配ナリヤ否ヤト云フコトハ，……定款バカリデ見テ居ルノデナク，總會デモ見テ居ル」[40]との見解を示された。

そして，明治34年3月18日第15回帝国議会衆議院において，所得税法中改正

第10章　法人所得課税と減価償却(2)　249

法律案委員会委員長であった加藤六藏氏は，「所得税法中改正法律案ノ委員會ノ報告」として，「委員會ニ於キマシテハ，十分研究ヲ致シマシタデアリマス，其研究後ニ此提出案ノ機械建物償却金，交際費，此三箇條ト云フモノハ，茲ニ別ニ掲載スル必要ハナイト云フコトニナリマシタ，何ゼト云フト列（例）ヘバ鐵道デ見マスルト，軌道ハ三十箇年デ更ヘルモノト見レバ，年々一万圓三十分ノ一宛減ッテ行ク譯ニナル，サウシテ見マスレバ財産目録ヲ積ル節ニハ，現行ノ商法ノ規定ニ據リマスルト，其時價デ積ラナケレバナラヌモノデアル，サウシテ見マスレバ譬デアリマスガ，三十箇年ノ保存期限デ三十万圓ノモノト見レバ，一万圓宛年々値ガ減ジマス，サウシテ往ケバ卽此償却金ト同ジデアル，ソレガ現行商法ニ從ッテ，時價デヤラナケレバナラヌコトデアル，然ルニ多クノ會社ハ其器械ガ全然減リ，其建物ガ全然減ルニモ拘ラス，矢張元ノ三十万圓デ出シテ置ク會社ガ，大分アルヤウデアル，サウシテ一方ニ積立ヲスル，サウスルト，誠ニ不都合デアル，其方ハ間違ト言ハナケレバナラヌ，卽チ時價ノ價，ソレ丈ノモノガ減スレバ，三十年デ一万圓宛減ズルト云フノガ至當デアル，商法ニモアル，却金トシテ見レバ償云フコトデ積立テル必要ハナイ，ナイト見レバ茲ニ所謂税ノ問題ハ起ラヌデアル，故ニ茲デ除キマシタノデアル」[41]（傍点および括弧—筆者）と報告されている。この報告に対して，当該政府委員であった若槻禮次郎氏は，「唯今委員長カラ御報告ニナリマシタ所得税法中ノ改正法律案デゴザイマスガ，大體ニ附イテハ唯今委員長カラ述ベラレマシタ如ク，政府ニ於テモ同意デゴザイマス」[42]と述べられている。

　加藤六藏氏の「軌道ハ三十箇年デ更ヘルモノト見レバ，年々一万圓三十分ノ一宛減ッテ行ク譯ニナル，サウシテ見マスレバ財産目録ヲ積ル節ニハ，現行ノ商法ノ規定ニ據リマスルト，其時價デ積ラナケレバナラヌモノデアル……譬デアリマスガ，三十箇年ノ保存期限デ三十万圓ノモノト見レバ，一万圓宛年々値ガ減ジマス，サウシテ往ケバ卽此償却金ト同ジデアル，ソレガ現行商法ニ從ッテ，時價デヤラナケレバナラヌコトデアル……時價ノ價，ソレ丈ノモノガ減スレバ，三十年デ一万圓宛減ズルト云フノガ至當デアル」との報告から理解されるように，同氏の説明は，商法の規定によれば，財産目録の調製では必ず当時の時価で評価しなければならない。例えば，軌道30万円の耐用年数が30年で時価が毎年1万円ずつ減少するならば，その時価評価による減少額1万円は定額

法による減価償却における減価1万円と同額となり，この点において両者を同一と観念できる。そして，財産目録の調製における財産の評価額は，償却金（積立金）を設けて取得原価で据え置くのではなく，その時価評価による減少額あるいはそれと同額の減価償却による減価を直接差し引いたものでなければならないということであると考えられる。

　上述した直接法および間接法による減価償却についての若槻禮次郎氏の見解と加藤六藏氏の見解とを合わせ考えるに，課税当局は直接法による減価償却も間接法による減価償却も会社定款の定め如何にかかわらず[43]，その損金性を原則として認めないという見解に立っていたと考えられる。会計実務等と同様に，課税当局においても，減価償却における「減価」を「価値の減少」と観念し，減価償却はもっぱら価値測定のプロセスであるとの認識を前提に，直接法による減価償却は，毎年一定の標準をもって取得原価（帳簿価額）を減じていくのであるが，それは商法における時価評価のプロセスとは全く異なり，会社の裁量によって「独自」に策定された主観的な計算方法であって，その方法によって求められた帳簿価額は当然財産目録調製時の時価ではない。法人所得の算出は，あくまで時価主義による商法を前提としており，したがって，時価評価のプロセスとは完全に別次元で行われる直接法による減価償却は，法人所得算出において，認められなかったということである。しかし，直接法による減価償却の減価といえども，財産目録調製時において実際時価評価による評価損が認められ，その減価と時価評価損との測定額が同等（ほぼ同等）である場合は，その損金性が認められていたと推定されるが，これはあくまで時価評価損の発生事実を前提としてその損金性が認められたのであって，直接法による減価償却の方法が法人所得算定上正面から認められた結果によるものではないと解される[44]。他方，間接法による減価償却については，取得原価に据え置くことは時価評価を前提とする商法が求める会計処理ではなく，またその減価は法人の支払うべき義務に属すべきものでもない。そして，それは一種の積立金であるから，法文上明文化され，その性質からも会社の利益とはいえない保険責任準備金以外は当然課税されていたと考えられる[45]。なお，直接法による減価償却の減価に対しても，間接法による減価償却の減価と同様に，内部取引であるため法人の支払うべき義務に属すべきものではないということが

第10章 法人所得課税と減価償却(2) 251

いえると思われる。

　また，若槻禮次郎氏の「建物機械償却金」についての「積金ハ何デアルカト云フト，利益ガアルカラ他日斯ウ云フヤウナ費用ガ起ルカモ知レヌ，現實ハ或ハ物ノ價ハ増シテ居ルカモ知レヌ，損デナイ寧ロ價ガ増加シテ居ルカモ知レヌト云フ場合ニ於テモ，他日非常ノ災害ナリ，或ハ災害ガアラウトモ必然生ズベキ結果ヲ見テ，豫メ是ニ備ヘテ置クト云フ」[46]ものという見解から考えるに，直接法による減価償却においても，時価評価による評価益が事実発生している場合，商法を前提に，ゲオルク・シャンツの「一定期間におけるあらゆる純資産の増加」を「所得」と観念する純資産増加説をその計算体系とする法人所得算定の観点からみれば，当該減価償却の減価は実際の経済的価値の減少を反映したものではなく，帳簿上には表れない隠れたる一種の積立金（準備金）であると考えられていたと推察される[47]。

　したがって，わが国の法人所得課税においては，当時，大陸系の会計体系を採る時価主義に基づく商法を前提として，「純資産増加説」に従いその課税所得算定が行われていたことから，英米系の会計体系に基づく企業会計とは異なり，減価償却は認められていなかったと考えられる。

3 日本郵船株式会社対東京税務監督局長 「所得金額決定不服ノ訴」事件[48]

(1) 事実の概要

　本件は，被告　東京税務監督局長　浜口雄幸が，第17期前半年度（明治34年10月より同35年3月）および第17期後半年度（明治35年4月より同年9月）における所得金額について，増額された所得決定通知額に対する日本郵船株式会社の異議申立てに応じて行われた再審査の結果，第17期前半年度に852,986円82銭3厘，第17期後半年度に835,125円13銭6厘の巨額，すなわち「原告（日本郵船株式会社）カ定款ノ規定ニ基キ従来損金トシテ所得総金額ヨリ控除シ来リタル船舶減価引除金船舶保険積立金，船舶大修繕積立金，建物減価引除金ノ合計金額ト恰当スル」金額をそれぞれの所得金額に増加決定し，日本郵船株式会社がその取消しを求めた事案である[49]。

原告（日本郵船株式会社）の陳述の要旨

「我所得税法ハ第四条第一項第一号但書ニ於テ『法人ノ所得ハ此法律施行地ニ於ケル資産又ハ営業ヨリ生スル各事業年度ノ益金ヨリ同年度損金ヲ控除シタルモノニ依ル』モノナルコトヲ明言セリ故ニ凡ソ損金ニ属スルモノハ此法律ニ依リ課税スヘキ所得金額ヨリ控除セラルヘキモノナルコト論ヲ俟タス然ラハ被告ト原告トノ間ニ於テ其見解ヲ異ニスルモノハ畢竟原告カ損金トシテ本年度ノ益金ヨリ控除シタル四種ノ金額ハ抑モ法律ニ所謂損金ニ属スヘキモノナルヤ将タ課税セラルヘキ益金ニ属スヘキモノナルヤノ一点ニ在リ故ニ今其各種ノ控除金ニ就キ項ヲ分チテ其性質如何ヲ論究シ以テ被告ノ通知金額ニ対スル不服ノ事由ヲ開陳スヘシ

第一項船舶減価引除金（前半年度六十三万五千三百六十九円九十七銭三厘後半年度六十四万六千百九十三円六十四銭）ハ原告定款ノ規定ニ基キ船舶維持ノ為メ製造船価百分ノ二箇ヲ控除セルモノナリ今此控除金ノ性質如何ト云フニ全ク会社ノ元資ニシテ宛モ銀行ニ於ケル資本金ト異ナル所ナシ蓋シ海運ノ事業ハ船舶有テ始メテ之ヲ営ミ得ヘキモノニシテ会社ノ目的事業ノ基本タルモノナリ而シテ船舶ナルモノハ彼ノ金銭ノ如ク終始一定ノ価格ヲ保有シ得ルモノニアラスシテ年月ノ経過ト使用トニ依リ漸次老朽不用ニ帰スルモノナリ故ニ船舶ニ付テ凡ソ一定ノ船齢ナルモノヲ定ムルコトハ万国普通ノ実例ナルヲ以テ原告所有船舶ニ船齢ヲ定メ満二十五个年トセリ乃チ此年月ノ経過ニ依テ朽廃シ若クハ不用無価格トナルモノナリ故ニ原告ノ資本即チ船舶ナルモノハ日日ニ其価格ヲ減損シツヽアリ即チ其時日ノ経過ノミニ依テ会社ノ資本ヲ減損スルモノナリ若シ夫レ此欠損ニシテ年々補填スルコトナカランカ二十五个年ノ終リニ至テハ会社ハ全ク資本ヲ失フニ至ルヘシ是ニ於テ原告ハ文明各国海運業者ノ為ス所ト同シク一事業年度間ニ於ケル船舶ノ減価即チ資本ノ欠損ヲ製造船価百分ノ二箇ト定メ減価引除金テフ名称ノ下ニ此欠損ヲ補填スルモノナリ今海運先進国タル英国ノ実例ニ徴スルニ船舶減価引除金ハ損金ト為スヲ原則トシテ曽テ益金ト見做シタルコトナシ只一両年前廃船ニ至ル年齢ノ長短即チ毎年船価ノ減耗スル歩合如何ニ付収税関ト船主トノ間ニ所見ヲ異ニセシコトアリテ裁判ノ結果船舶ノ実用期間ニ二十年ニ過キサレハ平均毎年製造原価ノ百分ノ五箇ヲ控除セサルヘカラスト云フ船主ノ主張ニ対シ船舶ハ製造後平均二十五年間使用ニ耐ヘ得ヘキヲ以テ毎年製造原価ノ百分ノ四箇ヲ減価引除金トシテ控除スルヲ適当ト判定セラレタルコトアレトモ減価引除金カ其性質上当然ノ損金タルヘキコトハ英国官民ノ斉シク一致スル所トス原告カ定款ニ於テノ一事業年度ニ於テ製造船価百分ノ二箇即チ毎一年百分ノ四箇ニ当ル金額ヲ損金ト為シ船価ノ減耗トシテ引除クヘシトシタルハ此実例ニ憑拠セルモノナリ

船舶減価引除金ノ性質ニシテ資本欠損ノ補填タルコト斯ノ如ク明確ナル以上ハ被告カ此資本欠損ノ補填ニ対シテ課税スルノ不当ナルコトハ法律ノ明文ニ徴シテ自ラ明カナルヲ以テ更ニ詳論スルノ必要ナカルヘシ又被告カ此引除金ヲ以テ課税スヘキ益金ト認メタルコトノ不当ナルハ唯此見解ヲ誤リタルノミナラス他ノ法律主義ニモ違背スルモノト云ハサルヘカラス商法第二十六条ノ規定ニ拠レハ会社ノ財

第10章　法人所得課税と減価償却(2)　253

産目録ハ其財産ニ目録調製ノ時ニ於ケル価格ヲ附スルコトヲ要ストアルヲ以テ其
結果例ヘハ公債其他ノ価格券面価以下ニ低下スルトキハ其差額ハ即チ其年度ノ損
金トナリ此損金ハ計算上利益金ヨリ補填セラルヽモノナリ而シテ此欠損補填金額
ニ対シテハ課税スヘキニ非ス又実際ニ於テモ課税セラレサルナリ然ルヲ況ンヤ原
告ノ船舶即チ毎年度ニ於テ其財産目録中ノ船価ヲ逓減シ此資本ノ欠損ニ対スル補
填金額ニ対シテ課税セントスルカ如キハ全ク法律ノ精神及実際政府カ施行シ来レ
ル慣行ニ背反スルモノナルニ於テオヤ
第二項建物減価引除金（前半年度一万四千六百九十五円六十一銭後半年度
一万四千百五十七円十九銭）ハ亦前項船舶ノ為ニスルモノト全ク其性質ヲ同フシ
所謂資本ノ欠損ヲ補填スル損金ナルカ故ニ法律上課税セラルヘキモノニ非ストノ
理由ハ凡テ前項ニ詳論スル所ノ如シ但シ建物ハ比較的永年ノ保存ニ耐フルヲ以テ
其実用期間ヲ平均五十年ト見做シ一事業年度百分ノ一箇即チ毎一年百分ノ二箇ニ
当ル金額ヲ控除シ損金ト為シタリ是前記船舶減価引除ノ歩合ト異ナル所以ナリ」

「以上論述セルカ如ク本訴ノ金額ハ其性質純然タル資本欠損ノ補填ニシテ決シテ
課税セラルヘキ益金ニ属スヘキモノニアラサルヲ以テ被告カ本件ニ対シ与ヘタル
決定ヲ取消シ更ニ明治三十五年度分所得金額ハ其前期ハ二百二十万七千三百五
十一円二十八銭七厘及其後期ハ二百三十一万六千九百七十円四十五銭四厘ナリト
判決アランコトヲ求ムト云フニ在リ」

被告（東京税務監督局長　浜口雄幸）の陳述の要旨

「原告ハ本件船舶減価引除金船舶保険積立金，船舶大修繕積立金建物減価引除金
ヲ以テ資本欠損ノ補填ナリト陳述スルモ毫モ其理由ナキモノナリト信ス其理由ハ
第一原告日本郵船株式会社定款ニ就キ右船舶減価引除金算定ノ方法ヲ見ルニ船舶
維持ノ為メ製造船価百分ノ二ヲ控除スヘキコトヲ規定セリ斯ル算定方法ハ決シテ
財産目録調製ノ時ニ於ケル現実ノ価格ノ昂低ヲ表明スルモノニ非ス之ヲ以テ資本
欠損額ナリト言フハ事実ニ符合セサルモノ云フヘシ而シテ原告カ船舶ノ減価引
除金ヲ設ケタル所以ノモノハ他日代用ノ船舶ヲ購入スルニ方リテ或ハ多額ノ支出
ヲ要スルコトナキヲ保セス斯ル不時ノ用途ニ充テ以テ利益歩合ノ非常ノ昂低ヲ調
節センカ為ニ設ケタルモノニシテ畢竟一種ノ積金ノ外ナラス従テ之ヲ以テ益金ノ
内ニ計算シタルハ正当ノ処分ナリト信ス建物減価引除金ニ付テハ別ニ定款ノ規定
ナク而シテ原告ハ船舶ニ於ケルト同一ノ理由ヲ以テ欠損ナリト主張スト雖斯ル計
算方法ノ実際ト適合セサルハ前已ニ述ヘタル如シ要スルニ此二者ハ皆一種ノ積立
金ニシテ之ヲ益金ニ計算シタルハ正当ナリ……要スルニ以上四種ノ金額ハ毫モ資
本減損ト相関係セス其性質ハ積立金ニシテ被告カ之ヲ益金ニ加算シ其金額ヲ以テ
所得額ナリト決定通知シタルハ正当ノ処分ナリト信ス原告ノ請求相立タスノ判決
アランコトヲ望ムト云フニ在リ」

裁判所の判断

「被告ハ原告カ毎事業年度ニ船舶ノ減価トシテ百分ノ二建物ノ減価トシテ百分ノ

一ヲ控除スルハ決シテ其現実ノ価格ヲ表明スルモノニアラサレハ本件船舶減価引
除金及建物減価引除金ヲ以テ資本ノ欠損ヲ補填スル損金トシテ見ルヲ得スト云フ
ト雖本件船舶ノ如キハ其時価ヲ定ムルコト至難ノモノナルヲ以テ原告ニ於テ一定
ノ標準即其耐用年限ヲ定メ年々其価額ヲ逓減スルハ相当ノ方法ト謂フヘク又建物
ハ自ラ普通ノ相場アルモノナラハ船舶ノ例ニ倣フヘキモノニアラサルモ亦其価格
ニ幾分ノ変動ナキヲ得ス然ルニ被告ニ於テ単ニ原告ノ算定宜シキヲ得ストノ理由
ヲ以テ総テ右引除金ヲ益金ニ計算シタルハ正当ノ処分ト謂フヲ得ス」
　「被告ニ於テ船舶減価引除金及建物減価引除金ヲ益金ニ計算シタル処分ヲ取消
ス」

（2）　判例分析

　本件は，まさに英米系の会計体系に基づく企業会計（実務）と大陸系の会計
体系に基づく租税法（商法）との会計観の相違に起因した係争事件であったと
考えられる。

　日本郵船株式会社は，前章で示した当時の会計実務と同様に，時価主義に基
づく商法には全く準拠せず，英米系の会計体系に由来する取得原価主義に基づ
き，固定資産の評価方法として，直接法による減価償却をとっていた。しかる
に，固定資産は，「自然ノ理数ニヨリ時日ノ經過ニ連レ破損又ハ磨滅スルコト
ノ到底免ルヘカラサルモノナルカ故ニ」[50]，その価値は，「現在年々減ッテ
往クコトハ極ッテ居ル」[51]。あまつさえ，日本郵船株式会社は，従前から
「実際政府カ施行シ来レル慣行」，すなわち，政府より明治18（1885）年9月29
日に下付された「命令書」第28条における「船價年ヲ逐テ逓減スルカ故ニ一ヶ
年ニ付各船總代價ノ百分ノ五ヲ引除ヘシ」という規定に従い，それと同様の規
定を自身の定款に定め，それに準拠して「船舶減価引除金」をこれまで実施し
てきたのである[52]。さらに，固定資産については，その時価を見積もるこ
とは最も困難を極める事柄であるとともに，明治32年商法第26条第2項「財産
目録ニハ動産，不動産，債權其他ノ財産ニ其目録調製ノ時ニ於ケル價格ヲ附ス
ルコトヲ要ス」にいう「価格」は，結局商人の営業の存在および継続を基礎と
して計算する営業的価格，すなわち主観的価格であるという前提の下に，直接
法による帳簿価額（原価マイナス減価）は，同条項にいう「価格」，すなわち時
価と見なすことができる。したがって，直接法による減価償却の減価は，時価
による評価損と同様に，所得税法第4条第1項における「総損金」に当然属す

第10章　法人所得課税と減価償却(2)　255

べきものと考えていたのである。

　なお，日本郵船株式会社がその減価償却方法の規範としたイギリスにおいて，すでに1878年関税・内国歳入法の下，イギリス税務の減価償却実務では，船舶の場合，年間利益からの控除として，船舶の原価の４％の定額償却が認められていた(53)。つまり，日本郵船株式会社は，イギリスにおける船舶に関する税務減価償却方法をそのまま踏襲していたのである。

　翻って，課税当局側は，先に示した「第十五回帝國議會衆議院所得税法中改正法律案委員會」における若槻禮次郎氏の発言をそのまま踏襲するような主張をしている。わが国の法人所得課税においては，大陸系の会計体系に依拠し時価主義に基づく商法を前提として，「純資産増加説」に従いその課税所得算定が行われていたことから，明治32年商法第26条第２項にいう「価格」とは，財産目録調製当時の時価，すなわち交換価格（客観的価格）であって，転換を目的としない固定財産であると否とを問わず必ず時価に見積もらなければならないというように，当該「価格」は厳格な意味での「時価」であると解している。そして，その時価評価によって発生する評価損が所得税法第４条第１項における「総損金」に属すべきものであり，イギリスの税務における減価償却方法を規範とした日本郵船株式会社のように一定の標準をもって毎期利益の有無にかかわらず実施する直接法による減価償却の減価とて，会社独自の裁量による主観的な方法によって導出されたものであり，時価評価損とは全く異なるものであることから，法人所得算定上，「総損金」に属すべきものではない。ある費目の損金性の有無の判断についてさらに付言すれば，その判断は定款の定め，総会の決議，そして，その費目の法人の支払うべき義務の有無等の性質を総合的に勘案してなされるのであって，この視座から船舶減価引除金および建物減価引除金について言及すれば，法人の支払うべき義務が存しておらず，ましてや日本郵船株式会社における建物減価引除金に関しては，定款にも定めがない。また，固定資産において時価が上昇し，時価評価益が発生している場合，船舶減価引除金および建物減価引除金は隠れたる一種の積立金と見なせる，あるいは法人所得算定上損金として認容されていない直接法による減価償却の減価を損金とすること事態，隠れたる一種の積立金と見なせるという考えであったと思われる。

ところで，なぜ東京税務監督局長は，日本郵船株式会社が第９回営業報告書
（自明治26（1893）年10月１日　至明治27（1894）年９月30日）から損金としてき
た船舶減価引除金，そして，第13期前半年度（自明治30（1897）年10月１日　至
明治31（1898）年３月31日）から損金としてきた建物減価引除金を否認したので
あろうか。これはあくまで推測の域を出ないのであるが，先に示した「第十五
回帝國議會衆議院所得税法中改正法律案委員會」および「第十五回帝國議會衆
議院」において，大蔵省（政府）が従来からその損金性について議論の絶えな
かった間接法による減価償却のみならず，はじめて直接法による減価償却につ
いても，全面的に明確にその減価の損金性を否定した見解を示したことによる
ものと思われる。

　裁判所は，まず一定の標準をもって行う直接法による減価償却における帳簿
価額（原価マイナス減価）は，「現実ノ価格」，すなわち，「交換価格（客観的価
格）たる時価」を表明するものでなく，したがって，資本の欠損を補填する損
金ではないとしつつも，「時価評価の困難性」を前提として，時価評価に依ら
ないとしても，通常，特別の事情がなければ家屋のような固定資産は時の経過
または使用によりその価値（時価）が減少することに鑑みると[54]，船舶にも
同様のことがいえ，この事実から導出される「利益の有無に拘らず一定の標準
で財産を逓減させる方法（耐用年数を定め年々取得原価（帳簿価額）を逓減する減
価償却の方法）の合理性」を理由に，船舶減価引除金および建物減価引除金の
損金性を認容している。つまり，当該「宣告文の文意は，所得額の算定は商法
二十六條の規定に従ひ船舶も時價を附して計算することは望ましきことながら，
其時價を定むるは至難のことなれば所謂時價に依ることを得ず，然れども船舶
の價格が使用の年序を經るに從ひ減損することは普通の場合に於て疑ひ無き事
實である。故に已むを得ず此事實あるに依り船齢に割當て損失を算定すること
は不當なりと謂ふべからず，との趣旨」[55]であると考えられる。建物減価
引除金についても同様のことがいえ，建物は普通の相場が存していることから，
船舶に比して，よりその時価に依るべきであるが，その時価とて変動すること
は周知の事実であり，建物において一定の標準をもって行う直接法による減価
償却も船舶減価引除金と同様に認容されるということであろう。

　当時のわが国企業における減価償却の実態について，吉田良三氏は，「我國

第10章　法人所得課税と減価償却(2)　257

の會社會計部内に於ては減價償却に關する觀念極めて幼稚にして，……減價に對する年々の償却高を大體に於て利益高に比例せしめ，其利益額の大なりし營業繁盛期には減價償却を行ふも一旦營業不振に陷れば之を度外視して利益なき或は利益尠き年度には全然之をなさざるなり。尚ほ甚だしきは減價償却に對する準備金を以て恰も法定準備金，配當平均準備金等と同一視して利益の積立留保と看做すの觀あり，彼の某市街鐵道會社にて或る決算期に其減價償却準備金を減じて配當金を増加せし如きは明かに之を證明するものなり」[56]と述べられている。これは当時一般的であった間接法による減価償却に関する記述であるが，当該上段部分は直接法による減価償却にも同様のことがいえ，当時の多くの企業が，「償却前利益またはそこから株主を満足させうる配当を差引いた額にほぼ比例した減価償却を弾力的に実施」[57]していたことが窺える。しかしながら，政府からの航海補助金受給の条件として命令書によって減価償却が義務づけられていた社船たる日本郵船株式会社は，前章【表1】で示したように，純損失を計上した第12期（明治29年10月1日～明治30年9月30日）において，純利益を計上した第11期（明治28年10月1日～明治29年9月30日）における船舶減価引除金を上回る当該金額を計上しており，利益の有無にかかわらず，減価償却を実施していた。したがって，そこに減価償却を利用した利益操作の疑義を疑う余地はないと解される。この日本郵船株式会社が政府補助下にあった社船であること，そして，当該会社における会計実態も判決の結果を左右した大きな要因であったのではないかと考えられる。

　また，上記の判決が下された明治36（1906）年7月10日同日に東洋汽船株式会社（原告）対東京税務監督局長（被告）「所得金額決定不服ノ訴」事件においても判決が下された[58]。裁判所は，「船価償却費ハ船舶ノ製造アリシヨリ使用ノ年序ヲ経ルニ従ヒ品質ニ減損ヲ生スルハ自然ノ結果ナリ而シテ会社ノ財産ハ商法第二十六条ノ規定ニ従ヒ毎年財産目録調製ノ時ニ於ケル価格ヲ附スルコトヲ要ス然ルニ船舶ハ其時価ヲ知ルコト難キモノナレハ原告カ船価価格ヲ船齢ニ割当テ損失ヲ算定スルハ不当ナリト謂フヘカラス随テ被告ニ於テ船齢ノ長短ニ付当否ヲ定ムルハ格別船価償却費ヲ利益金ノ処分ト為シ損金ト認メストセシハ不当ナルニ依リ原告ノ所得金決定額ヨリ控除スヘキモノトス」と説示している。このように，当該裁判においても，日本郵船株式会社における判決の趣旨

と同様に，財産，すなわち船舶の評価は商法第26条第2項の時価評価規定に依るべきであるが，その評価の困難性を前提として一定の標準で財産を逓減させる方法の合理性を認め，船価償却費の損金性を認容している [59]。

上記両判決は，大陸系の会計体系における時価評価の困難性を理由に，英米系の会計体系に由来する毎期一定の標準をもって行われる直接法による減価償却の損金性を認容したのであるが，ここで留意すべきは，財産の評価はできるかぎり時価を標準とすべきと判示しており，「決して時價計算を排斥せしものでは無い」[60]という点である。つまり，法人所得課税においては，大陸系の会計体系を建前として課税所得を算出することを否定していないのである。確かに当時の会計実務は，英米系の会計体系に基づく取得原価主義がとられていたが，その減価償却の特徴としては，減価償却を適正な期間損益計算を行うためではなく，固定資産の廃棄時における取替えのための財務的手段と観念するとともに，さらに直接法においては，固定資産における「減価」を「価値の減少」と観念し，減価償却を価値測定のプロセスとみていたことに求められる [61]。この考え方は，両判決においても当てはまり，その脈絡から直接法による減価償却で算定した船舶の帳簿価額が商法第26条第2項における「目録調製ノ時ニ於ケル価格」に合致するか否かをまず論じており，直接法による減価償却の減価を「固定資産の評価に付随して発生する費用」と観念していたと解される。

したがって，日本郵船株式会社事件で法人所得算定において，その損金性が認容された直接法による減価償却の減価は，あくまで大陸系の会計体系に由来する時価主義における評価損の枠内で認められたに過ぎず，直接法による減価償却は，費用（原価）配分としてではなく，「時価による資産評価手法の便法」として位置付けられたと解される。

なお，日本郵船株式会社事件では，中田伍一氏が，「裁判所は船齢二十五年とする船價償却法が正當なりとも，不當なりとも云はず，判決理由に，相當の方法なりと謂ひ，或は不當ならずと謂ひしは，該事案に付て若干の船齢を假定して年々其價格を逓減し，其減ずる額を損失として計算することである。而して，船齢を幾年幾ヶ月と定むるが適當なるかに就ての當否は一言も云はず，即ち裁判所は船齢二十五年の償却計算法を採つて正當と認めたる形跡更にな

し」[62]と指摘するように，船舶および建物の耐用年数について，全く審議がなされなかったことには留意が必要である。

その後，主税局は，上記両判決を受けて，「明治三十六年十二月二十七日原甲第五六五號主税局長通牒」として，「日本郵船株式會社及東洋汽船株式會社對東京税務監督局長第一種所得金額取消ノ訴訟ニ付本年七月十日行政裁判所判決ニ基キ同局長ニ於テ右兩會社ニ對シ船齢ヲ二十五ヶ年ト見做シ一事業年度（事業年度ハ六ヶ月ナリ）毎船價百分ノ二ヲ船價償却トシテ損金ニ計算スルコトニ決定致候趣此計算ハ當局ニ於テモ相當ト認メ候ニ付爲御參考此段及通牒候」[63]という内容の通牒を発遣し，船舶の評価方法として残存価格を考慮せず船舶使用期間を25年と見なして船舶取得原価を償却する直接法による減価償却を認め，その減価を法人所得算定上，所得税法第4条第1項第1号における「総損金」に属すべきものと認容することになったのである。

4 おわりに[64]

わが国の初期における法人所得課税（法人所得課税が開始された明治32年当時は所得税法）が依っていた会計処理の基準について，直接法による減価償却（定額法による直接償却）の減価についての損金性が争われた日本郵船株式会社対東京税務監督局長事件（明治36年7月10日第一部宣告（明治36年第51号））を端緒に考究した。

日本郵船株式会社は，船舶減価引除金については，第9回営業報告書（自明治26年10月1日　至明治27年9月30日）における損益勘定表から，従来利益処分項目に計上されていた項目の中から新たに損費項目に繰り替え，その後，残存価額ゼロ，耐用年数25年とする直接法による減価償却を実施し，また，「建物減価引除金」についても，従前利益処分項目として取り扱っていたが，第13期前半年度（自明治30年10月1日　至明治31年3月31日）から船舶減価引除金等と同様に損益勘定表における「支出の部」に経常的費用として費用計上を行った。

わが国における企業会計は，明治期初期から続く英米系の会計慣習に則り取得原価主義に基づくとともに，固定資産については減価償却が行われていた。一般的には減価償却積立金（準備金）を設ける間接法による減価償却が主流で

あったが，海運業などでは船舶（固定資産）の取得原価を直接減額する直接法による減価償却が行われていた。会計実務においては，直接法による減価償却について，固定資産の時価評価困難性および継続企業の概念の下，直接法による減価償却に基づく帳簿価額は，明治32年商法第26条第2項にいう「価格」，すなわち時価と見なすことができると考えられていた。

　他方，わが国の商法は，大陸系の会計体系に依拠するものであった。したがって，明治32年商法第26条第2項にいう「価格」とは，財産目録調製当時の時価（交換価格ないしは客観的価格）であって，すべての財産は必ず時価に見積もらなければならないという時価主義がとられていた。一方，直接法による減価償却に基づく帳簿価額は，主観的価格であると観念され，したがって，商法においては，同条項の解釈上，減価償却は認められていなかった。

　法人所得課税においては，明治32年に開始されたのであるが，別個独立の税目である法人税を設けることなく，所得税法中の第一種所得（所得税法第4条第1項第1号「第一種ノ所得ハ各事業年度總益金ヨリ同年度總損金，前年度繰越金及保険責任準備金ヲ控除シタルモノニ依ル」（明治32年2月13日法律第17号））として規定された。

　明治32年所得税法には，法文上はじめて登場した「總益金」および「總損金」については何らの規定も設けられていなかったものの，課税当局は，大陸系の会計体系に依拠し時価主義に基づく商法を前提として，ゲオルク・シャンツの「純資産増加説」に従い，「總益金トハ法人ノ受領シタル一切ノ収入ハ勿論其所有財産ノ價格増加ニ因リテ生シタル利益（財産評価益）モ亦之ヲ包含スルモノニシテ總損金トハ其支出シタル一切ノ經費ハ勿論所有財産ノ價格減少ニ因リテ生シタル損失（財産評価損）モ亦之ヲ包含スルモノナリ」[65]（括弧―筆者）と解釈していた。

　法人所得課税開始当初から，固定資産の減価償却について，その損金性について世間種々の議論が起こっていた。上述した「總損金」の解釈からは，間接法によった場合でも，直接法によった場合でも，その損金性は法人所得算定上容認されていなかったと解される。その理由としては，まず間接法による減価償却については，そもそも法人所得計算上控除される積立金（準備金）は，法文上，唯一将来発生すべき危険に対して保険金の支払いを担保するものにして

第10章　法人所得課税と減価償却(2)　261

会社の利益として自由に処分することができない保険会社の保険責任準備金のみであり，内部取引である時価評価損益以外は，その損金性には法人の支出すべき義務に属すべきことが必要であって，減価償却積立金（準備金）は未だ現に支出したるものではなく，また法人の支出すべき義務も存しているわけではない。さらに，間接法は，固定資産が取得原価のまま据え置かれることになるため，商法第26条第2項の規定に適う会計処理方法ではないとともに，同条項による時価評価損を「却金（消却金，銷却金または引除金）」としてみれば，その減少を償うということで積み立てる必要はない。他方，直接法による減価償却については，上記で示した間接法と同様に，その減価は未だ現に支出したるものではなく，また法人の支出すべき義務にも属するものではない。さらに，商法第26条第2項によれば，会社財産に時価以上でも時価以下でもなく，「当時の時価」を必ず付さなければならないという通説的法解釈の下，固定資産における時価評価のプロセスを一切無視して，その時価が減じようが減じまいがそれにかかわらず，漸次（毎期）必ず一定の標準をもってその原価を減じて求めた帳簿価額は，固定資産の当時の時価ではないと考えられていた。

　このように，固定資産の評価については，英米系の会計体系に依拠する企業会計（実務）と大陸系の会計体系に依拠する法律（商法および所得税法）との間に大きな乖離が存していた中，日本郵船株式会社が直接法による減価償却の減価を船舶減価引除金および建物減価引除金という勘定科目をもって従来どおり損金として計上したところ，課税当局は両者を所得金額に増加決定し，日本郵船株式会社がその取消しを求めた訴訟が起きた。

　行政裁判所は，第一種所得は大陸系の会計体系に依拠する商法第26条第2項の規定に従い船舶および建物も時価を付して計算することは望ましいことであるのだが，船舶の時価を定めることは至極困難であり，また，船舶に比して，建物の時価算定は容易であるが，その時価自体も変動する。他方，船舶および建物の価格が使用の年序を経るに従って減損することはまた疑い無き事実である。したがって，固定資産の評価は極力時価によるべきであるが，上記の事実に鑑み，帳簿価額は現実の価格を表明するものではないものの，取得原価を基礎として耐用年数に割り当てて算出した帳簿価額をもって固定資産の評価額とし，その減価を損金として計上することは必ずしも不当であるということはで

きないと判示したのである。

ここに初めて，法人所得算定上，定額法による直接償却によって算出された固定資産の帳簿価額をもって，時価に代わるものと観念し，耐用年数を基礎とする定額償却の減価を時価評価損と同様に「総損金」に包含されるものとする考え方が確立された。すなわち，商法第26条第2項の規定によれば時価を付すべきであるが，実際にはその算定に高い困難性が伴うため，所得税法に明文もなく，その解釈からも「総損金」に包含されることのなかった，費用（原価）配分としてではなく時価による資産評価手法の便法として企業会計で慣習として行われてきた，債務の確定を伴わない内部取引である直接法による減価償却に基づく減価がはじめて判決によってその損金性が認容されたのである。

したがって，本件で法人所得算定において，その損金性が認められた直接法による減価償却に基づく減価は，あくまで大陸系の会計体系に由来する時価主義における評価損の枠内で認められたに過ぎず，直接法による減価償却は，適正な期間損益を算出するための費用（原価）配分としてではなく，「時価による資産評価手法の便法」として位置付けられたと考えられる。

[注]────────────────────────

（1）行政裁判所明治36（1906）年7月10日判決（明治36年第51号）『LEX/DBインターネット　TKC法律情報データベース』文献番号20000881。

（2）内閣官報局「官報（明治二十年三月二十三日）」第1115號（1887年），1頁。

（3）阿部勇『日本財政論　租税』（改造社，1933年），411-412頁。
　　汐見三郎・佐伯玄洞・柏井象雄・伊藤武夫『各国所得税制論』（有斐閣，1932年），263-265頁。

（4）印刷局「官報（明治三十二年二月十三日）」第4682號（1899年），1頁。
　　「保険責任準備金」は，「保険会社」に関する事項であり，特に「保険責任準備」を課税標準たる所得から除外した理由については，「（保険）責任準備金ナルモノハ保険事業ノ理論上將來發生スヘキ推定アル危險ニ對スル準備金ナルカ故ニ未タ之ヲ以テ會社ノ利益ト爲リタル金額ナリト謂フコト能ハサルヲ以テナリ」（括弧─筆者）とされている（若槻禮次郎『現行租税法論』（和仏法律学校，1903年講義録），282頁，284頁）。

（5）「前年度繰越金」，「公債，社債の利子」および「課税済み受取配当金」を課税標準から除外した理由については，「前年度繰越金」は，「蓋シ前年度繰越金ナルモノハ前年度ノ利益ニシテ其年課税セラレタルモノ中ヨリ配當ヲ爲サスシテ後年度ニ繰越シタルモノニシテ一タヒ所得税ヲ課セラレタルモノナルヲ以テ再ヒ之ニ課税スルコトナカラシメンカ爲メ」とされている。「公債，社債の利子」は，「其支拂ノ際第二種ノ所得トシテ所得

税ヲ徴収スルカ故ニ同一所得ニ付キ二重ノ課税ヲ爲ササルカ爲メ」である。そして，「課税済み受取配当金」は，「公債，社債の利子」のような二重課税の排除ではなく，「所得税法第五條ニ依リ所得税ヲ課スヘカラサルモノナルカ故ニ此ノ如キ金額カ營利會社ノ收入金中ニ包含セラルル場合ト雖モ尚ホ該條ノ趣旨ヲ貫徹センカ爲メ」とされている（同上，283頁）。

（6）同上，284頁。

（7）「法人所得税に對する大藏省の見解」『東京經濟雜誌』第994號（明治32（1899）年9月2日），511頁。

（8）同上，511頁。

　　ここでは，「建物及器械代消却金」のみならず，「前季繰越損失金（所謂創業費消却の如きもの）」，「役員賞與金」や「所得税」に係る損金性も問題とされていた（同，511頁）。

　　なお，「税務管理局」とは，明治29（1896）年10月21日勅令第337号「税務管理局官制」に基づき設置された徴税機関である。同年11月1日から従前，徴税事務の一切を掌握していた府県収税部の事務は，「税務管理局」に，収税署の事務は税務管理局の下部組織にあたる「税務署」に移管された（北海道は明治30（1897）年4月1日）。これにより，全国に23の税務管理局と520の税務署が創設され，税務管理局および税務署は共に内国税徴収に当ることとなった。また，税務行政は初めて一般行政機関より分離して，大蔵大臣の管理に属する特別の機関により掌理されることとなった。他方，市町村は国税徴収法の規定に基づき地租を，勅令をもって指定された国税に関する徴税事務を負担することとなった。その後，国税徴収における監督機関と執行機関との区別をもって，国税徴収における事務の簡捷と官民の利便等を図る目的で，明治35（1902）年11月1日勅令第241号および勅令第242号をもって税務管理局官制は廃止され，これに代わり税務監督局官制および税務署官制が制定された。これにより，徴税監督機関としての税務監督局，徴税執行機関としての税務署，徴税補助機関としての市町村という徴税組織の完備をみるに至った（内閣官報局「官報（明治二十九年十月二十一日）」第3995號（1896年），1-2頁，4-9頁。印刷局「官報（明治三十五年十一月一日）」第5800號（1902年），4-5頁。大蔵省編纂『明治大正財政史　第一巻』（財政経済学会，1940年），746-749頁。牛米努「営業税と徴収機構」『税大論叢』第48巻（2005年），421頁。国税庁「税務署の創設」https://www.nta.go.jp/ntc/sozei/shiryou/library/08.htm（2017年4月4日））。

（9）末永英男「初期所得税法における所得計算構造—明治期初期所得税法を中心にして—」『近畿大学九州工学部研究報告　理工学編』第24号（1995年），89頁。

（10）高寺貞男『明治減価償却史の研究』（未来社，1974年），233頁。

（11）若槻禮次郎，前掲注（4），282頁。

（12）同上，286頁。

（13）同上，287頁。

（14）「第十三囘帝國議會貴族院所得税法中改正法律案特別委員會速記録第一號」（明治32（1899）年1月12日），9頁（尾崎三良氏　發言）。

　　当時の商法（明治23（1890）年4月26日法律第32号）は，準備金の積み立てについて以下のように規定していた。

　　第二百十九條　利息又ハ配當金ハ損失ニ因リテ減シタル資本ヲ塡補シ及ヒ規定ノ準備金ヲ扣取シタル後ニ非サレハ之ヲ分配スルコトヲ得ス

準備金カ資本ノ四分一ニ達スルマテハ毎年ノ利益ノ少ナクトモ二十分一ヲ準備金ト
　　シテ積置クコトヲ要ス

(15) 同上，9-10頁（若槻禮次郎氏　発言）。

(16) 同上，9頁（尾崎三良氏　発言）。

(17)「第十三回帝國議會貴族院所得税法中改正法律案特別委員會速記録第二號」（明治32
　　（1899）年1月16日），3頁（尾崎三良氏　発言）。

(18) 同上，3頁（若槻禮次郎氏　発言）。

(19) 高寺貞男「明治三十二年所得税法と会社税務会計」『経済論叢』第91巻第1号（1963年），
　　34頁。

(20) 武本宗重郎『改正所得税法釋義』（同文館，1913年），96頁。

(21) 同上，96-97頁。

(22)「法人所得税と審査委員會の決定」『東洋經濟新報』第143號（明治32（1899）年11月25
　　日），34頁。

　　　なお，記事の全文は以下のとおりである。

　　「法人所得に關し諸會社が東京税務管理局の決定に異議の申立をなしたることは曩に報
　　道したる所なるが今聞く所によれは東京税務管理局内の所得税審査委員會にては今般右
　　に關し左の如く決定を輿へたりと云ふ

　　（一）會社の役員賞與金及交際費は定歟に於て利益分配の一部と定めたるときは純益金の
　　　　中より控除するものにあらず

　　（二）器具器械建物等の消却積立金は商法第二十六條に依り會社が財産目録を作りたる時
　　　　の財産に對し實際缺損のありたる場合に消却積立金と爲したるものに付ては控除すべ
　　　　きものとす

　　（三）所得税を納むる事業年度の所得税は實際納付したる年度に於ては控除すべきも未だ
　　　　納付せざるときは之を控除すべきものにあらず

　　　尚同審査會にては法人所得の異議申立六件中三件は之を採用したるも他は排斥したり
　　と」

(23) 武田隆二『最新財務諸表論（第11版）』（中央経済社，2009年），397-401頁参照。

(24) 減価償却についてのこのような理解は，当時一般的なものであったようである。

　　　例えば，当時三菱銀行部員であり，社内での「簿記講習會」の最初の幹事を務めた森
　　川鑓太郎氏は，「建物及器械代消却積立金」について，「建物及器械の腐朽損傷するや，
　　著しく目にこそ見へざれ，時々刻々，年一年に腐朽損傷し隨て其價格を減じ行くものな
　　れば，其腐朽損傷たるや，即所有主の損失たるを以て，之れを所有主より見れば，所有
　　せる公債株券の市價の下落より生ずる損失と毫も異なるところなく，尚適切に之れを云
　　へば，薪炭其の他の消耗品より生ずる損失と擇ぶところなきにしもあらずや，されば此
　　等の積立金は……其年度に於て實際之れを支出せざるにもせよ，便宜上支出の代はりと
　　して積立て置くものなれば，之れを損失として總益金中より控除するのは，素より當然
　　の事と云ふべし」（森川鑓太郎「法人所得の算定法に就き東京経済雑誌記者に資す」『東
　　京経済雑誌』第999號（明治32（1899）年10月7日），770頁）（高寺貞男，前掲注（10），
　　260-261頁参照。一橋大学附属図書館「三菱と簿記，そして日本郵船へ（巨大帳簿）」
　　http://www.lib.hit-u.ac.jp/service/tenji/k15/mitsubishi.html（2017年4月1日）参照）。

(25)「第十五回帝國議會衆議院議事速記録第四號（官報號外）」（明治34（1901）年1月30日），

第10章　法人所得課税と減価償却(2)　265

28頁（木村誓太郎氏　発言）。
(26)「第十五回帝國議會衆議院議事速記録第十四號（官報號外）」（明治34（1901）年 3 月19日），217頁（加藤六藏氏　発言）。
(27)「第十五回帝國議會衆議院議事速記録第四號（官報號外）」前掲注（25），28頁（木村誓太郎氏　発言）。
　　新潟税務管理局部内で起きた行政訴訟事件は，日本石油株式会社（原告）が新潟税務管理局長（被告）と明治32年下半期所得金額について，「役員及社員ノ賞与金並ニ交際費ハ所得税法第四条第一項第一号ニ所謂総損金ノ中ニ包含ス可キモノナリヤ否ヤ」を争った事案である。行政裁判所は，当該争点に対して，「按スルニ役員及社員ノ賞与金並ニ交際費ハ俸給又ハ給料ノ如キ会社損益ノ有無如何ニ拘ハラス会社ノ義務トシテ支給ス可キモノト其性質ヲ異ニシ純ラ会社ニ利益金アル場合ニ限リ給与スヘキモノニシテ本件ノ賞与金並ニ交際費ノ如キハ畢竟会社ノ利益金ニ就テノ処分タルニ外ナラサルヲ以テ前顕本条ニ所謂総損金ノ中ニ包含ス可キモノニアラス」と説示し，「役員及社員ノ賞与金並ニ交際費」の所得計算における損金性を否定した（行政裁判所明治33（1900）年11月12日判決（明治33年第138号）『LEX/DBインターネット　TKC法律情報データベース』文献番号20001900）。
(28)　行政裁判所明治33（1900）年11月14日判決（明治33年第112号）『LEX/DBインターネット　TKC法律情報データベース』文献番号20001800。
(29)　「第十五回帝國議會衆議院議事速記録第四號（官報號外）」前掲注（25），28頁（木村誓太郎氏　発言）。
(30)　同上，27頁。
(31)　「第十五回帝國議會衆議院所得税法中改正法律案委員會會議録（速記）第一回」（明治34（1901）年 2 月22日），1 頁（鈴木摠兵衛氏　発言）。
　　「第十五回帝國議會衆議院議事速記録第四號（官報號外）」前掲注（25），28頁参照。
(32)　「第十五回帝國議會衆議院所得税法中改正法律案委員會會議録（速記）第一回」前掲注（31），2 頁（鈴木摠兵衛氏　発言）。
(33)　同上，2 頁（鈴木摠兵衛氏　発言）。
(34)　同上，2 頁（若槻禮次郎氏　発言）。
(35)　同上，2 頁（若槻禮次郎氏　発言）。
(36)　「第十五回帝國議會衆議院所得税法中改正法律案委員會會議録（速記）第二回」（明治34（1901）年 3 月15日），7 頁（若槻禮次郎氏　発言）。
(37)　「第十五回帝國議會衆議院所得税法中改正法律案委員會會議録（速記）第一回」前掲注（31），1-2 頁（若槻禮次郎氏　発言）。
(38)　同上，3 頁（若槻禮次郎氏　発言）。
(39)　同上，2 頁（若槻禮次郎氏　発言）。
　　なお，ここでの若槻禮次郎氏の発言は，損金，特に交際費に関する答弁での発言である。
(40)　同上，3 頁（若槻禮次郎氏　発言）。
　　なお，ここでの若槻禮次郎氏の発言は，損金，特に賞与金に関する答弁での発言である。
(41)　「第十五回帝國議會衆議院議事速記録第十四號（官報號外）」前掲注（26），217頁（加

藤六藏氏　発言)。

　　加藤六藏氏の発言が主に間接法による減価償却に言及している理由としては，先に述べたように当時の一般企業の減価償却における記帳方法が間接法に依っていたことに求められる。若槻禮次郎氏は，明治34 (1901) 年1月29日第十五回帝國議會衆議院所得税法中改正法律案委員會で，「建物機械償却金」について，「建物機械ノ償却金ト云フ言葉ハ，マダ法律上ニ使ッタ言葉デアリマセヌカラ，私ハ世俗ニ使ハレテ居ル言葉デ解釋シテ，斯ウ云フ意味デアルト云フ方カラ申シタイガ，建物ナリ機械ナリガ，追々腐朽スルニ至ルト，其價モ減ジ又修繕モシナケレバナラヌト云フノデ，豫メ利益ノ一部ヲ積ミ立テヽ，他日ノ備ニスルト云フタメニ，積立テヽ置ク金ヲ，一般會社ノ計算ナドデハ償却金トニッテアリマス」と述べられている (「第十五回帝國議會衆議院所得税法中改正法律案委員會會議録 (速記) 第一回」前掲注 (31)，1頁 (若槻禮次郎氏　発言))。このことから，課税当局においても，一般企業における減価償却の記帳方法が間接法によっていたことを認識していたと解される。

(42)　「第十五回帝國議會衆議院議事速記録第十四號 (官報號外)」前掲注 (26)，217頁 (若槻禮次郎氏　発言)。

　　なお，若槻禮次郎氏は，加藤六藏氏が行った所得税法中改正法律案に関する委員会報告における賞与金についての一点のみ，「會社ノ損益ヲ計算シマス場合ニ於テ，賞與金ヲ除イテ計算スルト云フコトハ，之ハ御同意申兼ルノデゴザイマス」と反対されている (同，217頁)。

(43)　「第十五回帝國議會衆議院議事速記録第四號 (官報號外)」前掲注 (25)，28頁 (木村誓太郎　発言) 参照。

　　「第十五回帝國議會衆議院所得税法中改正法律案委員會會議録 (速記) 第一回」前掲注 (31)，3-5頁 (若槻禮次郎氏　発言) 参照。

(44)　高寺貞男氏は，先の「所得税法中改正法律案ノ委員會ノ報告」における加藤六藏氏の発言をもって，「固定資産原価を耐用年数で割って算出した減価償却を経費として原価から直接控除している場合には，残存価格を無視しているという問題はあるにしても，……それを所得とするには無理があったのである。と同時に，商法が時価評価を要請している以上，定額法によって算出した減価償却を単純に損金とするわけにもゆかなかったのである。この矛盾を解決するためには，定額法によって算出した減価償却を商法の評価規定にそって計上した時価評価損とみなすことがどうしても必要であったが，かかる解決策をとることをはじめて明確にしたのが『所得税法中改正法律案ノ委員会ノ報告』であった」(高寺貞男，前掲注 (10)，285頁) とされ，時価評価損の発生事実の有無は関係なく，直接法による減価償却の方法は商法の時価評価規定に沿うものであり，法人所得算定上，はじめて認められたとの結論に至られている (同，280-285頁参照)。

(45)　上林敬次郎『所得税法講義』(松江税務調査會，1901年)，60-62頁参照。

　　また，当時，松江税務管理局長であった上林敬次郎氏は，間接法による減価償却について，「一事業年度中ニ於ケル固定資本ノ減失毀損ハ其ノ時價ノ算定ニ於テ既ニ損金トシテ計算セラレタル筈ナリ然ルニ尚純益金 (總益金ヨリ總損金ヲ控除シタル殘額) ノ一部分ヲ割キテ (固定資本ノ減失毀損ニ對スル) 償却金トシテ之ヲ控除スルトキハ二重ニ計算スルモノト爲ルヘシ」(括弧―筆者) と述べられ，固定資産の減失毀損に対して時価評価損計上後に，さらに償却金として純益金から控除して積み立てることは，固定資産の

減失毀損に対して損金たる時価評価損と利益処分たる償却金を二重に計算されるとの指摘をなされている（同，61頁）。

(46) 「第十五回帝國議會衆議院所得税法中改正法律案委員會議録（速記）第一回」前掲注
　　 (31)，４頁（若槻禮次郎氏　発言）。

(47) 松本烝治『私法論文集』（巌松堂，1916年），517頁参照。

(48) 行政裁判所明治36（1906）年７月10日判決（明治36年第51号）『LEX/DBインターネット　TKC法律情報データベース』文献番号20000881。

(49) なお，以下では，船舶減価引除金および建物減価引除金のみについて言及する。

(50) 「第十五回帝國議會衆議院所得税法中改正法律案委員會議録（速記）第二回」前掲注
　　 (36)，７頁（鈴木摠兵衛氏　発言）。

(51) 「第十五回帝國議會衆議院所得税法中改正法律案委員會議録（速記）第一回」前掲注
　　 (31)，５頁（木村誓太郎氏　発言）。

(52) 高寺貞男，前掲注（10），297頁。

(53) Seligman, Edwin R. A. *The Income Tax : A Study of the History, Theory, and Practice of Income Taxation at Home and Abroad.* New York, the Macmillan Company, 1911,p.189.
　　 高寺貞男，前掲注（10），208頁参照。

(54) 「第十五回帝國議會衆議院議事速記録第十四號（官報號外）」前掲注（26），218頁（加藤六藏氏　発言）参照。
　　 「第十六回帝國議會衆議院商法中改正法律案委員會議録（速記）第二回」（明治35（1902）年２月17日），８頁（梅謙次郎氏　発言）参照。
　　 「第十六回帝國議會衆議院商法中改正法律案委員會議録（筆記）第三回」（明治35（1902）年２月19日），12頁（梅謙次郎氏　発言）参照。

(55) 中田伍一「佐藤善助氏の『法人所得税の課税上より観たる船舶償却に就て』を讀みて」『會計』第４巻第１号（1918年），86頁。

(56) 吉田良三『會計學』（同文館，1910年），149-150頁。

(57) 高寺貞男「減価償却会計の導入と定着」『経済論叢』第117巻第４号（1976年），４頁。

(58) 行政裁判所明治36（1903）年７月10日判決（明治35（1902）年第218号）『LEX/DBインターネット　TKC法律情報データベース』文献番号20000882。
　　 本件は，明治35年４月11日付をもって原告東洋汽船株式会社がなした明治34年下半期損益計算書に基づく所得金額の届出に対して，被告東京税務監督局長浜口雄幸は，原告会社の益金に損金として処理していた船価償却費，船舶大修繕費および手当金の３項の損金合計17万4,376円57銭５厘を増額する決定の通知をなし，原告会社は再審査を求めたが，尚も同額の決定の通知がなされ，原告会社がその取消しを求めた事案である。なお，ここでは船価償却費についてのみ言及する。
　　 日本郵船株式会社の提訴は，東洋汽船株式会社の提訴に比べ，遅い時期に行われたのであるが，２つの係争事件は同日に判決が下されている。この理由について，高寺貞男氏は，「両社はいわゆる『社船』として航海補助金をうけていたので，税務上も同一に取扱う必要から，日本郵船株式会社にたいする判決がかたまるまで，東洋汽船株式会社にたいする判決はひきのばされたのではなかろうか」との見解を示されている（高寺貞男，前掲注（10），291頁）。

(59) 高寺貞男氏は，日本郵船株式会社の事件と東洋汽船株式会社の事件との関係性について，「日本郵船株式会社にたいする判決が東洋汽船株式会社にたいする判決を規定したことは間違いない」と述べられている（高寺貞男，前掲注（10），291頁）。

(60) 中田伍一，前掲注（55），86頁。

(61) 久野秀男「日本減価償却生成史の実証研究(1)」『学習院大学経済論集』第7巻第2号（1971年），186-188頁参照。

(62) 中田伍一，前掲注（55），85頁。
　　　 高寺貞男，前掲注（10），299頁参照。

(63) 武本宗重郎，前掲注（20），100-101頁。

(64) ここでは，前章の内容も含めて記述する。

(65) 若槻禮次郎，前掲注（4），282頁。

総 括

税務会計研究の再検討

1 はじめに

　本書は，平成28年度および平成29年度の2年間にわたり，税務会計研究学会において与えられた研究テーマである「税務会計と租税判例」についての最終報告である。

　テーマが設定された理由は，端的にいって，大竹貿易事件（最高裁平成5年11月25日判決）以降，法人税法（以下「法」という）22条4項の収益の額および原価・費用・損失の額は，「一般に公正妥当と認められる会計処理の基準（以下「公正処理基準」という―筆者）に従って計算されるものとする」と規定される公正処理基準の解釈が，大きく旋回し，法人税法独自の解釈基準が示されるようになってきたからであると理解している。

　そこで，検討する判例をピックアップするとともに，統一的な判例分析を行う必要から，分析視点と評価方法の討議を行い，一応の合意に基づいて各自が研究成果を報告することとした。しかし，取り扱う判例の中には，公正妥当な会計処理基準である企業会計上の「会計基準」や「実務指針」が，法22条4項の「公正処理基準」には該当しないとする事例もあり，判例の検討を行うにあたり，いわゆる「税務会計」の定義やその機能とは何かが，問題となった。つまり，研究の基礎となる分析視点である税務会計そのものが明確ではなかったのである。そこで，税務会計は課税所得を計算するが，その前概念である「所得」の定義から始めることとなり，次いで「法人所得」，「課税所得」の定義を明らかにすることで税務会計による判例分析の視点と評価方法を提示し，その後，税務会計の租税法における特殊な位置づけやその特徴を試論的に展開し，

最後に，企業会計と税務会計の乖離について，総括することとした。

したがって，その成果をここに本書の締めくくりとして提供するものである。

2　税務会計における所得の定義

法21条は，「各事業年度の所得に対する法人税の課税標準は，各事業年度の所得の金額とする」と規定している。「……とする」という用語を用いることで，課税物件を「各事業年度の所得」，課税標準を「各事業年度の所得の金額」として，「制度的に，そのように決める」という用法を採っている。つまり，「各事業年度の所得の金額」に，「法人税の課税標準は，各事業年度の所得の金額でなければならない」という創設的な意味と，「それに反してはならない」という拘束的な意味を含めているのである[1]。観点を変えれば，各事業年度の所得に対する法人税の課税は，「各事業年度の所得の金額」に対して行うのであって，資本に対して課税してはならないこと（資本不課税の原則）を制度的に明らかにしているのである。

また，課税物件を法人の売上高や付加価値等ではなく，また，利益でもなく，所得としていることにも重要な意味が窺える。利益は企業会計上の概念であり，損益思考に基づいた発生のカテゴリーであるが，所得は，私法上からは独立した税法固有の概念であり，個人や法人への帰属（所得の存在）を要求するカテゴリーである[2]。ここで帰属（attribution）とは，納税者と課税物件との結びつきをいうのであって[3]，法人に帰属した所得を「法人所得」と定義する。法人所得が，帰属を表すのであれば，この所得から税金は納めなければならないから，課税物件としての法人所得は，原則的には，貨幣による評価ができ，かつ実現したものに限られることになるであろう。また，法人の所得であれば，所得は法人に帰属するのであるから，資本を維持した残余を所得と観念することになり，法人所得は，純資産の増加でもって計算されることが導かれることになるであろう。

実際の法規定はというと，法22条１項は，「各事業年度の所得の金額は，当該事業年度の益金の額から当該事業年度の損金の額を控除した金額とする」と，課税所得の金額もまた，制度的に決められている。課税所得の金額を，益金の

額から損金の額を控除した金額とすることにより，本来ならば，純資産の増加として捉えるべきものを，損益思考に基づいた発生的な意味に捉えて，法人所得から課税所得の金額を算出しようとしていることがわかる[4]。また，租税債権としての所得が成立するためには，すでに述べたように，課税物件である法人所得の存在を前提とするが，この所得は，「所得の金額」，「益金の額」，「損金の額」という規定の仕方からわかるように，事業年度ごとに，しかも貨幣価値による金額評価が行われることを実体法上必須の要件としているのである。

　しかしながら，法人税法上の課税所得の金額の計算は，租税法独自に行われるのではなく，周知の法22条4項の「公正処理基準」によりながら，益金の額は収益の額により，また，損金の額は，原価・費用・損失の額により計算される（法22条2項・3項）。これは，二度手間を排除するという企業会計準拠主義といわれるものであるが，決して法人税法が企業会計上の損益認識基準に全面的に依拠しているのではない。

　わが国の法人税法は，申告納税制度を採用していることから，課税上の便宜や納税者の便宜を考慮した結果として，適正な課税所得を計算するために一般社会通念上認められる企業会計上の公正処理基準に従っている[5]。他方，発生や実現概念は，企業会計上の継続企業の当期業績を把握するのには最も適合した損益認識基準である。しかし，税法上の所得，すなわち法人所得は，法人への帰属を問題とするものでなければならず，したがって，測定が可能で課税適状なものでなければならない。通常，企業会計上の計算原理は，そのまま法人税法において是認されるのではなく，課税の公平を確保し，所得計算の技術的便宜を図る点から修正されて税法上の所得算定方法となっている。また，課税上の公平を確保し，その技術的な便宜を図る必要もあることから，多くの具体的な「別段の定め」という名文の規定を置くことで，公正処理基準に基づいた会計処理が制約されていることは，いうまでもない[6]。

　特に，損益認識においては，法人所得の帰属を法人において発生する過程において捉えるため，損益の「確定」概念を必要とし，損益認識基準として，企業会計とは異なる権利確定主義（債権・債務確定主義）が，所得把握の法手続きとして採用されているのである（法22条3項かっこ書き）。権利確定主義は，

課税の公平や所得計算の技術的便宜の上から採用さていることを忘れてはならない。

ところで，税収の確保と課税の公平の原則にマッチした税制として所得課税があり，所得課税の課税物件である所得は，包括的所得概念が一般的に支持を受けて，わが国法人税法でも採用されている。したがって，企業会計は，適正な期間損益計算を目的とするとしてよいが，法人税法の課税所得の計算においては，事業年度の課税所得の金額の計算を目的とするとしても，結果において常に課税の公平の要請に合致するものでなければならない。

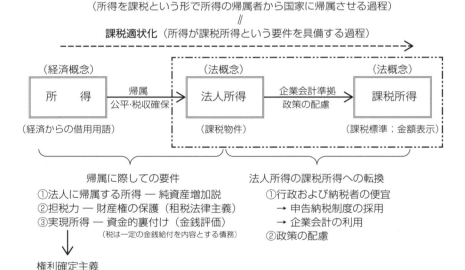

【図1】 所得の帰属を基本に据えた法人所得と課税所得

(出所) 末永英男「税務会計と租税判例」税務会計研究学会特別委員会最終報告『税務会計研究』第29号，125頁より。

また，包括的所得概念からは，未実現の利得も所得となるが，この点では評価の困難性や所得の帰属の観点から益金の額を「取引」に係る収益の額（法22条2項）と観念しているところから，未実現の利得を課税の対象から除外することとなる。本来は，包括的所得概念を採用したので未実現所得も課税の対象

となるが，法は22条で「取引」という用語を用いることで，これを回避したのである。つまり，「取引（transaction）の概念は，自己以外の者との関係においてはじめて成り立つものであるから，ここでも，未実現の利得は原則として課税の対象から除かれている，と解さざるを得ない」[7]のである。

理論的に法人所得の帰属性を考えた場合に，帰属する所得は課税の対象になるのであるから，本来は，実現所得でなければならないし，当然，資金的な裏付けがなければならないのである。いわば，課税所得の趣旨目的からくる当然の帰結で，課税所得は実現した所得であり，結果において課税の公平を確保しなければならないものといえる。

以上の議論は，おおよそ【図1】のような構図で捉えているので，参照願いたい。

3 判例分析の視点と評価方法

本書では，そのテーマである「税務会計と租税判例」を研究するのに適する判例として，10本程の判例を取り上げている。大竹貿易事件（最高裁平成5年11月25日判決）以降鮮明になってきた企業会計と税務会計の乖離，つまり，法22条4項に規定されている「公正処理基準」は企業会計上の基準のみを指すのではなく，税法独自の適正かつ公平な課税を行う立場からの基準であることが明確になってきた。

ここで，あらかじめ，本書が税務会計との関係で検討した租税判例の研究で明らかになった課税所得の計算原理を，以下に図示しておきたい（【図2】参照）。

検討の結果，明らかになった点は，まず，法22条4項の「一般に公正妥当と認められる会計処理の基準」は，「企業会計上の公正処理基準」を指すことには間違いないが，これがすべてではなく，さらに，法人税法の趣旨目的に適った会計基準でなければならず，「税法上の公正処理基準」によって，「企業会計上の公正処理基準」が判断される構造になっている。すなわち，私法上で発生した取引は，「公正処理基準」として妥当かどうかの判断を，企業会計と税法による二段階のチェックを受けるのである[8]。

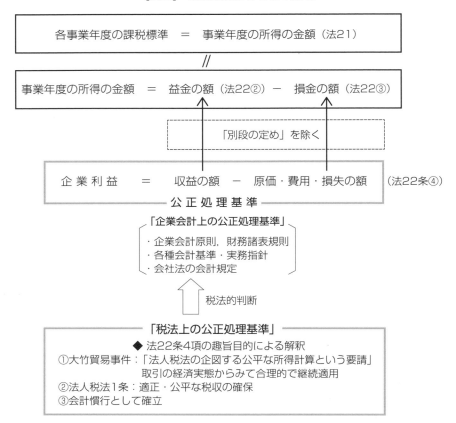

(出所) 末永英男「税務会計と租税判例」税務会計研究学会特別委員会最終報告『税務会計研究』第29号，126頁より。

　次に，「税法上の公正処理基準」とは何かといえば，それは，大竹貿易事件以降，明らかになってきたもので，それは，公平な所得計算の要請に適った取引の経済実態からみて合理的でかつ継続適用されている基準でなければならず，また，適正・公正な税収の確保，ならびに会計としての慣行性の確立などを要求するものである[9]。

　このような結論に至った判例の分析視点と判例の評価について，いわゆる「興銀事件」（最高裁平成16年12月24日判決，東京高裁平成14年3月14日判決，東京

総　括　税務会計研究の再検討　275

地裁平成13年3月2日判決）を素材として，述べることとしたい。

　本件は，地裁興銀勝訴，高裁課税庁逆転勝訴，最高裁興銀再逆転勝訴，という変転をたどったが，争点は，一貫して次の2点であった。

　（争点1）　本件債権は，平成8年3月末時点で事実上，全額が回収不能の状態であったか。

　（争点2）　本件債権は，平成8年3月29日に交わされた解除条件付債権放棄の約定によって，法律上，全額が回収不能となっていたか。

　興銀（原告）は，平成8年3月期決算において，本件債権を全額貸倒損失として計上した会計処理は，企業会計上適正と認められるものであり，会計監査人もこうした会計処理を含めて無限定適正意見を表明していることから，本件損失を，法人税法22条に照らして損金算入したことについて，以下のように主張している。

　「貸倒れ」すなわち「取立不能」という概念は，本来商法上のものであり，租税法には特段の規定がない借用概念であるから，商法の解釈に従うことになるとして，「本件貸出金償却を行い，本件債権の全額を『損失』として計上したことは，商法上，『企業会計の専門家の通説を含む企業関係者の社会通念』に照らして本件債権の取立不能を合理的に判断したものであり，また，企業会計上も適正なものである」。そして，「法人税法22条は，『別段の定め』がない限り，……公正処理基準に基づいて計上された本件債権に係る損失の全額が『損金』として取り扱われるべきことは同条に照らして明らかと言わざるを得ない」（以上，東京地裁での原告の主張）。

　つまり，興銀は，法22条4項の公正処理基準の規定に照らして，本件に適用すべき「別段の定め」が法人税法にない以上，企業会計上適正と認められた処理を税法上否認することは許されないと主張している。興銀は，法22条4項の公正処理基準を「企業会計上の公正処理基準」と考えているのである。

　これに対して，課税庁（被告）は，「公正処理基準に関する原告の主張は，公正処理基準が企業会計上の処理に絶対的に依存する前提において最高裁判所平成5年11月25日第一小法廷判決（大竹貿易事件―筆者注）……と異なる立場に立つものである上，解除条件付債権放棄のときに常に損失を計上し，解除条件が成就したときには収益を計上するという原告主張の会計処理は，損失計上

時期を任意に操作し，あるいは損失そのものを人為的に生み出すことによる利益操作を可能とするものであるため，事実上の回収不能による貸倒損失及び貸倒引当金（本件当時は債権償却特別勘定）の計上に関する基準に照らしても，<u>それ自体，法22条４項の公正処理基準に適合するものではない点でも理由がない</u>」（下線—筆者）。そのうえで，課税庁は，「債権・債務を介する外部取引による損失の場合，法人税法22条３項３号にいう『当該事業年度の損失』とは，経済的実質において当該事業年度において確定しているものをいうと解すべきである」（以上，東京地裁での被告の主張）と持論を述べている。

　つまり，課税庁は，先行判例である大竹貿易事件を用いて公正処理基準を判断しており，税法上の損失の実現を，条件成就の可能性に着目して債権放棄損の実現を判断すべきとし，それならば22条４項ではなく，３項３号の損失で判断すべきであり，しかも対外的取引であるので権利確定主義（この場合は債務確定主義）で実現を判定すべきと主張している。また，下線部から読み取れることは，法22条４項の規定それ自体を「税法上の公正処理基準」と考えている節が窺える。

　周知のように，地裁および最高裁は，興銀（原告）の主張を「社会通念」として支持する判断が下された[10]。果たして，そうであろうか。住専処理策が平成８年３月末時点で成立することが確実であったということで，本件では貸倒損失として処理されたが，他の多数の住専の母体行は，対住専向け債権の一部についてのみ債権償却特別勘定に繰り入れる間接償却を採用した後，税務申告で益金に加算する処理をしている。これは，興銀の判断とは真逆で，住専処理策の成立の可能性を疑問視していたからに他ならない。この場合の興銀以外の母体行が採用した損失実現の認識とそれに基づく会計処理の方が（もちろん，こちらにも監査法人による無限定適正意見が付されている），「社会通念」であるといえる。また，こう考える方が，「法人税法の企図する公平な所得計算という要請」に応えることができ，課税庁の主張および高裁判決の方が，大竹貿易事件の意向を汲んだ判断だったと考えられる。

　以上のように興銀事件を分析し評価したが，一般化していえば，次のようである。

　まず，事件における両者の主張を，下級審まで遡って検討する。その際，組

上に載っている会計処理方法は，企業会計も受け入れている「企業会計上の公正処理基準」に該当するかどうかの検証が行われる。その結果，該当するとした場合に，この「企業会計上の会計処理基準」を納税者と課税庁の両者で，どちらが是とし，どちらが非としているか，また，その是・非とする理由は何かについて明らかにする。このとき，「税法上の公正処理基準」が作用しているとすれば，その作用の仕方を抽出して，いわゆる法人税法の趣旨目的による解釈をどう評価しているのかを明らかにする。つまり，法22条４項の「公正処理基準」をどのように解釈しているかを検討する。

その上で，裁判所は，法22条４項の「公正処理基準」をどのような意味・内容と解して，どのように適用しているのかを究明する。

4 企業利益と法人所得

昭和24年のシャウプ勧告以後，わが国では，個人所得税と法人所得税との関係に関しては，税収の確保および税制の簡素化・税務行政の容易さの点では，法人を株主とは別個のものと位置づける法人実在説に基づく分離論の方がよいが，負担の公平および経済的な中立性という点では，法人擬制説に基づいた統合論に軍配が上がるという理由から，統合論を採用している[(11)]。

そうすると，統合論においては，法人税そのものの存在理由は認めにくくなるが，株主所得課税の補完税として，つまり所得税の源泉徴収税としての法人税の必要性が重要となる。この場合に注意すべきは，法人税の課税対象となる「法人所得」は，法人税が個人所得税から分離独立してきた経緯から考えて，個人所得税が包括的所得概念を採用するからには，法人所得税も包括的所得概念から「法人所得」が規定されることになる[(12)]。

包括的所得税の一環と位置づけられる法人税の課税対象となる「法人所得」は，負担の公平および経済的中立性の達成を最も重視する純資産増加説に基づいて構成される。すなわち，時価・発生主義ベースの純所得と定義される「法人所得」が，投資家への財務報告を目的とする企業会計の利益概念と同一である論理的必然性はなく，むしろ両者に相違がある方が自然である。たまたま現行の法人税が「法人所得」に課税する関係上，一見，同一概念と観念されて

「企業利益」と「法人所得」の定義や導出方法をめぐって，企業会計と税務会計の調整ないし調和が論じられているにすぎない[13]。

ただし，税制の簡素化や納税・税務行政コストの最少化という現実的な条件，すなわち法人税の実行可能性が考慮される場合，企業会計と税務会計とに実態面での調整が求められたとしても不思議ではない[14]。

いやむしろ，企業会計と税務会計の調整ないし調和は，この法人税の実行可能性を契機に起こったといっても過言ではない。時価・発生主義をベースとする包括的所得概念から導かれる「法人所得」の算定は，評価の困難性や税務行政コストの軽減といった観点から実現主義を採用するところとなり，経理実務の二度手間回避と呼応して，企業会計との調和の方向へ向かったのである[15]。そして遂には，昭和42年に，法22条4項に「一般に公正妥当と認められる会計処理の基準に従って」という，いわゆる「公正処理基準」を置く措置を採ったのである。また，手続き面での二度手間回避として，確定決算主義が採用されているのである（法74条1項）。

換言すれば，実現主義のもつ課税の繰り延べという税制上の弊害と引き替えに，税務行政上の必要性を優先し，税務会計は，未実現利得を課税排除する実現主義を，法的基準である権利確定主義という形で受け入れているのである[16]。

その結果，税務会計は，所得課税を税務行政上執行可能にするために借用した企業会計に準拠する結果となり，所得の構成要素としての純資産増加は，本来の包括的所得概念からかけ離れた，単なる会計的フィクションと化してしまっているのである[17]。

しかし，現状の企業会計は，税務会計が「法人所得」の計算を行う際に手放した未実現利得を「包括利益」として取り込もうとしているのである（一部は取り込み済み）。

5 税務会計の特殊な位置づけ

税務会計は，租税法の規定する課税所得金額の計算を行う会計であると定義すると，法人の所得金額に課税されるようになったのは，明治32年（1899年）

総　括　税務会計研究の再検討　279

であるから，税務会計はこの年から始まったといえる[18]。この明治32年所得税法（明治32年法律第17号）は，第一種所得として法人所得に初めて課税することとなり，国家財政収入の一端を担うこととなったのである。以下，税務会計の特殊な位置づけについて，【図３】を参照しながら，説明したい。

租税法は，憲法，行政法と同じく公法の分野に属する法であるが，その特徴は税として国民（納税者）の財産を徴収する（国民の財産権への侵害を根拠づける）という侵害規範である点に求めることができる。侵害規範である租税法は，法的安定性と予測可能性を図るため，成文の形式を採り，憲法原則としての租税法律主義が承認されている。

【図３】　税務会計の特殊な位置づけ

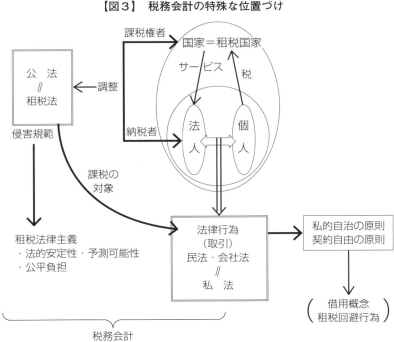

① 公法的側面（侵害規範）と私法側面（私的取引法）の両方を考慮する
② 所得は租税法における固有概念である（公平や税収確保の要請等を考慮する）

（出所）末永英男「総論―会計基準の複線化に対する税務会計の対応―」『税務会計研究』第25号，28頁，および同「税務会計研究の原理―IFRS会計＝国際会計の導入時における税務会計の研究の原点を考える―」『経理研究』第57号，64頁より。

また，公法である租税法の究極の目的は，税収を確保することであり，国民（納税者）が納得して徴税に応じるためには国民の総意（合意）である課税の公平（負担の公平）が租税公平主義（正義）として貫かれなければならない。

　一方，租税法が課税の対象とする課税物件は，この公法領域にはなく，構成員である国民（納税者）間の通常の貸借や売買等の法律行為を捉えて課税することになる。つまり，民法や会社法（商法）が司る私法領域の行為や成果等をその課税対象とするのである。しかし，この領域は，私的自治の原則や契約自由の原則が支配する世界であり，基本的には，公共の福祉や公序良俗に反しない限り当事者間の自由が反映される私的取引法の世界である[19]。公法領域の租税法とこの私法領域の関わりは，法的安定性の観点からは，私法上の法概念と同じくするべきであるので，いわゆる借用概念が，原則としては統一説で適用される[20]。さらにこの点が租税法においては極めて大きな悩ましい問題となるが，私法上は有効であっても，結果として租税負担の軽減を図ることができてしまうという租税回避の問題が存在することとなる。

　では，本題である税務会計は，どのように位置づけられるのか（【図4】参照）。

　企業会計は，まさしく私的自治の原則が通用する領域での，企業（経営者）

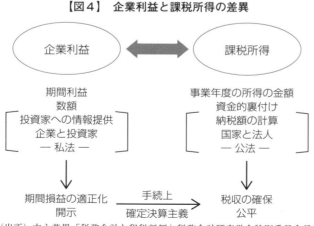

【図4】　企業利益と課税所得の差異

（出所）末永英男「税務会計と租税判例」税務会計研究学会特別委員会最終報告『税務会計研究』第29号，154頁より。

と利害関係者（投資者，株主，債権者，得意先等）との間を「企業利益（あるいは損失）」を通して調整する制度であるといえるだろう。利益はまさしく私的取引法に基づいて生みだされた「企業利益」であって，決して租税法における固有概念としての「法人所得」ではない。

「企業利益」は，投資者の投資意思決定に有用性を与えなければならず，そこには一定のルール，すなわち「一般に公正妥当と認められる会計基準」（GAAP）が創られ，これに準拠して会計情報が作成されている。

しかしながら，この「一般に公正妥当と認められる会計基準」（GAAP）が私的取引法上は適正・適法で会計処理としては有効であるからといっても，租税法上はそうとはいえないのである。「法人所得」は，ここで述べた公法的側面（侵害規範）と私法的側面（私的取引法）の両方を兼ね備えた概念である。固有概念としての「法人所得」は，私法上の「企業利益」をベースに計算されて，「課税所得」となるとしても，少なくとも課税の公平や税収の確保といった公法上の要請を受けた概念となるのである。

したがって，税務会計は，先に，租税法の規定する課税所得の金額を計算する会計と定義づけたが，この税務上の「課税所得」は，公法と私法が交差する環境にあって，いかに理解されるのであろうか。それは，二度手間を排除するという経理実務上の要請を受け入れて，確定決算主義を採用するが，ストレートに「企業利益」から「課税所得」が導かれてくるのではなく，「法人所得」の要請を取り入れた所得であるといえる。

6 税務会計の特徴

これまで述べてきたように，租税法の議論においては，常に，その公法的側面（侵害規範としての側面）と私法的側面（私的取引法としての側面）の両方を考慮しなければならないが，企業会計側から税務会計に対して見解が示される際には，この公法的側面が考慮されない場合が多い。つまり，租税法は強行法規でしかも侵害規範であるから，遵守すべきは，国権の最高機関たる国会の意思と，法について最終的解釈・適用権限を与えられた裁判所の意思である。少なくとも，法の世界において，企業会計は，そのような意思形成の際の参考資

料でしかない[21]。

　侵害規範としての租税法の特質を考慮すれば，租税法が課税要件を法律以外のもの（例えば，「企業会計原則」を含む一連の会計基準）に委任するということは考えられない。課税要件法定主義や課税要件明確主義をその内容とする租税法律主義からして，全く受け入れられないのである。

　租税法における企業会計の位置づけに関して，必ず持ちだされる議論として，法人税法22条にいう「取引」が挙げられる。法22条の「取引」は，いわゆる「簿記上の取引」であるとする考え方があるが，仮に企業会計が発生主義の下で，取引を広く解しているとしても，資産，負債，資本の増減変化をもたらす一切の原因として簿記上の記録となるものすべてが，法22条の「取引」に該当するわけではない。「取引」が法律の概念として規定されている以上，私法上の概念，もしくは社会通念が優先するのであり，企業会計的な考え方が優先する根拠はないのである[22]。

　租税法が企業会計をこのように考えるのであれば，「法人所得」から導出される法人税の課税対象である「課税所得」は，まず租税法における固有概念であることを確認しなければならない。その上で，「課税所得」は，基本的には，私法上の取引により発生した法律効果としての経済的利益であることを確認したうえで，「簿記上の取引」よりも「私法上の取引」を優先して算定されるのである。したがって，所得課税では，企業会計に基づく発生主義よりも，限定的で明確な法的基準である権利確定主義（債権・債務確定主義）を採用して認識し（帰属を考え），所得算定を行っているのである[23]。

　こういう訳で，租税法の分野からの企業会計への批判も厳しい。「租税法において，会計は所得を計算する際の単なる道具でしかないことは明らかであって，手段が本質を決定することはない」と[24]。

　つまり，法22条の「取引」概念は，簿記上の取引がその基底に存することは事実だが，正確にいえば，私法（主に会社法（商法））に依存した私法上の法律行為と会計慣行上認められた取引を指すものと解されるべきである[25]。したがって，租税法が私法上の法律行為を課税の対象とする限りは，いわゆる「無償取引」も課税の公平の観点から，その対象となるのであるが，投資家からの資金を運用する受託責任としての企業会計では，対価なしの「無償取引」

は，取引には該当せず，その対象とはならないのである。

しかし，憲法84条による租税法律主義のきつい制約の中にある租税法において，議会の制定したものではない企業会計原則等の会計基準が，課税所得算定の法的基準たりえないことは自明の理である[26]。だから，法22条4項「公正処理基準」は，租税法律主義の大原則の下にあっては，直接，企業会計に基づく判断がなされるのではなく，会社法（商法）を媒介とした企業会計との関係を定めていると理解するのは，租税法においては通説といってよい。

それでは，企業会計の中で最も基本的で重要な「公正処理基準」として，租税法が重要視するものはというと，①資本取引と損益取引の区分，②費用収益対応の原則，③年度帰属に関連する実現原則の3つである[27]。この第1番目は，所得（利益）には課税しても資本には課税しないという資本不課税の原則であり，第2番目は，所得課税が期間税であるという点に着目した，費用収益の期間対応を重視した原則であり，第3番目は，納税資金や評価の困難性に配慮した所得の期間帰属の原則を述べたものであると考えることができる（【図5】参照）。

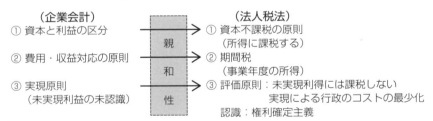

【図5】 企業会計と法人税法の親和性

(出所) 金子宏『所得税・法人税の理論と課題』((社)日本租税研究協会，2010年），131頁の記述を基に筆者作成。

したがって，租税法における年度帰属の問題を処理する際には，企業会計上の認識基準を優先的に適用するのではなく，あくまでも，法的な事実認定の問題として，益金・損金を構成する収益・費用の計上という会計処理がなされなければならない。つまり，近年の租税判例の現れは，厳格な法的な事実認定を要求し，そのことが，法22条4項という条文全体が公平な所得計算という要請

を取り入れた「税法上の公正処理基準」となることを示唆している。

その意味で，法22条4項「公正処理基準」を絶対視して，何でも企業会計の考え方に還元して考えるのではなく，証拠に基づいた事実認定による判断の方が，租税法では尊重されるのである(28)。

租税法律主義の下，公法的側面と私法的側面の両面から考察されなければならない租税法において，固有概念としての「法人所得」を確認したうえで，さらに「課税所得」を算定するのが，税務会計の使命であることを再認識すべきである。

[注]

（1）伊藤義一『税法の読み方判例の見方（改訂新版）』（TKC出版，2007年），144頁。
「…ものとする」という用法について，「『しなければならない』という表現と同じように義務を課す意味のことばですが，その表現には若干の含みがあり，取扱いの原則，方針を示すような感じで，それに従って処理することが当然期待されるという感じのものです（荒井勇『税法解釈の常識』（税務研究会出版局，1975年），124頁）。

（2）波多野弘「法人税法第5条」税法研究所編『法人税法コンメンタール(1)』（三晃社，1975年），A-1537-A-1538頁参照。なお，同様の見解として，泉美之松氏は，次のように述べている。「（個人所得税も法人税も）同じく『所得』という言葉が使用されていても，個人所得税の対象となる『所得』は，それが個人に帰属する過程において捉えられるものであり，これに対して，法人税の対象となる『所得』は，むしろ，企業において発生する過程において捉えられるものであるといえる」（泉美之松『税法条文の読み方（改訂版）』（東京教育情報センター，1976年），155頁）。

（3）谷口勢津夫「所得の帰属」金子宏編『租税法の基本問題』（有斐閣，2007年），179頁参照。他に，碓井光明「租税法における課税物件の帰属について(I)」『税経通信』第26巻第14号，60頁参照。

（4）法人所得の金額は，本来ならば純資産の増加として捉えるべきであるが，記帳義務の進展により，純資産の増減の原因・理由である損益思考が可能となったと考えられる。

（5）「所得課税は，その運営において社会的制度としての企業会計ないし企業の会計計算機構に制度的に依存し，課税所得は，一般に公正妥当と認められる企業会計の原則および基準に準拠して計算された企業利益を基礎として，これから誘導的に計算把握することを建前とする。」（富岡幸雄「課税所得の本質」『税務会計研究』第8号，39頁）。

（6）渡辺伸平「税法上の所得をめぐる諸問題」『司法研究報告書』第19輯第1号，67-68頁参照。

（7）金子宏「租税法における所得概念の構成（三・完）」『法学協会雑誌』第92巻第9号，1098頁。同様の見解は，水野忠恒『大系租税法』（中央経済社，2015年），413頁がある。

（8）このような考え方に対しては，法22条４項を一種の否認規定として用いるもので，租税法律主義に反する可能性があるとする批判（中里実「貸倒損失―時価主義の下の資産評価」『税研』第104号42頁），本来の会計的な公正さが，法や社会通念の観点の公正さにすり替えられているとの批判（岡村忠生『法人税法講義（第３版）』（成文堂，2007年），38頁），「課税の公平」という法人税法の一般的・抽象的な目的を斟酌した目的論的な限定解釈は，租税法律主義の下では許されないとする批判（谷口勢津夫『税法基本講義（第３版）』（弘文堂，2012年），389-390頁）などの有力な見解がある。

（9）この「税法上の公正処理基準」の内容については，企業会計，会社法会計，租税会計という会計の三層構造のもと，企業会計と会社法会計を尊重することによる法的安定性と予測可能性を軽視すべきではない。その意味で，法人税法にbuilt-inされている「法人税法の企図する公平な所得計算」の内容が明確にされるべきであるとする批判がある（伊藤剛志「公正処理基準に従った収益の計上―流動化取引の裁判例の考察―」中里実・米田隆・岡村忠生編集代表『現代租税法講座 第３巻―企業・市場―』（日本評論社，2017年），122頁）。

（10）中里実氏は，社会通念に従った事実認定の結果であるとして，興銀事件の意義を次のように述べている。「貸倒損失をいつ計上することが許されるかという問題について，会計的な議論に左右されることなく，法律学的な事実認定の問題として判断することとした。特に，重要なのは，そのような事実認定に際して，社会通念に従って総合的に判断する必要性を述べた点である。」（中里実「法人税における時価主義」金子宏編『租税法の基本問題』（有斐閣，2007年），456-457頁）。

（11）法人本質観としての法人擬制説や法人実在説，個人所得税と法人所得税の関係をどう捉えるかといった統合論や分離論の議論については，末永英男『税務会計研究の基礎』（九州大学出版会，1994年）を参照願いたい。

（12）宮島洋「企業会計と税務会計―租税論からの検討―」『金融研究』第12巻第３号，60頁。

（13）以下，本章では，「法人所得」と「企業利益」という用語を使用しながら記述する。「法人所得」とは，法人税法が本来，予定している所得概念であり，包括的所得概念から導かれてくる所得であって，純資産増加によって計算される。「企業利益」を基に算定される「課税所得」とは区別している。一方，「企業利益」は，投資家への財務報告を目的とする企業会計上の利益であって，収益・費用の差額や純資産の増加として計算される。

（14）宮島洋，前掲注（12），66頁参照。

（15）金子宏，前掲注（７），1081-1143頁参照。

（16）実現主義の起源についてはいささか誤解がある。実現主義が企業会計によって創られ，租税法に移入されたと考える傾向にあるが，アメリカでは租税法の判例で確定した実現概念が企業会計の実務においても採用されることとなっていったのである（末永英男「課税所得―課税の公平と実現主義の視点から―」藤田昌也編著『会計利潤のトポロジー』（同文館出版，2008年）参照）。

（17）中里実，前掲注（10），460頁参照。

（18）武田昌輔「税務会計の史的発展とその現代的意義」『税務会計研究』創刊号，32-33頁。

（19）租税法は，国民の納税義務を定める法であり，その意味で国民の財産権への侵害を根拠づける，いわゆる侵害規範であるから，将来の予測を可能にし法律生活の安定を図る（法的安定性と予測可能性）ため，成文の形式をとることが要求される。例外的な場合

（例えば，納税義務の軽減ないし免除を内容とする行政先例法）を除き，慣習法の成立する余地はないといえる（金子宏『租税法（第22版）』（弘文堂，2017年），30頁）。また，租税は私人の各種の経済活動を対象として賦課・徴収されるが，これらの経済活動は，第一次的には民法や会社法を中心とする私的取引法によって規律されている。その意味で，租税法の規定は，私的取引法を前提としそれに基礎をおいている（同上，36頁）。

(20) 借用概念とは，租税法における用語・概念を他の法分野から借用し，その意味内容を示すことである。また，借用概念には諸学説（統一説，独立説，目的適合説）があり，その中でも統一説とは，他の法分野での意義そのままを租税法でも用いることである（金子，同上，119-120頁参照）。

(21) 中里実「租税法と企業会計（商法・会計学）」『旬刊商事法務』第1432号，26-31頁。

(22) 水野忠恒，前掲注（7），413-414頁。

(23) 租税法は，「法律として，すべての納税者について統一的に扱う必要から，期間損益の決定を単に会計上の事実行為に立脚した基準にのみ委ねることができず，他に特別の定めがない場合の一般的判断基準としては，なんらかの法的基準をもとめなければならない」（昭和38年税制調査会「所得税及び法人税の整備に関する答申」（昭和38年12月）第2，4）ため，権利確定主義をその基準としている。

(24) 中里実，前掲注（10），455頁。

(25) オープンシャ・ホールディングス事件では，当事者間の「合意」が，この「取引」に当たるかどうかが争われた（特に，控訴審に詳しい）（東京高裁平成16年1月28日判決，『訟務月報』第50巻第8号，2512頁）。

(26) 中里実，前掲注（21），28頁。

(27) 金子宏『所得税・法人税の理論と課題』（（社）日本租税研究協会，2010年），131頁。

(28) 法人税法上の会計処理が，間接的には，企業会計上の基準というソフトロー的なものに依存することになるが，しかし，直接的には，法人税法はあくまでも商法・会社法上の処理に依存しているのであり，法人税における会計処理については，商法・会社法の法解釈，および，法的手段にのっとった事実認定により明らかにされると考えるべきである（中里実，前掲注（10），459頁）。

【参考文献】

【書　籍】

秋山忠人編著 『法人税における資本金等の額―企業会計と法人税との調整―』（大蔵財務協会，2012）。

朝倉洋子・藤曲武美・山本守之『税務判決・裁判例の読み方』（中央経済社，2014）。

新井清光・北村吉弘『リース会計と実務』（税務経理協会，1993）。

安藤英義・古賀智敏・田中建二責任編集『体系現代会計学 第5巻　企業会計と法制度』（中央経済社，2011）。

泉美之松『税法条文の読み方―条文解釈の手引き―』（東京教育情報センター，1985）。

伊藤義一『税法の読み方判例の見方（改訂第3版）』（TKC出版，2014）。

井上久彌『税務会計論』（中央経済社，1988）。

上柳克郎・竹内昭夫・鴻常夫編『新版注釈会社法（8）』〔蓮井良憲〕（有斐閣，1987）。

大島隆夫・西野襄一『所得税法の考え方・読み方（第2版）』（税務経理協会，1988）。

太田達也『「固定資産の税務・会計」完全解説』（税務研究会，2007）。

大淵博義『法人税法解釈の検証と実践的展開　第Ⅰ巻』（税務経理協会，2013）。

岡村忠生『法人税法講義（第3版）』（成文堂，2007）。

金子宏『所得税・法人税の理論と課題』（日本租税研究協会，2010）。

―――――『租税法（第21版）』（弘文堂，2016）。

―――――『租税法（第22版）』（弘文堂，2017）。

―――――『租税法（第23版）』（弘文堂，2019）。

金子宏編著『所得税の理論と課題』（税務経理協会，1999）。

河﨑照行・万代勝信編『中小会社の会計要領』（中央経済社，2012）。

北野博久『現代税法講義（5訂版）』（法律文化社，2009）。

清永敬次『税法（新装版）』（ミネルヴァ書房，2013）。

児島隆『銀行の不良債権処理と会計・監査』（中央経済社，2015）。

齋藤明『「税法学」の基礎理論』（中央経済社，1998）。

斉藤静樹『会計基準の研究（増補改訂版）』（中央経済社，2013）。

酒井克彦『所得税法の論点研究―裁判例・学説・実務の総合的検討―』（財経詳報社，2011）。

―――――『裁判例からみる法人税法』（大蔵財務協会，2012）。

―――――『プログレッシブ税務会計論』（中央経済社，2014）。

―――――『レクチャー租税法解釈入門』（弘文堂，2015）。

―――――『裁判例からみる所得税法』（大蔵財務協会，2016）。

―――――『プログレッシブ税務会計論Ⅰ（第2版）』（中央経済社，2018）。

―――――『プログレッシブ税務会計論Ⅱ（第2版）』（中央経済社，2018）。

坂本孝司『会計制度の解明』（中央経済社，2013）。

品川芳宣『課税所得と企業利益』（税務研究会出版局，1982）。

―――――『法人税法解釈の検証と実践の展開 第Ⅰ巻（改定増補版）』（税務経理協会，2013）。

―――――『中小企業の会計と税務』（大蔵財務協会，2013）。

―――――『重要租税判決の実務研究（第3版）』（大蔵財務協会，2014）。

末永英男『法人税法会計論（第7版）』（中央経済社，2012）。

―――――『法人税法会計論（第8版）』（中央経済社，2016）。

鈴木一水『税務会計分析―税務計画と税務計算の統合―』（森山書店，2013）。

武田昌輔『会計・商法と課税所得』（森山書店，1993）。

―――――『税務会計論文集』（森山書店，2001）。

―――――『法人税回顧60年』（TKC出版，2009）。

武田昌輔編著『DHCコンメンタール法人税法　1』（第一法規）。

武田昌輔・神谷修・横江義一監修『DHC所得税務釈義』（第一法規，1994）。

武田隆二『法人税法精説（平成17年度版）』（森山書店，2005）。

田中二郎『租税法』（有斐閣，1968）。

谷口勢津夫『税法基本講義（第4版）』（弘文堂，2014）。

―――――『税法基本講義（第5版）』（弘文堂，2016）。

注解所得税法研究会編『注解所得税法（六訂版）』（大蔵財務協会，2019）。

忠佐市『税務会計法（第6版）』（税務経理協会，1978）。

富岡幸雄『税務会計学原理』（中央大学出版部，2004）。

―――――『新版税務会計講義（第2版）』（中央経済社，2011）。

朝長英樹・大塚直子・新沼潮・池田祐介『リース税制』（法令出版，2012）。

中井稔『銀行経営と貸倒償却』（税務経理協会，2007）。

中里実『デフレ下の法人課税改革』（有斐閣，2003）。

―――――『金融取引と課税』（有斐閣，2004）。

―――――『租税法概説（第2版）』（有斐閣，2015）。

中村利雄『法人税の課税所得計算（改訂版）』（ぎょうせい，1990）。

成松洋一『法人税法 理論と計算（12訂版）』（税務経理協会，2016）。

成道秀雄『新版 税務会計論（第4版）』（中央経済社，2013）。

成道秀雄・松嶋隆弘・坂田純一『法人税法の理論と実務』（第一法規，2014）。

野口浩『リース取引と課税』（森山書店，2014）。

平野嘉秋『要点解説 税務会計基礎講座』（大蔵財務協会，2016）。

増井良啓『租税法入門（第2版）』（有斐閣，2018）。

増田英敏『リーガルマインド租税法（第4版）』（成文堂，2013）。

―――――『租税法の解釈と適用』（中央経済社，2018）。

松沢智『新版 租税実体法―法人税法解釈の基本原理―』（中央経済社，1999）。

―――――『新版 租税実体法（補正第2版）』（中央経済社，2005）。

水野忠恒『租税法（第5版）』（有斐閣，2013）。

―――――『大系租税法（第2版）』（中央経済社，2018）。

弥永真生『会計基準と法』（中央経済社，2013）。

山本守之『法人税の実務解釈基準』（税務経理協会，2009）。

―――――『法人税の理論と実務』（中央経済社，2013）。

―――――『体系法人税法（第31訂版）』（税務経理協会，2014）。

山本守之編『（新装）検証納税者勝訴の判決』（税務経理協会，2000）。

山本守之・守之会『法人税の実務解釈基準』（税務経理協会，2009）。

四元俊明・渡辺淑夫・戸島利夫共著『改正法人税通達逐条解説』（税務研究会出版局，1980）。

渡辺淑夫『法人税解釈の実際』（中央経済社，1989）。

―――『フォーラム会社税務の疑問点』（税務経理協会，1995）。

国税庁『改正税法のすべて（昭和42年版）』（大蔵財務協会，1967）。

銀行局金融年報編集委員会『銀行局金融年報（昭和43年版）』（金融財政事情研究会，1968）。

銀行局金融年報編集委員会『銀行局現行通達』（金融財政事情研究会，1994）。

リース事業協会『リース事業協会三十年史　さらなる飛躍に向かって』（リース事業協会，2002）。

【論　文】

青柳達朗「住専向け債権放棄と貸倒損失の計上時期（上）・（下）―東京地裁平成13年3月2日判決の検討―」『税理』第44巻第14号・15号（2001）。

浅妻章如「債権流動化における信託劣後受益権者の元本充当・益金算入の振り分け（金融商品会計実務指針105項の償却原価法）の是非に関する東京地判平成24年11月2日評釈」『立教法学』第87号（2013）。

伊川正樹「一般対応の必要経費該当性にかかる要件」『税法学』第569号（2013）。

伊藤剛志「公正処理基準に従った収益の計上―流動化取引の裁判例の考察」中里実・米田隆・岡村忠生編集代表『現代租税法講座 第3巻―企業・市場―』（日本評論社，2017）。

井上久彌「企業課税原理と会計基準の交錯」『企業会計』第42巻5号（1990）。

伊豫田敏雄「法人税法の改正（一）」国税庁編『改正税法のすべて』（大蔵財務協会，1965）。

岩倉正和「2件の大型税務訴訟に現れた銀行取引の特質」中里実・神田秀樹編『ビジネス・タックス』（有斐閣，2005）。

植松守雄「所得税法における『課税所得』をめぐって」『一橋論叢』第77巻第2号（1977）。

―――「所得税法の諸問題（第50回）納税義務者・源泉徴収義務者（続49）」『税経通信』第45巻14号（1990）。

鵜川正樹「信託を活用した債権流動化の会計と税法―劣後受益権の収益認識について―」『会計プロフェッション』第10号（2014）。

碓井光明「法人税における損金算入の制限―損金性理論の基礎的考察―」金子宏編『所得課税の研究』（有斐閣，1991）。

―――「必要経費の意義と範囲」『日税研論集』第31号（1995）。

大淵博義「貸倒損失の認定基準と『社会通念』（1）～（4）―日本興業銀行事件判決を素材として―」『税務事例』第33巻第12号，第34巻第1号・第2号・第3号（2001，2002）。

大屋貴裕「不動産流動化指針による会計処理は一般に公正妥当な会計処理の基準に該当しないとされた事例」TKCローライブラリー『新・判例解説Watch租税法』No.103。

岡村忠生「弁護士会役員活動費用と消費税（1）」『税研』第175号（2014）。

―――「弁護士会役員活動費用と消費税（2）」『税研』第176号（2014）。

―――「法人税法22条4項と『税会計処理基準』―ビックカメラ事件―」『税研』第178号（2014）。

奥谷健「必要経費控除の意義と範囲」『税法学』第575号（2016）。

角田享介「法22条4項に関する一考察―企業利益概念の変革と公正処理基準の解釈の観点か

ら─」『税大論叢』第79号（2014）。

柏谷光司「金融機関の不良債権の償却─税法上の貸倒れ損失による償却をめぐって─」『金
　　融法務事情』第701号（1973）。

加藤就一「【1】法人税法22条4項の公正妥当処理基準の意義　【2】プリペイドカード発行
　　に係る対価は，発行時の事業年度の収益として計上すべきであるとされた事例（平成
　　13.7.16名古屋地判）」『平成14年度主要民事判例解説（判例タイムズ臨時増刊）』第1125号
　　（2003）。

金子友裕「弁護士会の役員等として負担した支出と事業所得における必要経費の関係」『税
　　務事例』第45巻2号（2013）。

金子宏「部分貸倒れの損金算入─不良債権処理の一方策」『ジュリスト』第1219号（2002）。

─────「公正妥当な会計処理の基準（法人税法22条4項について）」『租税研究』第707号
　　（2008）。

神山弘行「租税法規の解釈─デリバティブ取引等の有効性判定─」『ジュリスト』第1458号
　　（2013）。

─────「受益権が複層化された信託の課税上の扱い」『ジュリスト』第1492号（2016）。

川口浩・古矢文子「益金の額　収益の計上時期（法人税精選重要判例詳解）」『税経通信』第59
　　巻第15号（2004）。

川﨑照行「会社法（商法）と法人税法の会計包括規定」『税務会計研究』第18号（2007）。

川端康之「ビックカメラ事件と会計基準〔東京高裁平成25.7.19判決〕」『税研』第31巻第2号
　　（2015）。

河本一郎・渡邉幸則「住専向け債権の『貸出金償却』をめぐる東京地裁判決─東京地裁平成
　　13年3月2日判決の検討─」『商事法務』第1593号（2001）。

岸田貞夫・森陰輝夫「プリペイドカードの収益計上時期（平成13.7.16名古屋地判）」（租税判
　　例研究会報告40）『TKC税研情報』第12巻第1号（2003）。

北野弘久「会計学と税法学」『會計』第127巻第3号（1985）。

木村弘之亮「興銀事件控訴審判決における部分貸倒れの認識」『税理』第45巻第8号（2002）。

小関健三「医師の接待交際費等の必要経費該当性の判断」『税務弘報』第61巻第6号（2013）。

酒井克彦「公正妥当な会計処理の基準の意味するもの（上）（中）（下）─法人税法における
　　『課税標準』の計算構造─」『税務事例』第45巻第4・5・6号（2013）。

─────「法人税法22条4項にいう公正処理基準の法規範性（上）（下）─エス・ブイ・シー
　　事件及び大竹貿易事件における最高裁判断を素材として─」『税務事例』第45巻第7・
　　8号（2013）。

─────「法人税法22条4項にいう『公正処理基準』該当性に係る判断アプローチ─東京高
　　裁平成25年7月19日判決を素材として─」『商学論叢』第57巻第1・2号（中央大学商
　　学研究会，2015）。

─────「会計慣行の成立と税務通達（上）（中）（下）」『税務事例』第47巻第11・12号
　　（2015），第48巻第2号（2016）。

─────「法人税法22条4項に関する確認規定説についての再考：確認規定説から創設規定
　　説へ」『商学論叢』第58巻第1・2号（中央大学商学研究会，2016）。

坂本雅士「法人税法における公正処理基準について─解釈論の展開と課題─」『會計』第186
　　巻第2号（2014）。

──────「会計基準の多様化に伴う税務論点─公正処理基準の観点から─」『會計』第187巻
　　　第3号（2015）。

佐藤修二「流動化取引につき納税者の行った会計処理が法人税法上正当なものであるとされ
　　　た事例」『ジュリスト』第1475号（2015）。

塩崎潤「税制簡素化の意味」『企業会計』第19巻第12号（1967）。

品川芳宣「租税判例と公正なる会計慣行」『企業会計』第42巻第5号（1990）。

──────「法人税法における貸倒損失の計上時期」金子宏先生古稀祝賀『公法学の法と政策
　　　上巻』（有斐閣，2000）。

──────「条件付債権放棄と貸倒損失の計上時期─東京地裁平成13年3月2日判決の問題点
　　　の検討─」『税経通信』第56巻第11号（2001）。

末永英男「簿記・会計理論は『公正処理基準』となりうるか？」『熊本学園商学論集』第10
　　　巻第2・3号（2004）。

──────「所得税法上の必要経費─弁護士会役員の交際費等の必要経費該当性の判例を題材
　　　として─」『熊本学園会計専門職紀要』第4号（2013）。

──────「総論─会計基準の複線化に対する税務会計の対応─」『税務会計研究』第25号（2014）。

──────「『実務指針』は公正処理基準たり得るか？─東京高裁平成25年7月19日判決を題
　　　材にして─」『熊本学園会計専門職紀要』第5号（2014）。

──────「税務会計研究の原理─IFRS会計＝国際会計の導入時における税務会計の研究の原
　　　点を考える─」『経理研究』第57号（2014）。

──────「会計基準と公正処理基準の乖離」『税経通信』第70巻第7号（2015）。

──────「租税判例にみる企業会計に対する無理解─所得税法の必要経費を中心にして─」
　　　『税研』第184号（2015）。

──────「会計学の視点からみた租税法律主義と租税公平主義」『税研』第199号（2018）。

鈴木一水「税務会計研究学会特別委員会中間報告　公正処理基準の再検討」『税務会計研究』
　　　第25号（2014）。

──────「税務会計研究学会特別委員会最終報告　公正処理基準の再検討」『税務会計研究』
　　　第26号（2015）。

──────「法令解釈型税務会計研究の課題」『税経通信』第71巻第7号（2016）。

──────「課税所得計算における会計基準等」『税研』第32巻第2号（2016）。

醍醐聰「条件付債権放棄の会計・税務問題─旧日本興業銀行の税務訴訟事例を素材として─」
　　　『東京経大学会誌』第250号（2006）。

高木克己「オフバランス取引の会計と税務（6完）リース取引」『旬刊経理情報』第827号
　　　（1997）。

──────「『リース会計基準』と税務」『駒大経営研究』第29巻第1・2号（駒沢大学経営研
　　　究所，1998）。

──────「法人税法上の『公正処理基準』の変容」『駒大経営研究』第43巻第3・4号（駒
　　　沢大学経営研究所，2012）。

鷹野宏行「我が国におけるSPC・SPE連結基準の最新動向」『研究年報』第6号（大原大学院
　　　大学）。

高橋円香「SPCを利用した不動産証券化における会計測定の諸問題」『商学研究論集』第31
　　　号（明治大学）。

高橋靖「租税判例研究（365）商品券と法人税（平成13.7.16名古屋地判）」『ジュリスト』第1232号（2002）。

武田昌輔「一般に公正妥当と認められる会計処理の基準」『税大論叢』第3号（1970）。

―――――「商品券等の収益計上基準」『税経通信』第45巻4号（1990）。

―――――「特殊な損失」『日税研論集』第42巻（1999）。

―――――「興銀訴訟事件に対する判決（平13.3.2）の評釈―旧住専に対する債権の貸倒処理が認められた事例―」『税務事例』第33巻第8号（2001）。

―――――「法人税の原点を探る（第59回）税法におけるリース取引（2）具体的内容」『税務事例』第40巻第8号（2008）。

―――――「公正ナル会計慣行と税法基準」『金融財政事情』第62巻第3号（2011）。

田中治「家事関連費の必要経費該当性」『税務事例研究』第143巻（2015）。

中里実「金融取引をめぐる最近の課税問題（9）金融取引と確定決算主義」『税研』第15巻第1号（1999）。

―――――「法人税における時価主義」金子宏編『租税法の基本問題』（有斐閣，2007）。

―――――「デリバティブ取引の有効性判定と，租税法の解釈」『税研』第30巻第4号（2014）。

長島弘「2つの高裁判決からみた個人事業に係る必要経費の損金性」『税務事例』第44巻第12号（2012）。

―――――「租税法律主義と租税法における政令委任の範囲―法人税法施行令72条の3に関する合憲性の問題に着目して―」『税法学』第571号（2014）。

―――――「最高裁平成5年11月25日判決以前の公正処理基準に関する裁判例とその当該最高裁判決への影響」『立正大学法制研究所研究年報』第21号（2016）。

―――――「法人税法における脱税経費の損金性と22条4項」『立正法学論集』第49巻第2号（2016）。

―――――「大竹貿易事件最高裁判決と法人税法22条4項（上）（下）」『税経新報』第642・643号（2016）。

成道秀雄「リース会計基準と法人税法の対応」『租税研究』第729号（2010）。

―――――「法人税法上の公正会計処理基準とは」『税経通信』第71巻第2号（2016）。

―――――「公正処理基準と税務会計処理基準―法人税法上認められる『企業会計』とは？―」『企業会計』第68巻第1号（2016）。

―――――「法人税法第22条第4項『公正処理基準』の検証」『租税研究』第800号（2016）。

野口浩「リース取引と賃借人の課税―沿革と問題点―」『学生法政論集』第4号（2010）。

橋本守次「弁護士会役員の業務に係る交際費等の必要経費の該当性」『税務事例』第44巻第12号（2012）。

林仲宣「ザ・税務訴訟―判例から学ぶ税法 公正妥当な会計処理―」『法律のひろば』第55巻7号（2002）。

原省三「公正処理基準と通達との関係について―東京地裁平成19年1月31日判決を契機として―」『税大ジャーナル』第6号（2007）。

―――――「公正処理基準に関する一考察―最近の我が国の企業会計制度の変容を踏まえて―」『税大論叢』第58号（2008）。

一杉直「信託受益権の譲渡につき，売却取引処理による確定申告後，証券取引等監視委員会の指導に従って金融取引処理に訂正したことにより『納付すべき税額』が過大になった

としてされた更正の請求の許否」『国税速報』第6301号（2014）。

藤掛一雄「法人税法の改正」国税庁『昭和42年改正税法のすべて』（大蔵財務協会，1967）。

藤曲武美「公正処理基準に関する最近の裁判例」『税務弘報』第61巻第10号（2013）。

増井良啓「法人税の課税ベース」金子宏編『租税法の基本問題』（有斐閣，2008）。

増田英敏「弁護士会役員の会務活動費の必要経費該当性」『TKC税研情報』2013年4月号。

三木義一「判決の論理を読む」『税務弘報』第61巻第10号（2013）。

―――「必要経費概念における『事業直接関連性』―東京高裁平成24年9月19日判決の意義―」『青山法学論集』第54巻第4号（2016）。

水野忠恒「脱税協力のために支払った手数料が，会計の公正処理基準に従ったものであるということはできないとして，その損金算入を否定した事例」『ジュリスト』第1081号（1995）。

宮崎裕士「資産損失と雑損控除―事業活動と消費活動との区分要件―」『熊本学園商学論集』第20巻第2号（2016）。

宮塚久・鈴木卓「劣後受益権に係る会計処理と公正処理基準の解釈論が問題となった事例」西村あさひ法律事務所『ビジネス・タックス・ロー・ニューズレター』（2015）。

矢澤惇「商法改正要綱における商法と企業会計原則―包括規定を中心として―」『産業経理』第30巻第6号（1970）。

矢田公一「金銭債権の貸倒損失の認定基準について」『税大論叢』第58号（2008）。

八ツ尾順一「ドイツにおけるリース会計」『リース研究』（1）（リース事業協会リース総合研究所，2005）。

―――「公正処理基準と租税回避」岡村忠生編著『租税回避研究の展開と課題』（ミネルヴァ書房，2015）。

山田二郎「必要経費論」金子宏編著『所得税の理論と課題』（税務経理協会，1999）。

―――「弁護士会の会務と弁護士業務の必要経費の範囲」『税法学』第566号（2011）。

山田麻未「弁護士等の役員等として行う活動と事業所得における『事業』との関係」『税法学』第175号（2014）。

山本守之「収益・費用の認識基準」『税務事例研究』第56巻（2000）。

山本洋一郎・近藤雅人・三木義一「座談会　弁護士必要経費事件の確定と実務への影響」『税理』第57巻第5号（2014）。

吉牟田勲「法人税関係　所得計算関係の改正」『税務弘報』第13巻第6号（1965）。

吉村政穂「劣後受益権に係る収益配当金についての会計処理が問題となった事例」『ジュリスト』第1451号（2013）。

渡辺徹也「脱税工作のための支出金の損金性」『租税判例百選（第5版）』（別冊ジュリスト207）（2011）。

渡辺淑夫「法人税関係重要通達の研究［8］商品引換券等を発行した場合の引換費用」『税務弘報』（1987）。

政府税制調査会「所得税法及び法人税法の整備に関する答申」（税制調査会，1963）。

税務会計研究学会 2013-2014年度特別委員会研究報告書『公正処理基準の再検討』（2014）。

日本公認会計士協会・租税調査会研究報告第20号「会計基準のコンバージェンスと確定決算主義」（2010）。

社団法人 日本租税研究協会「税務会計研究会報告 企業会計基準のコンバージェンスと会社法・法人税法の対応」(2010)。

一般社団法人 流動化・証券化協議会「債権流動化における劣後受益権の会計・税務上の取扱い（中間報告)」(2013)。

《編著者紹介》

末永　英男（すえなが　ひでお）

博士（経済学・九州大学）

1950年4月長崎県生まれ。
1979年　西南学院大学大学院商学研究科博士後期課程満期退学。
　　　　西日本短期大学講師・助教授，麻生福岡短期大学助教授・教授，近畿大
　　　　学教授，熊本学園大学教授を経て，
2009年　熊本学園大学大学院会計専門職研究科教授。

（研究業績）
『税務会計研究の基礎』（単著，九州大学出版会，1994年）
『法人税法会計論』（単著，中央経済社，初版1998年，第8版2016年）
『連結経営と組織再編』（編著，税務経理協会，2002年）
『租税特別措置の総合分析』（編著，中央経済社，2012年）
「最高裁判決『長崎年金二重課税事件』」（『税務弘報』第58巻第11号，2010年）
「寄附金税制の現状と問題点」（『税研』第26巻第6号，2011年）
「会計基準と公正処理基準の乖離」（『税経通信』第70巻第7号，2015年）
「租税判例にみる企業会計に対する無理解」（『税研』第31巻第4号，2015年）
「会計学の視点からみた租税法律主義と租税公平主義」（『税研』第34巻第1号，
　　2018年）

税務会計と租税判例

2019年11月15日　第1版第1刷発行

編著者	末	永	英	男
発行者	山	本		継

発行所　㈱中央経済社

発売元　㈱中央経済グループ
　　　　パブリッシング

〒101-0051　東京都千代田区神田神保町1-31-2
　　　　　　電話　03（3293）3371（編集代表）
　　　　　　　　　03（3293）3381（営業代表）
　　　　　　http://www.chuokeizai.co.jp/
　　　　　　印刷／三英印刷㈱
　　　　　　製本／誠製本㈱

ⓒ 2019
Printed in Japan

＊頁の「欠落」や「順序違い」などがありましたらお取り替えいた
しますので発売元までご送付ください。（送料小社負担）
ISBN978-4-502-32241-9　C3034

JCOPY〈出版者著作権管理機構委託出版物〉本書を無断で複写複製（コピー）することは，
著作権法上の例外を除き，禁じられています。本書をコピーされる場合は事前に出版者著
作権管理機構（JCOPY）の許諾を受けてください。
　JCOPY〈http://www.jcopy.or.jp　eメール：info@jcopy.or.jp〉

会計と会計学の到達点を理論的に総括し、
現時点での成果を将来に引き継ぐ

体系現代会計学 全12巻

■総編集者■

斎藤静樹(主幹)・安藤英義・伊藤邦雄・大塚宗春

北村敬子・谷　武幸・平松一夫

■各巻書名および責任編集者■

第 1 巻	企業会計の基礎概念	斎藤静樹・德賀芳弘
第 2 巻	企業会計の計算構造	北村敬子・新田忠誓・柴　健次
第 3 巻	会計情報の有用性	伊藤邦雄・桜井久勝
第 4 巻	会計基準のコンバージェンス	平松一夫・辻山栄子
第 5 巻	企業会計と法制度	安藤英義・古賀智敏・田中建二
第 6 巻	財務報告のフロンティア	広瀬義州・藤井秀樹
第 7 巻	会計監査と企業統治	千代田邦夫・鳥羽至英
第 8 巻	会計と会計学の歴史	千葉準一・中野常男
第 9 巻	政府と非営利組織の会計	大塚宗春・黒川行治
第10巻	業績管理会計	谷　武幸・小林啓孝・小倉　昇
第11巻	戦略管理会計	淺田孝幸・伊藤嘉博
第12巻	日本企業の管理会計システム	廣本敏郎・加登　豊・岡野　浩

中央経済社